JN137305

ヘブライ語聖書対訳シリーズ　23

エレミヤ書 I

ミルトス

The Interlinear Hebrew and Japanese Bible

ヘブライ語聖書対訳シリーズ
——刊行の言葉——

聖書は日本においても隠れたベストセラーとして，これまで幾多の邦訳聖書が刊行され，読み継がれてきた．さて，聖書というとき，原典はギリシア語で書かれた新約聖書と，ヘブライ語で書かれた旧約聖書（一部はアラム語）より成り立っている．その翻訳の歴史は，古くは聖フランシスコ・ザビエルが 1549 年に持参した邦訳『マタイ伝』の一部にさかのぼるといわれ，最近では 1987 年に新共同訳が完結した．先人たちの努力による，翻訳という大変な難事業を通して，聖書への道が我が国にも拓かれてきたのである．

ただし，聖書に限らず，一般の文学や古典にも当てはまることだが，翻訳を幾種類か読み比べるとき，だれもが戸惑う経験がある．それは，あたかも異なった原文から訳出されたかのような意味合いを持つ翻訳箇所に，しばしば出会うことである．しかし，いかに立派な翻訳であっても，翻訳が原典のもつニュアンスをすべて，また正確に伝えるのは不可能に近い．

すでに，紀元前 2 世紀に書かれた旧約聖書外典の『シラ書』が，次のように語っている．

「我々は，懸命に努力したのであるが，上手に翻訳されていない語句もあると思われるので，そのような箇所についてはどうかお許し願いたい．というのは，元来ヘブライ語で書かれているものを他の言語に翻訳すると，それは同じ意味合いを持たなくなってしまうからである．この書物だけではなく，律法および他の書物でさえも，いったん翻訳されると，原著に表現されているものと少なからず相違してくるのである」

したがって，熱心な読者がより深い理解を求めて，翻訳から原典に直接触れることを望むのは，しごく当然であろう．もちろん，原典への道は容易ではない．とりわけ，ヘブライ語のような馴染のうすい古典語で綴られた旧約聖書の場合，原典講読はごく少数の専門家のみに限られてきた．しかし近年，邦訳聖書の普及と聖書への関心が高まるのにつれて，一般の人々の間にも旧約聖書原典そのものに親しみたいとの要望が上がっている．

幸いにもユダヤ人によって再建された国，イスラエルにおいて，その言語も復活されたことは，言語学史上奇跡的な偉業と見られている．その結果，現代語から入って聖書ヘブライ語を身近なものとして学ぶことができるようになった．編者らはその恩恵に浴した一人一人である．

ここに，小社は，日本の聖書を愛する方々に，（そして必ずしもヘブライ語を正式に学んだことのない人も近づけるような）旧約聖書の原典への道を提供したく，原文の逐語訳を試みようと，『ヘブライ語聖書対訳シリーズ』を企画した次第である．

もとより，翻訳の場合と同様，逐語訳においても「唯一で決定版」というものはありえない．本書は日本初のインターリニア聖書でもあり，非学非才の編者は出来映えの甚だ理想に遠いことを承知している．これが一つの叩き台ともなり，さらにより良き類書の出現するのを期待したい．しばらくは，このささやかな試みが，聖書を愛読する方々の渇望をいやすのにいささかでも役立つならば，望外の幸せである．

終わりに，本書の企画に対して温かい理解を示し，「新共同訳聖書」の使用を快諾し，ヘブライ語原典 BIBLIA HEBRAICA STUTTGARTENSIA の使用許可の労を執って下さった日本聖書協会に対して，心からなる感謝の意を表したい．

ミルトス・ヘブライ文化研究所

目　次

本書の特長と使い方

本書は，旧約聖書のヘブライ語原典と日本語逐語訳を並べたインターリニアの対訳聖書です．すなわち，原典の一語一語の下に日本語カナ式発音と逐語訳を付け，適宜に脚注をもって補い，さらに日本語聖書として「新共同訳」を本文欄外に載せました．

本書の編集方針は，読者としていわゆる専門研究者というより，一般の平信徒ならびに聖書を愛読する社会人を対象としました．したがって次の諸点に留意して，本書をご利用ください．

1. 本文　ヘブライ語の本文は，『ビブリア・ヘブライカ・シュトゥットガルテンシア BIBLIA HEBRAICA STUTTGARTENSIA 』（ドイツ聖書協会）を使用しました．BHS と略称されるこの本文は，底本にレニングラード写本を用い，旧約聖書の本文として信頼性の高いものです．

本文中に写本の違いで他の聖書と異なる箇所があります．しかし，原文テキストの校訂が本書のテーマではありませんので，その異同についての言及は最小限にとどめました．

2. 語順　ヘブライ語は，アラビア語と同じセム語族に属し，文字を右から左に綴ります．本文中は，日本語もそれにならって右から左に書くことに統一しました．（ただし脚注は通常どおり，左から右に書きました）

最初は読みづらいと思われるでしょうが，元来日本語もそのように綴られていたのですから，しばらくの間我慢していただければ，慣れることができるでしょう．

3. 発音　初学者でもヘブライ語原典を自分なりに読めるように，日本語カナ式発音表示を付けました．もちろん，正確な意味では日本語のカナで外国語の発音を表記することは不可能ですが，ヘブライ語の原典になじみ，やがて興味を持った場合の朗読の手がかりとして設けました．

読み方は，イスラエル国営放送の聖書朗読者の発音に準拠しました．別売の『聖書朗読ＣＤ』をお聞き下さい．（さらに詳しくは，本書の「発音について」を参照のこと）

4. 訳語　訳語は，限られたスペースの中で，簡明に原語の意味がくめるよう，直訳に近い語義を選び，しかも全体として日本語として読みやすいように工夫しました．

原語一語に対して訳語一語を対応させました．しかし，原語のニュアンスを一つの訳語に限定するのは無理な場合があります．したがって，本書の訳語が唯一で決定的なものと断定するものではなく，ほかにも可能性があることは申すまでもありません．適宜に脚注に「別訳」として掲げましたので，御参照下さい．

また，同一の原語はなるべく同一の訳語を付けることにしましたが，必ずしもこの原則を機械的に守ったわけではありません．

5. 文法　訳語の下に，簡単な文法的説明を付けました．ヘブライ語の知識がなくても，他の外国語に準じて，品詞や性，数の区別を知るだけでも，原典の理解に役立つでしょう．（詳しくは，文法用語略語表を御覧下さい）

発音について

ヘブライ文字と記号

ヘブライ語聖書を見ると，横に単語が並んでいますが（右から左に読む），単語を構成する文字にいろいろの符合が付いています．

ヘブライ語の文字は 22 字より成り，これらはすべて子音文字です．母音は，「ニクダー」と呼ばれる記号を，文字の下ないしは上に付けて表示します．この母音記号の他に，「タアメー・ハミクラー」という符号があります．これは，ユダヤ教において聖書の読み方を正しく伝えるための記号で，朗読のための　1）音符の役割，2）アクセントの位置表示，3）句読点の役割，として働いています．聖書の構文を理解する上で，キー・ポイントとなります．詳しくはヘブライ語の文法書を参照して下さい．

発音表記について

本書は，発音について現代イスラエルで標準的に認められている読み方に従いました．ヘブライ語を修得している人には発音表示は必要ありませんが，より多くの人にヘブライ語の読み方に馴染んでいただくために，カナ表記を付けました．表記のルールは次のとおりです．

1）原則として，発音はカタカナで表記する．

2）ただし，次の子音は，ひらがなで表記する．

注意：発音は右から左に読む

ל（らメッド）	לֵב ヴれ	cf.	רַב ヴラ
ח（ヘット）	חַג グは	כ（はフ）	לְכוּ ーふれ

3）［si］の音は「スィ」で表記する．

סִיר　　cf.　שִׁיר
ルーィス　　ルーシ

4）［v］の音は「ヴ」で表記する．

טוֹב　　וְדֶרֶךְ
ヴト　　ふレデェヴ

5）子音の ד，ט，ת が語尾に来たとき，「ド」「ト」と表記する．

דָּוִד　　מִשְׁפָּט
ドィヴダ　　トッパュシミ

単語の中にあって母音を伴わないとき，「ドゥ」「トゥ」とする．

מִדְבָּר　　הִתְפַּלֵּל
ルバゥドミ　　るれパゥトヒ

6）強ダゲッシュは本来，子音を重ねて発音することを意味するが，カタカナでその読みを表わすのは難しいので簡略化する．

母音の長短について

文法上は，母音記号に長短の区別があるが，現代イスラエルの発音ではその区別はほとんど認められない．

むしろアクセントのある母音（すなわち，タアメ・ハミクラーが付いている文字）を長めに読む傾向があり，または，促音「ッ」として読む人もある．音の長さは，朗読する人によって微妙に違うので，カナ表示の完全な法則化は出来ない．長音の記号「ー」は，一つの目やすと考えていただきたい．

文法用語略語表

1. **品詞**	固	固有名詞	接	接続詞
	代	代名詞	冠	冠詞
	形	形容詞	間	間投詞
	副	副詞	関	関係詞
	疑	疑問詞	前	前置詞
	数	数詞	尾	接尾辞
2. **数と性**	単	単数	男	男性
	複	複数	女	女性
	双	双数		
3. **動詞の態**	パ	パアル態	ヒ	ヒフイル態
	ニ	ニフアル態	フ	フフアル態
	ピ	ピエル態	ト	ヒトパエル態
	プ	プアル態		
4. **動詞の時制**	完	完了形	分	分詞
	未	未完了形	受分	分詞受動態
	命	命令形	不	不定詞
	指	指示形	倒	倒置のヴァヴ
	願	願望形	長	長形の命令形
5. **その他**	連	連語形	強	強調の語尾
	停	停止形	方	方向を示す語尾の ה

脚注について

原則として，脚注は次のような箇所に付けた．

1. 動詞の語根（ショーレシュ）が容易に見分けにくい箇所．

　(例) מְרֵעִים=√ רעע　　√の次の רעע がショーレシュ

2. 別 訳語が他にも考えられる箇所．

　(例) עֹז ＝別「砦」　　本文中の訳語は「力」

3. < 動詞や名詞などで，活用したり，接尾辞などが付いて，基本形が見分けにくい箇所．

　(例) בִּישׁוּעָתֶךָ< יְשׁוּעָה＝別「勝利」

4. その他簡単な歴史的，聖書知識的な解説を要する箇所．

略記号の意味

別　　別訳，本文の単語に示した訳以外の意味．

√　　語根，特に語根が見分けにくいもの．

<　　基本形，動詞や名詞で活用する前の形のこと．

「　」　訳語．

cf.　　類語，反対語，また聖書の箇所の参照．

‘　’　直訳だけでは分かりにくい箇所の意訳．

(　)　補足的説明．

ⓐⓑ　訳語や語根のとらえ方に二つ以上の意見がある場合．

(כ)　　ケティブ，マソラー本文に書かれているままの綴り．

(ק)　　ケレー，マソラーの学者が，欄外に口伝の読み方を記したもの．

★　　本文の読みの部分に★が付いている場合は，本文に書かれている綴りのままに読まずに，脚注の(ק)にしたがって読んでいる．

Ges　ゲゼニウス・ヘブライ語文法書
(A.E.COWLEY, GESENIUS' HEBREW GRAMMAR,
AS EDITED AND ENLARGED BY E. KAUTZSCH, OXFORD)

エレミヤ書 I

1

1 エレミヤの言葉。彼はベニヤミンの地のアナトトの祭司ヒルキヤの子であった。 2 主の言葉が彼に臨んだのは、ユダの王、アモンの子ヨシヤの時代、その治世の第十三年のことであり、 3 更にユダの王、ヨシヤの子ヨヤキムの時代にも臨み、ユダの王、ヨシヤの子ゼデキヤの治世の第十一年の終わり、すなわち、その年の五月に、エルサレムの住民が捕囚となるまで続いた。

1 1 דִּבְרֵי יִרְמְיָהוּ בֶּן־ חִלְקִיָּהוּ מִן־ הַכֹּהֲנִים

ーレヴィデ フヤメルイ ンベ フヤキるひ ンミ ムーニハコハ
葉言 のヤミレエ 子息 のヤキルヒ らか 達司祭
連複男 男固 連単男 男固 前 複男・冠

אֲשֶׁר בַּעֲנָתוֹת בְּאֶרֶץ בִּנְיָמִן׃ 2 אֲשֶׁר

ルェシア トットナアバ ツレエベ ンミヤンビ ルェシア
のろこと〜 のちうのトトナア で地 のンミヤニベ のろこと〜
関 固・前 連単女・前 男固 関

הָיָה דְבַר־ יְהוָה אֵלָיו בִּימֵי יֹאשִׁיָּהוּ בֶן־

ーヤハ ルァヴデ イナドア ヴらエ ーメビ フヤシヨ ンェヴ
たっあ が葉言 の**主** に彼 に々日 のヤシヨ 子息
単男3完パ 連単男 固 尾・前 連複男・前 男固 連単男

אָמוֹן מֶלֶךְ יְהוּדָה בִּשְׁלֹשׁ־ עֶשְׂרֵה שָׁנָה

ンモア ふれメ ーダフェイ ュシろュシビ ーレスエ ーナャシ
のンモア 王 のダユ に三 十 年
男固 連単男 男固 数・前 数 単女

לְמָלְכוֹ׃ 3 וַיְהִי בִּימֵי יְהוֹיָקִים בֶּן־

ーほるモれ ーヒイァヴ ーメビ ムキヤホェイ ンベ
のとこるあで王が彼 たっあ〜てしそ で々日 のムキヤヨ 子息
尾・不パ・前 単男3未パ・倒 連複男・前 男固 連単男

יֹאשִׁיָּהוּ מֶלֶךְ יְהוּדָה עַד־ תֹּם עַשְׁתֵּי עֶשְׂרֵה

フヤシヨ ふれメ ーダフェイ ドッア ムト ーテュシア ーレスエ
のヤシヨ 王 のダユ でま るわ終 一 十
男固 連単男 男固 前 不パ 数 数

שָׁנָה לְצִדְקִיָּהוּ בֶן־ יֹאשִׁיָּהוּ מֶלֶךְ יְהוּדָה עַד־

ーナャシ フヤキゥドィツれ ンェヴ フヤシヨ ふれメ ーダフェイ ドッア
年 のヤキデゼ 子息 のヤシヨ 王 のダユ でま
単女 男固・前 連単男 男固 連単男 男固 前

גְּלוֹת יְרוּשָׁלַםִ בַּחֹדֶשׁ הַחֲמִישִׁי׃ 4 וַיְהִי

トッろゲ ムイらャシルェイ ュシッデほバ ーシミはハ ーヒイァヴ
るれさ囚捕 がムレサルエ に月 の五第 たっあ〜てしそ
連不パ 固 単男・冠前 単男形・冠 単男3未パ・倒

---

1. חִלְקִיָּהוּ ＝「**主**は私の分け前」の意. ヨシア王時代の大祭司と同じ名前だが(列下22:4), 別人物と考えられている.

בַּעֲנָתוֹת ＝ベニヤミン族の領内にあったレビ人の町の1つで(ヨシュ21:18), エルサレムの北東4kmに位置する.

2. יֹאשִׁיָּהוּ ＝「**主**は支える」の意.

בִּשְׁלֹשׁ־עֶשְׂרֵה שָׁנָה ＝「13年に」

3. יְהוֹיָקִים ＝「**主**は起こす」の意.

עַשְׁתֵּי עֶשְׂרֵה ＝「11」, אַחַת עֶשְׂרֵה の別形.

לְצִדְקִיָּהוּ ＝「**主**は正義」の意.

לֵאמֹר׃	אֵלַי	יְהוָה	דְּבַר־
ルーモれ	イらエ	イナドア	ルァヴデ
てっ言と〜	に私	の**主**	が葉言
不パ・前	尾・前	固	連単男

יְדַעְתִּיךָ	בַבֶּטֶן	אֶצּוֹרְךָ	בְּטֶרֶם	5
はーィテーダェイ	ンテベァヴ	はルォツエ★	ムレテベ	
るいてっ知をたなあは私	にちうの腹	る造をたなあが私	に前	
尾・単男1完パ	単女・冠前	尾・単1未パ	副・前	

הִקְדַּשְׁתִּיךָ	מֵרֶחֶם	תֵּצֵא	וּבְטֶרֶם
はーィテュシダクヒ	ムヘレメ	ーェツッテ	ムレテヴウ
たしと聖をたなあは私	らか胎	る出がたなあ	に前〜てしそ
尾・単1完ヒ	単男・前	単男2未パ	副・前・接

נְתַתִּיךָ׃	לַגּוֹיִם	נָבִיא
はーィテタネ	ムーイゴら	ーィヴナ
たしと〜をたなあは私	の〜族民諸	者言預
尾・単1完パ	複男・冠前	単男

יְהֹוִה	אֲדֹנָי	אֲהָהּ	וָאֹמַר	6
ムーヒろエ	イナドア	ハーハア	ルマオァヴ	
よ神	主がわ	ああ	たっ言は私てしそ	
固	尾・複男	間	単1未パ・倒	

דַּבֵּר	יָדַעְתִּי	לֹא־	הִנֵּה
ルベダ	ィテーダヤ	ーろ	ーネヒ
をとこる語	いなら知は私		よ見
不ピ	単1完パ	副	間

אָנֹכִי׃	נַעַר	כִּי־
ひーノア	ルアナ	ーキ
は私	者若	らかだ〜らなぜな
停代	単男	接

אֵלַי	יְהוָה	וַיֹּאמֶר	7
イらエ	イナドア	ルメヨァヴ	
に私	は**主**	たっ言てしそ	
尾・前	固	単男3未パ・倒	

エレミヤの召命

4 主の言葉がわたしに臨んだ。
5 「わたしはあなたを母の胎内に造る前から
あなたを知っていた。
母の胎から生まれる前に
わたしはあなたを聖別し
諸国民の預言者として立てた。」
6 わたしは言った。
「ああ、わが主なる神よ
わたしは語る言葉を知りません。
わたしは若者にすぎませんから。」
7 しかし、主はわたしに言われた。

---

5. ⓒ אצורך , ⓟ אֶצָּרְךָ < יָצַר
יְדַעְתִּיךָ < יָדַע
תֵּצֵא < יָצָא
הִקְדַּשְׁתִּיךָ < הִקְדִּישׁ = √ קדשׁ
נְתַתִּיךָ < נָתַן , 原意は「与える」

6. יְהֹוִה = אֲדֹנָי の直後に来た場合は אֱלֹהִים (エロヒーム)と読む.

「若者にすぎないと言ってはならない。
わたしがあなたを、だれのところへ
遣わそうとも、行って
わたしが命じることをすべて語れ。
8 彼らを恐れるな。

אָנֹכִי	נַעַר	תֹּאמַר	אַל־
アノーヒー	ナアル	トマル	アル
私は	若者	あなたは言うな	
停代	単男	単男2未パ	副

תֵּלֵךְ	אֶשְׁלָחֲךָ֙	אֲשֶׁר	כָּל־	עַל־	כִּי
テレフ	エシュラハハー	アシェル	コル	アル	キー
あなたは行く	私があなたを遣わす	〜ところの	全て	の上に	なぜなら〜から
単男2未パ	尾・単1未パ	関	連単男	前	接

תְּדַבֵּר׃	אֲצַוְּךָ֮	אֲשֶׁר	כָּל־	וְאֵת
テダベル	アツァヴェハー	アシェル	コル	ヴェエット
あなたは語る	私があなたに命じる	〜ところの	全て	そして〜を
単男2未ピ	尾・単1未ピ	関	連単男	前・接

8

מִפְּנֵיהֶם	תִּירָא	אַל־
ミペネーヘム	ティラー	アル
彼らの顔を	あなたは恐れるな	
尾・複女・前	単男2未パ	副

わたしがあなたと共にいて
必ず救い出す」と主は言われた。
9 主は手を伸ばして、わたしの口に触れ
主はわたしに言われた。

לְהַצִּלֶךָ	אֲנִי	אִתְּךָ	כִּי־
レハツィレハー	アニー	イテハー	キー
あなたを救うために	私は	あなたと共に	なぜなら〜から
停尾・不ヒ・前	代	尾・前	接

יְהוָה׃	נְאֻם־
アドナイ	ネウム
主の	み告げ
固	連単男

9

פִּי	עַל־	וַיַּגַּע	יָדוֹ	אֶת־	יְהוָה֙	וַיִּשְׁלַח
ピー	アル	ヴァヤガー	ヤドー	エット	アドナイ	ヴァイシュラフ
私の口	の上に	そして触れた	彼の手	を	**主**は	そして伸ばした
尾・単男	前	単男3未ヒ・倒	尾・単男	前	固	単男3未パ・倒

אֵלָי	יְהוָה֙	וַיֹּאמֶר
エライ	アドナイ	ヴァヨーメル
私に	**主**は	そして言った
尾・前	固	単男3未パ・倒

---

7. אַל־תֹּאמַר =アル禁止形.

אֶשְׁלָחֲךָ֙ < שָׁלַח

תֵּלֵךְ < הָלַךְ

אֲצַוְּךָ֮ < צִוָּה

8. אַל־תִּירָא =アル禁止形.

תִּירָא < יָרֵא

לְהַצִּלֶךָ < הִצִּיל =√ נצל

9. וַיִּשְׁלַח =原意は「送る」

וַיַּגַּע < הִגִּיעַ =√ נגע

הִנֵּה	נָתַתִּי	דְבָרַי	בְּפִיךָ׃
ヒネー	ナタッティ	デヴァライ	ベフィーは
見よ	私は与えた	私の言葉を	あなたの口に
間	パ完1単	男複・尾	前・男単・尾

10

רְאֵה	הִפְקַדְתִּיךָ	הַיּוֹם	הַזֶּה
レエー	ヒフカドゥティーは	ハヨム	ハゼ
あなたは見ろ	私はあなたを任命した	今日	この
パ命2男単	ヒ完1単・尾	冠・男単	冠・代

עַל־	הַגּוֹיִם	וְעַל־	הַמַּמְלָכוֹת
アる	ハゴイーム	ヴェアる	ハマムらほット
の上に	諸民族	そして～の上に	諸王国
前	冠・男複	接・前	冠・女複

לִנְתוֹשׁ	וְלִנְתוֹץ	וּלְהַאֲבִיד	וְלַהֲרוֹס
リントッシュ	ヴェりントッツ	ウるハアヴィド	ヴェらハロス
引き抜くために	そして壊すために	そして絶やすために	そして打ち倒すために
前・パ不	接・前・パ不	接・前・ヒ不	接・前・パ不

לִבְנוֹת	וְלִנְטוֹעַ׃
りヴノット	ヴェりントア
建てるために	そして植えるために
前・パ不	接・前・パ不

11

וַיְהִי	דְבַר־	יְהוָה	אֵלַי	לֵאמֹר	מָה־	אַתָּה
ヴァイヒー	デヴァル	アドナイ	エらイ	れモール	マー	アター
そしてあった	言葉が	**主**の	私に	～と言って	何を～か	あなたは
倒・パ未3男単	男単連	固	前・尾	前・パ不	疑	代

רֹאֶה	יִרְמְיָהוּ	וָאֹמַר	מַקֵּל	שָׁקֵד	אֲנִי
ロエー	イルメヤフ	ヴァオマル	マケる	シャケッド	アニー
見ている	エレミヤよ	そして私は言った	枝を	アーモンドの	私は
パ分男単	固男	倒・パ未1単	男単連	男単	代

רֹאֶה׃	12 וַיֹּאמֶר	יְהוָה	אֵלַי	הֵיטַבְתָּ	לִרְאוֹת
ロエー	ヴァヨメル	アドナイ	エらイ	ヘタヴタ	りルオット
見ている	そして言った	**主**は	私に	あなたは良くした	見ることを
パ分男単	倒・パ未3男単	固	前・尾	ヒ完2男単	前・パ不

「見よ、わたしはあなたの口に
わたしの言葉を授ける。
10 見よ、今日、あなたに
諸国民、諸王国に対する権威をゆだねる。
抜き、壊し、滅ぼし、破壊し
あるいは建て、植えるために。」
11 主の言葉がわたしに臨んだ。

「エレミヤよ、何が見えるか。」
わたしは答えた。
「アーモンド（シャーケード）の枝が見えます。」
12 主はわたしに言われた。
「あなたの見るとおりだ。

---

9. נָתַן < נָתַתִּי

10. הִפְקַדְתִּיךָ < הִפְקִיד =√ פקד

12. הֵיטַבְתָּ < הֵיטִיב =√ יטב , cf. טוֹב「良い」

רָאָה < לִרְאוֹת

הֵיטַבְתָּ לִרְאוֹת =‘あなたは良く見た’の意.

כִּי־	שֹׁקֵד	אֲנִי	עַל־	דְּבָרִי	לַעֲשֹׂתוֹ׃
キー	ショケッド	アニー	アる	デヴァリー	らアソートー
なぜなら～から	見張っている	私は	について	私の言葉	それを行なうために
接	パ分男単	代	前	男単・尾	前・パ不・尾

13

וַיְהִי	דְבַר־	יְהוָה	אֵלַי	שֵׁנִית	לֵאמֹר	מָה
ヴァイヒー	デヴァル	アドナイ	エらイ	シェニート	れモール	マー
そしてあった	言葉が	主の	私に	二度目に	～と言って	何を～か
倒・パ未3男単	男単連	固	前・尾	形女単	前・パ不	疑

אַתָּה	רֹאֶה	וָאֹמַר	סִיר	נָפוּחַ	אֲנִי	רֹאֶה
アター	ロエー	ヴァオマル	スィール	ナフアは	アニー	ロエー
あなたは	見ている	そして私は言った	鍋を	煮え立つ	私は	見ている
代	パ分男単	倒・パ未1単	男単	パ分受男単	代	パ分男単

וּפָנָיו	מִפְּנֵי	צָפוֹנָה׃
ウファナヴ	ミペネー	ツァフォーナ
そしてその顔が	面前から	北方の
接・女複・尾	前・女複連	女単・方

14

וַיֹּאמֶר	יְהוָה	אֵלָי
ヴァヨメル	アドナイ	エらイ
そして言った	主は	私に
倒・パ未3男単	固	前・尾停

מִצָּפוֹן	תִּפָּתַח	הָרָעָה
ミツァフォン	ティパタふ	ハラアー
北から	開かれる	災いが
前・女単	ニ未3女単	冠・女単

עַל	כָּל־	יֹשְׁבֵי	הָאָרֶץ׃
アる	コる	ヨシェヴェー	ハアレツ
の上に	全ての	住む者達	地に
前	男単連	パ分男複連	冠・女単

15

כִּי	הִנְנִי	קֹרֵא
キー	ヒンニー	コレー
なぜなら～から	見よ私は	呼んでいる
接	間・尾	パ分男単

わたしは、わたしの言葉を成し遂げようと
見張っている（ショーケード）。」
13 主の言葉が再びわたしに臨んで言われた。
「何が見えるか。」

わたしは答えた。
「煮えたぎる鍋が見えます。
北からこちらへ傾いています。」
14 主はわたしに言われた。
北から災いが襲いかかる
この地に住む者すべてに。
15 北のすべての民とすべての国に

---

12. שֹׁקֵד ＝別「目覚めている」

לַעֲשֹׂתוֹ ＜ עָשָׂה

13. נָפוּחַ ＝cf. וַיִּפַּח「吹き込む」(創2:7)

14. תִּפָּתַח ＝13節の נָפוּחַ と語呂合わせ.

יֹשְׁבֵי ＝分詞の名詞的用法.

わたしは今(いま)、呼(よ)びかける、と主(しゅ)は言(い)われる。
彼(かれ)らはやって来(き)て、エルサレムの門(もん)の前(まえ)に
都(みやこ)をとりまく城壁(じょうへき)と
ユダのすべての町(まち)に向(む)かって
それぞれ王座(おうざ)を据(す)える。
16 わたしは、わが民(たみ)の甚(はなは)だしい悪(あく)に対(たい)して
裁(さば)きを告(つ)げる。
彼(かれ)らはわたしを捨(す)て、他(た)の神々(かみがみ)に香(こう)をたき

לְכָל־	מִשְׁפְּחוֹת	מַמְלְכוֹת	צָפוֹנָה
るほれ	トッほペュシミ	トッほれムマ	ナーォファツ
を〜のて全	達族氏	の国王諸	の方北
連単男・前	連複女	連複女	方・単女

נְאֻם־	יְהוָה
ムウネ	イナドア
げ告み	の**主**
連単男	固

וּבָאוּ	וְנָתְנוּ	אִישׁ	כִּסְאוֹ
ウーァヴウ	ーヌテナェヴ	ュシーイ	ーオスキ
る来はら彼てしそ	るえ据はら彼てしそ	々各	を座の彼
複3完パ・倒	複3完パ・倒	単男	尾・単男

פֶּתַח	שַׁעֲרֵי	יְרוּשָׁלַםִ
ふタペ	ーレアャシ	ムイらャシルェイ
に口り入	の門	のムレサルエ
連単男	連複男	固

וְעַל	כָּל־	חוֹמֹתֶיהָ	סָבִיב
るアェヴ	るコ	ハーテモほ	ヴーィヴサ
に上の〜てしそ	のて全	壁城のそ	の囲周
前・接	連単男	尾・複女	副

וְעַל	כָּל־	עָרֵי	יְהוּדָה׃
るアェヴ	るコ	ーレア	ーダフェイ
に上の〜てしそ	のて全	々町	のダユ
前・接	連単男	連複女	男固

16

וְדִבַּרְתִּי	מִשְׁפָּטַי	אוֹתָם
ーィテルバィデェヴ	イタパュシミ	ムタオ
る語は私てしそ	をき裁の私	にら彼
単1完ピ・倒	尾・複男	尾・前

עַל	כָּל־	רָעָתָם	אֲשֶׁר	עֲזָבוּנִי
るア	るコ	ムタアラ	ルェシア	ーニヴザア
に上の	のて全	い災のら彼	のろこと〜	たて捨を私がら彼
前	連単男	尾・単女	関	尾・複3完パ

---

15. מַמְלְכוֹת < מַמְלָכָה , cf. מֶלֶךְ「王」

וְנָתְנוּ =原意は「与える」

אִישׁ =原意は「男, 人」

16. רָעָתָם < רָעָה

אֲשֶׁר =この節の最後までが関係節.

עָזַב < עֲזָבוּנִי

וַיְקַטְּרוּ	לֵאלֹהִים	אֲחֵרִים
ールテカイァヴ	ムーヒろれ	ムーリヘア
たいたを香がら彼てしそ	に々神	の他
複男3未ピ・倒	複男・前	複男形

וַיִּשְׁתַּחֲווּ	לְמַעֲשֵׂי	יְדֵיהֶם׃
ーヴはタュシイァヴ	ーセアマれ	ムヘデェイ
たし伏れひがら彼てしそ	に業	の手両のら彼
複男3未ト・倒	連複男・前	尾・双女

17

וְאַתָּה	תֶּאְזֹר	מָתְנֶיךָ
ータアェヴ	ルーゾーテ	はーネゥトモ
はたなあてしそ	るび帯はたなあ	に腰のたなあ
代・接	単男2未パ	尾・双男

וְקַמְתָּ	וְדִבַּרְתָּ	אֲלֵיהֶם
ータムカェヴ	ータルバィデェヴ	ムヘれア
つ立はたなあてしそ	る語はたなあてしそ	にら彼
単男2完パ・倒	単男2完ピ・倒	尾・前

אֵת	כָּל־	אֲשֶׁר	אָנֹכִי	אֲצַוֶּךָּ
トッエ	るコ	ルェシア	ーひノア	はーェヴァツア
を	て全	のろこと～	が私	るじ命にたなあが私
前	連単男	関	代	尾・単1未ピ

אַל־	תֵּחַת	מִפְּנֵיהֶם
るア	トッはテ	ムヘーネペミ
なくののおはたなあ		らか前面のら彼
副	単男2未パ	尾・複女・前

פֶּן־	אֲחִתְּךָ	לִפְנֵיהֶם׃
ンぺ	ーはテひア	ムヘーネフり
にうよいなのとこ～	るせかののおをたなあが私	に前面のら彼
接	尾・単1未ヒ	尾・複女・前

18

וַאֲנִי	הִנֵּה	נְתַתִּיךָ
ーニアァヴ	ーネヒ	はーィテタネ
私てしそ	よ見	たし～をたなあは私
代・接	間	尾・単1完パ

手で造ったものの前にひれ伏した。
17 あなたは腰に帯を締め
立って、彼らに語れ
わたしが命じることをすべて。

彼らの前におののくな
わたし自身があなたを
彼らの前でおののかせることがないように。
18 わたしは今日、あなたをこの国全土に向けて

---

16. לְמַעֲשֵׂי יְדֵיהֶם ＝‘（人間の）手によって作られたもの（複数形）’の意で，偶像を指すか.

17. וְאַתָּה ＝人称代名詞は強調，「あなたこそが」

אָנֹכִי ＝人称代名詞は強調，「私こそが」

אַל־תֵּחַת ＝アル禁止形.

תֵּחַת < חָתַת

אֲחִתְּךָ < הֵחֵת ＝√ חתת

18. וַאֲנִי ＝人称代名詞は強調，「私こそが」

נְתַתִּיךָ < נָתַן ，原意は「与える」

הַיּוֹם	לְעִיר	מִבְצָר
ムヨハ	ルーイれ	ルァツヴミ
日今	に町	の塞要
単男・冠	連単女・前	単男

וּלְעַמּוּד	בַּרְזֶל	וּלְחֹמוֹת	נְחֹשֶׁת
ドッムアるウ	るゼルバ	トッモほるウ	トッェシほネ
に柱〜てしそ	の鉄	に壁城〜てしそ	の銅青
連単男・前・接	単男	連複女・前・接	単女

עַל־	כָּל־	הָאָרֶץ
るア	るコ	ツレアハ
に上の	のて全	地
前	連単男	単女・冠

לְמַלְכֵי	יְהוּדָה	לְשָׂרֶיהָ
ーへるマれ	ーダフェイ	ハーレサれ
へ達王	のダユ	へ達長のそ
連複男・前	男固	尾・複男・前

לְכֹהֲנֶיהָ	וּלְעַם	הָאָרֶץ׃
ハーネハほれ	ムアるウ	ツレアハ
へ達司祭のそ	へ民〜てしそ	の地
尾・複男・前	連単男・接	単女・冠

19

וְנִלְחֲמוּ	אֵלֶיךָ	וְלֹא־	יוּכְלוּ	לָךְ
ームはるニェヴ	はーれエ	ーろェヴ	ーるへーユ	ふら
う戦はら彼てしそ	にたなあ	ら彼しかし	いなて勝は	にたなあ
複3完ニ・倒	尾・前	副・接	複男3未パ	停尾・前

כִּי־	אִתְּךָ	אֲנִי
ーキ	ーはテイ	ーニア
らか〜らなぜな	に共とたたなあ	が私
接	尾・前	代

נְאֻם־	יְהוָה	לְהַצִּילֶךָ׃
ムウネ	イナドア	はーれィツハれ
げ告み	の**主**	にめたう救をたなあ
連単男	固	停尾・不ヒ・前

堅固な町とし、鉄の柱、青銅の城壁として
ユダの王やその高官たち
その祭司や国の民に立ち向かわせる。
19 彼らはあなたに戦いを挑むが
勝つことはできない。
わたしがあなたと共にいて、救い出すと
主は言われた。

---

19. יוּכְלוּ < יָכֹל

לְהַצִּילֶךָ < הִצִּיל = √ נצל

2 イスラエルの罪

1 主の言葉がわたしに臨んだ。
2 行って、エルサレムの人々に呼びかけ
耳を傾けさせよ。
主はこう言われる。
わたしは、あなたの若いときの真心
花嫁のときの愛
種蒔かれぬ地、荒れ野での従順を思い起こす。
3 イスラエルは主にささげられたもの

2 1

וַיְהִי	דְבַר־	יְהוָה	אֵלַי	לֵאמֹר׃
ーヒイァヴ	ルァヴデ	イナドア	イらエ	ルーモれ
たっあてしそ	が葉言	の**主**	に私	てっ言と〜
単男3未パ・倒	連単男	固	尾・前	不パ・前

2

הָלֹךְ	וְקָרָאתָ	בְאָזְנֵי	יְרוּשָׁלִַם	לֵאמֹר
ふろハ	ターラカェヴ	ーネズオェヴ	ムイらャシルェイ	ルーモれ
け行	べ呼はたなあてしそ	に耳両	のムレサルエ	てっ言と〜
不パ	単男2完パ・倒	連双女・前	固	不パ・前

כֹּה	אָמַר	יְהוָה
ーコ	ルマア	イナドア
にうよのこ	たっ言	は**主**
副	単男3完パ	固

זָכַרְתִּי	לָךְ	חֶסֶד	נְעוּרַיִךְ
ィテルはザ	ふら	ドッセヘ	ふイラウネ
るいてえ覚は私	のたなあ	をみし慈	の時い若のたなあ
単1完パ	尾・前	連単男	尾・複男

אַהֲבַת	כְּלוּלֹתָיִךְ
トッァヴハア	ふイタろるケ
を愛	の約婚のたなあ
連単女	停尾・複女

לֶכְתֵּךְ	אַחֲרַי	בַּמִּדְבָּר
ふテふれ	イラはア	ルバゥドミバ
をとこたっ行がたなあ	に後の私	で野荒
尾・不パ	尾・前	単男・冠前

בְּאֶרֶץ	לֹא	זְרוּעָה׃
ツレエベ	ーろ	ーアルゼ
で地		いないてれか蒔が種
単女・前	副	単女受分パ

3

קֹדֶשׁ	יִשְׂרָאֵל	לַיהוָה
ュシデーコ	るエラスイ	イナドら
聖	はルエラスイ	に**主**
単男	男固	固・前

---

2. הָלֹךְ ＝独立不定詞が単独で用いられると，強い命令の意を表す．

וְקָרָאתָ ＝直前の単語 הָלֹךְ（命令の意）を受けて，ヴァヴ倒置の動詞においては命令の意味が継承される．

נְעוּרַיִךְ < נְעוּרִים , cf. נַעַר「若者」

כְּלוּלֹתָיִךְ ＝cf. כַּלָּה「花嫁」

לֶכְתֵּךְ < לֶכֶת ＝√ הלכ

לֶכְתֵּךְ אַחֲרַי ＝‘あなたが私に従ったことを’の意.

רֵאשִׁית	תְּבוּאָתֹה
レシート	テヴアトー
最初	その収穫の
連単女	尾・単女

כָּל־	אֹכְלָיו	יֶאְשָׁמוּ
コる	オへらヴ	イェーシャームー
全ての	それを食べる者達は	罪過を負う
連単男	尾・複男分パ	停複男3未パ

רָעָה	תָּבֹא	אֲלֵיהֶם
ラアー	タヴォー	アれへム
災いが	来る	彼らに
単女	単女3未パ	尾・前

נְאֻם־	יְהוָה׃
ネウム	アドナイ
み告げ	**主**の
連単男	固

4

שִׁמְעוּ	דְבַר־	יְהוָה	בֵּית	יַעֲקֹב
シムウー	デヴァル	アドナイ	ベート	ヤアコヴ
あなた達は聞け	言葉を	**主**の	家よ	ヤコブの
複男2命パ	連単男	固	連単男	男固

וְכָל־	מִשְׁפְּחוֹת	בֵּית	יִשְׂרָאֵל׃
ヴェほる	ミシュペほット	ベート	イスラエる
そして全ての	氏族よ	家の	イスラエルの
連単男・接	連複女	連単男	男固

5

כֹּה	אָמַר	יְהוָה
コー	アマル	アドナイ
このように	言った	**主**は
副	単男3完パ	固

מַה־	מָּצְאוּ	אֲבוֹתֵיכֶם	בִּי	עָוֶל
マー	マツェウー	アヴォテヘム	ビー	アヴェる
何か〜か	見つけた	あなた達の父祖達は	私の内に	不正を
疑	複3完パ	尾・複男	尾・前	単男

収穫の初穂であった。
それを食べる者はみな罰せられ
災いを被った、と主は言われる。
4 ヤコブの家よ
イスラエルの家のすべての部族よ
主の言葉を聞け。
5 主はこう言われる。
お前たちの先祖は
わたしにどんなおちどがあったので

---

3. תְּבוּאָתָהּ < תְּבוּאָה =√ בוא , cf. בָּא「来る」

אֹכְלָיו < אָכַל , 分詞の名詞的用法.

遠く離れて行ったのか。
彼らは空しいものの後を追い
空しいものとなってしまった。
6 彼らは尋ねもしなかった。

כִּי	רָחֲקוּ	מֵעָלַי
ーキ	ークはラ	イらアメ
らか〜らなぜな	たっかざ遠はら彼	らか上の私
接	単男3完パ	停尾・前・前

וַיֵּלְכוּ	אַחֲרֵי	הַהֶבֶל	וַיֶּהְבָּלוּ׃
ーふれェイァヴ	ーレはア	るェヴへハ	ーるーバフェイァヴ
たっ行はら彼てしそ	に後の	さし空	たっなくし空はら彼てしそ
複男3未パ・倒	前	単男・冠	停複男3未パ・倒

6

וְלֹא	אָמְרוּ	אַיֵּה	יְהוָה
ーろェヴ	ールメア	ーェイア	イナドア
たっかなわ言はら彼てしそ		かこど	は**主**
副・接	複3完パ	疑	固

הַמַּעֲלֶה	אֹתָנוּ	מֵאֶרֶץ	מִצְרָיִם
ーれアマハ	ヌタオ	ツレエメ	ムイラツミ
者るげ上	を達私	らか地	のトプジエ
単男分ヒ・冠	尾・前	連単女・前	停固

「主はどこにおられるのか
わたしたちをエジプトの地から上らせ
あの荒野、荒涼とした、穴だらけの地
乾ききった、暗黒の地
だれひとりそこを通らず

הַמּוֹלִיךְ	אֹתָנוּ	בַּמִּדְבָּר
ふりモハ	ヌタオ	ルバゥドミバ
者るせか行	を達私	で野荒
単男分ヒ・冠	尾・前	単男・冠前

בְּאֶרֶץ	עֲרָבָה	וְשׁוּחָה
ツレエベ	ーァヴラア	ーはュシェヴ
で地	の漠砂	の穴てしそ
連単女・前	単女	単女・接

בְּאֶרֶץ	צִיָּה	וְצַלְמָוֶת
ツレエベ	ーャィツ	トッェヴマるァツェヴ
で地	の燥乾	の陰の死てしそ
連単女・前	単女	単男・接

בְּאֶרֶץ	לֹא־	עָבַר	בָּהּ	אִישׁ
ツレエベ	ーろ	ルァヴア	ハバ	ュシーイ
で地	たっかなら通		をちうのそ	が人
単女・前	副	単男3完パ	尾・前	単男

---

5. וַיֵּלְכוּ < הָלַךְ

וַיֶּהְבָּלוּ < הָבַל

6. הַמַּעֲלֶה < הֶעֱלָה =√ עלה, 分詞の名詞的用法.

הַמּוֹלִיךְ < הוֹלִיךְ =√ הלכ, 分詞の名詞的用法.

אִישׁ =別「誰も」

וְלֹא־	יָשַׁב	אָדָם	שָׁם׃
ヴェロー	ヤシャヴ	アダム	シャム
そして住まなかった		人間が	そこに
副・接	単男3完パ	単男	副

7

וָאָבִיא	אֶתְכֶם	אֶל־	אֶרֶץ	הַכַּרְמֶל
ヴァアヴィー	エトヘム	エル	エレツ	ハカルメル
そして私は連れてきた	あなた達を	に	地	果樹園の
単1未ヒ・倒	尾・前	前	連単女	単男・冠

לֶאֱכֹל	פִּרְיָהּ	וְטוּבָהּ
れエほる	ピルヤハ	ヴェトゥヴァハ
食べるために	その実を	そしてその良い物を
不パ・前	尾・単男	尾・単男・接

וַתָּבֹאוּ	וַתְּטַמְּאוּ	אֶת־	אַרְצִי
ヴァタヴォーウ	ヴァテタメウー	エット	アルツィ
しかしあなた達は来た	そしてあなた達は汚した	を	私の地
複男2未パ・倒	複男2未ピ・倒	前	尾・単女

וְנַחֲלָתִי	שַׂמְתֶּם	לְתוֹעֵבָה׃
ヴェナはらティ	サムテム	れトエヴァー
そして私の嗣業を	あなた達は〜した	忌み嫌うものに
尾・単女・接	複男2完パ	単女・前

8

הַכֹּהֲנִים	לֹא	אָמְרוּ	אַיֵּה	יְהוָה
ハコハニーム	ろー	アメルー	アイェー	アドナイ
祭司達は	言わなかった		どこか	主は
複男・冠	副	複3完パ	疑	固

וְתֹפְשֵׂי	הַתּוֹרָה	לֹא	יְדָעוּנִי
ヴェトフェセー	ハトラー	ろー	イェダウーニ
そして捕えた者達は	律法を	私を知らない	
連複男分パ・接	単女・冠	副	尾・複男3未パ

וְהָרֹעִים	פָּשְׁעוּ	בִי
ヴェハロイーム	パシェウー	ヴィー
そして牧者達は	背いた	私に
複男分パ・冠・接	複3完パ	尾・前

人の住まない地に導かれた方は」と。
7 わたしは、お前たちを実り豊かな地に導き
味の良い果物を食べさせた。
ところが、お前たちはわたしの土地に入ると
そこを汚し
わたしが与えた土地を忌まわしいものに変えた。
8 祭司たちも尋ねなかった。
「主はどこにおられるのか」と。
律法を教える人たちはわたしを理解せず
指導者たちはわたしに背き

---

7. פִּרְיָהּ < פְּרִי

וְטוּבָהּ < טוּב , cf. טוֹב「良い」

שַׂמְתֶּם =別「あなた達は変えた」, 原意は「置く」

לְתוֹעֵבָה =√ תעב , cf. תִּעֵב「忌み嫌う」

8. וְתֹפְשֵׂי =分詞の名詞的用法.

הַתּוֹרָה < תּוֹרָה =√ ירה , cf. הוֹרָה「教える」

וְתֹפְשֵׂי הַתּוֹרָה =‘律法を理解している者達’の意.

יְדָעוּנִי < יָדַע

וְהָרֹעִים < רָעָה「群れを飼う」, 分詞の名詞的用法.

預言者たちはバアルによって預言し
助けにならぬものの後を追った。
9 それゆえ、わたしはお前たちを
あらためて告発し
また、お前たちの子孫と争うと
主は言われる。

וְהַנְּבִיאִים	נִבְּאוּ	בַבַּעַל
ヴェハネヴィイーム	ニベウー	ヴァバアる
そして預言者達は	預言した	バアルによって
接・冠・男複	ニ完3複	前冠・男単

וְאַחֲרֵי	לֹא־	יוֹעִלוּ	הָלָכוּ׃
ヴェアはレー	ろー	ヨイーる	ハらーふー
そして〜の後に	益をもたらさない		彼らは行った
接・前	副	ヒ未3男複	パ完3複停

9	לָכֵן	עֹד	אָרִיב	אִתְּכֶם
	らへン	オッド	アリーヴ	イテヘム
	それ故に	なお	私は争う	あなた達と
	前・副	副	パ未1単	前・尾

נְאֻם־	יְהוָה	וְאֶת־	בְּנֵי	בְנֵיכֶם	אָרִיב׃
ネウム	アドナイ	ヴェエット	ベネー	ヴェネーヘム	アリーヴ
み告げ	**主**の	そして〜と	息子達	あなた達の息子達の	私は争う
男単連	固	接・前	男複連	男複・尾	パ未1単

10 キティムの島々に渡って、尋ね
ケダルに人を送って、よく調べさせ
果たして、こんなことがあったかどうか確かめよ。
11 一体、どこの国が

10	כִּי	עִבְרוּ	אִיֵּי	כִתִּיִּים	וּרְאוּ
	キー	イヴルー	イイェー	ヒッティイーム	ウルウー
	まことに	あなた達は通れ	島々を	キティムの	そしてあなた達は見ろ
	接	パ命2男複	男複連	固	接・パ命2男複

וְקֵדָר	שִׁלְחוּ	וְהִתְבּוֹנְנוּ	מְאֹד
ヴェケダル	シるふー	ヴェヒトボネヌー	メオッド
そしてケダルを	あなた達は送れ	そしてあなた達は悟れ	非常に
接・固	パ命2男複	接・ト命2男複	副

וּרְאוּ	הֵן	הָיְתָה	כָּזֹאת׃
ウルウー	ヘン	ハイェター	カゾット
そしてあなた達は見ろ	見よ	あった	このように
接・パ命2男複	間	パ完3女単	前・代

11	הַהֵימִיר	גּוֹי	אֱלֹהִים
	ハへーミール	ゴイ	エろヒーム
	替えたか	民族は	神々を
	疑・ヒ完3男単	男単	男複

---

8. יוֹעִלוּ < הוֹעִיל =√ יעל

לֹא־יוֹעִלוּ ＝‘益をもたらさないもの（複数形）’の意.

9. אָרִיב < רָב =√ ריב

10. כִתִּיִּים ＝キプロス島の住民を指す（cf.イザ23:1）.

וְקֵדָר ＝イシマエルから生まれた部族（cf.創25:13）で，エレミヤは「東の人々」と呼んでいる（49:28）.

בין √= הִתְבּוֹנֵן < וְהִתְבּוֹנְנוּ

11. מור √= הֵמִיר , הַהֵימִיר

神々を取り替えたことがあろうか
しかも、神でないものと。
ところが、わが民はおのが栄光を
助けにならぬものと取り替えた。

אֱלֹהִ֑ים	לֹ֣א	וְהֵ֖מָּה
ムーヒロエ	ーろ	マーへェヴ
いなはで々神		はら彼しかし
複男	副	代・接

כְּבוֹד֖וֹ	הֵמִ֥יר	וְעַמִּ֛י
ードォヴケ	ルーミヘ	ーミアェヴ
を光栄の彼	たえ替	は民の私てしそ
尾・単男	単男3完ヒ	尾・単男・接

יוֹעִֽיל׃	בְּל֥וֹא
るーイヨ	ーろベ
でいなさらたもを益	
単男3未ヒ	副・前

12
天よ、驚け、このことを
大いに、震えおののけ、と主は言われる。
13
まことに、わが民は二つの悪を行った。
生ける水の源であるわたしを捨てて

זֹ֑את	עַל־	שָׁמַ֖יִם	שֹׁ֥מּוּ	12
トッゾ	るア	ムイマャシ	ームーョシ	
れこ	ていつに	よ天	けののおは達たなあ	
代	前	双男	複男2命パ	

מְאֹ֖ד	חָרְב֥וּ	וְשַׂעֲר֛וּ
ドッオメ	ーヴれは	ールアャシェヴ
に常非	け乾は達たなあ	ろえ怯は達たなあてしそ
副	複男2命パ	複男2命パ・接

יְהוָֽה׃	נְאֻם־
イナドア	ムウネ
の**主**	げ告み
固	連単男

עַמִּ֑י	עָשָׂ֣ה	רָע֖וֹת	שְׁתַּ֥יִם	כִּֽי־	13
ーミア	ーサア	トッオラ	ムイタェシ	ーキ	
は民の私	たっな行	を悪	のつ二	らか～らなぜな	
尾・単男	単男3完パ	複女	数	接	

עָזְב֗וּ	אֹתִ֣י
ーヴゼア	ィテオ
たて捨はら彼	を私
複3完パ	尾・前

---

11. יוֹעִיל בְּלוֹא ＝'益をもたらさないものと(替えた)'の意.

יוֹעִיל < הוֹעִיל ＝√ יעל

12. שֹׁמּוּ < שָׁמֵם

חָרְבוּ ＝天は雨水を蓄えていたと考えられ(創1:7), それが乾くことは滅びを意味した.

מְקוֹר	מַיִם	חַיִּים
ルーコメ	ムイマ	ムーイは
を泉	の水	るいてき生
連単男	双男	複男形

לַחְצֹב	לָהֶם	בֹּארֹוֹת
ヴォツふら	ムへら	トッロボ
にめたる掘	にら彼	を穴
不パ・前	尾・前	複男

בֹּארֹת	נִשְׁבָּרִים
トッロボ	ムーリバュシニ
を穴	るいてれさ壊
複男	複男分ニ

אֲשֶׁר	לֹא־	יָכִלוּ	הַמָּיִם׃
ルェシア	ーろ	ーるーひヤ	ムイマハ
のろこと〜	いなきで容収		を水
関	副	複男3未ヒ	停双男・冠

14	הַעֶבֶד	יִשְׂרָאֵל	אִם־	יְלִיד	בַּיִת	הוּא
	ドッェヴエハ	るエラスイ	ムイ	ドーりェイ	トイバ	ーフ
	か隷奴	はルエラスイ	か〜	者たれま生	に家	は彼
	単男・疑	男固	接	連単男	単男	代

מַדּוּעַ	הָיָה	לָבַז׃
アゥドマ	ーヤハ	ズァヴら
かの〜ぜな	たっなは彼	に品奪略
副	単男3完パ	単男・前

15	עָלָיו	יִשְׁאֲגוּ	כְפִרִים
	ヴらア	ーグアュシイ	ムーリィフへ
	に上の彼	るえ吠	が達子獅若
	尾・前	複男3未パ	複男

נָתְנוּ	קוֹלָם
ーヌテナ	ムらコ
たえ与はら彼	を声のら彼
複3完パ	尾・単男

無用の水溜めを掘った。
水をためることのできない
こわれた水溜めを。

14 イスラエルは奴隷なのか
家に生まれた僕であろうか。
それなのに、どうして捕らわれの身になったのか。

15 若獅子が彼に向かってほえ
うなり声をあげた。

---

13. יָכִלוּ < הֵכִיל = √ כול

14. אִם ＝疑問辞 הֲ と併用される二重疑問（Ges § 150-c）.

יְלִיד ＝cf. יָלַד「生む」, יֶלֶד「子供」

לָבַז < בַּז = √ בזז , cf. בָּזַז「略奪する」

לְשַׁמָּה	אַרְצוֹ	וַיָּשִׁיתוּ
ーマャシれ	ーォツルア	ゥトーシヤァヴ
に地れ荒	を地のそ	たし～はら彼てしそ
単女・前	尾・単女	複男3未パ・倒

יֹשֵׁב׃	מִבְּלִי	נִצְּתָה	עָרָיו
ヴェシヨ	ーりベミ	ーゥトェツニ★	ヴラア
者るいでん住	にしな～	たれさや燃	は々町のそ
単男分パ	副・前	複3完ニ	尾・複女

彼の地は荒れ地とされ
町々は焼き払われて
住む人もなくなった。

וְתַחְפַּנְחֵס	נֹף	בְנֵי־	גַּם־	16
スヘンパふタェヴ★	フノ	ーネベ	ムガ	
スヘンパフタと	のスィフンメ	達子息	たまも～	
固・接	固	連複男	接	

קָדְקֹד׃	יִרְעוּךְ
ドッコゥドコ	ふーウルイ
天脳	むはを～のたなあ
単男	尾・複男3未パ

16 メンフィスとタフパンヘスの人々も
あなたの頭をそり上げる。

לָךְ	תַּעֲשֶׂה־	זֹּאת	הֲלוֹא־	17
ふら	ーセアタ	トッゾ	ーろハ	
にめたのたなあ	うな行	がれこ	かいなはで～	
尾・前	単女3未パ	代	副・疑	

אֱלֹהַיִךְ	יְהוָה	אֶת־	עָזְבֵךְ
ふイハろエ	イナドア	トッエ	ふェヴズオ
神のたなあ	**主**	を	とこたて捨がたなあ
尾・複男	固	前	尾・不パ

בַּדָּרֶךְ׃	מוֹלִיכֵךְ	בְּעֵת
ふレダバ	ふへりモ	トッエベ
で道	るいてせか行をたなあ	に時
停単女・冠前	尾・単男分ヒ	単男・前

17 あなたの神なる主が、旅路を導かれたとき
あなたが主を捨てたので
このことがあなたの身に及んだのではないか。

מִצְרַיִם	לְדֶרֶךְ	לָּךְ	מַה־	וְעַתָּה	18
ムイラツミ	ふレデれ	ふら	ーマ	ータアエヴ	
のトプジエ	に道	にたなあ	が何	今てしそ	
固	連単女・前	尾・前	疑	副・接	

18 それなのに、今あなたはエジプトへ行って

---

15. וַיָּשִׁיתוּ < שָׁת =√ שית，原意は「置く」
㋘ נצתה，㋙ נִצְּתוּ < נָצַת =√ יצת
יֹשֵׁב =分詞の名詞的用法.

16. נֹף =エジプトの主要都市の1つ. ナイル川西岸にあり，現在のカイロから南方約25㎞に位置した.
㋘ ותחפנס，㋙ וְתַחְפַּנְחֵס，エジプト北東部にあった町の名.

יִרְעוּךְ < רָעָה，原意は「(家畜が)草をはむ」
יִרְעוּךְ קָדְקֹד =‘あなたの頭頂部を剃り上げる’の意か. 別「あなたの脳天を打ち砕く」

17. עָזְבֵךְ =不定詞に付く人称接尾辞が意味上の主語.

לִשְׁתּוֹת	מֵי	שִׁחוֹר
りシュトット	メー	シほール
飲むために	水を	ナイルの
不パ・前	連双男	固

וּמַה־	לָּךְ	לְדֶרֶךְ	אַשּׁוּר
ウマー	らふ	れデレふ	アシュール
そして何が	あなたに	道に	アッシリアの
疑・接	尾・前	連単女・前	固

לִשְׁתּוֹת	מֵי	נָהָר׃
りシュトット	メー	ナハル
飲むために	水を	川の
不パ・前	連双男	単男

ナイルの水を飲もうとする。
それは、一体どうしてか。
また、アッシリアへ行って
ユーフラテスの水を飲もうとする。
それは、一体どうしてか。
19 あなたの犯した悪が、あなたを懲らしめ

19	תְּיַסְּרֵךְ	רָעָתֵךְ
	テヤセレふ	ラアテふ
	あなたを懲らしめる	あなたの悪が
	尾・単女3未ピ	尾・単女

וּמְשֻׁבוֹתַיִךְ	תּוֹכִחֻךְ
ウムシュヴォタイふ	トほふ
そしてあなたの背信が	あなたを責める
尾・複女・接	尾・複女3未ヒ

וּדְעִי	וּרְאִי	כִּי־	רַע	וָמָר
ウドゥイー	ウルイー	キー	ラー	ヴァマール
そしてあなたは知れ	そしてあなたは見ろ	確かに	悪い	そして苦い
単女2命パ・接	単女2命パ・接	接	単男形	停単男形・接

עָזְבֵךְ	אֶת־	יְהוָה	אֱלֹהָיִךְ
オズヴェふ	エット	アドナイ	エロハイふ
あなたが捨てたことは	を	**主**	あなたの神
尾・不パ	前	固	停尾・複男

וְלֹא	פַחְדָּתִי	אֵלַיִךְ
ヴェろー	ファふダティ	エらイふ
そして〜ない	私の恐れは	あなたに
副・接	尾・単女	尾・前

あなたの背信が、あなたを責めている。
あなたが、わたしを畏れず
あなたの神である主を捨てたことが
いかに悪く、苦いことであるかを
味わい知るがよいと

---

18. לִשְׁתּוֹת < שָׁתָה

שִׁחוֹר ＝ナイル川の別名.

נָהָר ＝ユーフラテス川のこと.

19. תְּיַסְּרֵךְ < יִסֵּר

וּמְשֻׁבוֹתַיִךְ < מְשׁוּבָה ＝√ שוב

עָזְבֵךְ ＝不定詞に付く人称接尾辞が意味上の主語.

וְלֹא פַחְדָּתִי אֵלַיִךְ ＝‘そして私への恐れがあなたにない’の意か.

פַּחְדָּתִי < פַּחְדָּה ＝√ פחד

万軍の主なる神は言われる。
20 あなたは久しい昔に軛を折り
手綱を振り切って
「わたしは仕えることはしない」と言った。

あなたは高い丘の上
緑の木の下と見ればどこにでも
身を横たえて遊女となる。
21 わたしはあなたを、甘いぶどうを実らせる

נְאֻם־	אֲדֹנָ֣י	יְהוִ֖ה	צְבָאֽוֹת׃
ネウム	アドナイ	エロヒーム	ツェヴァオット
み告げ	わが主の	神	万軍の
連単男	尾・複男	固	複男

20

כִּ֣י	מֵעוֹלָ֞ם	שָׁבַ֣רְתִּי	עֻלֵּ֗ךְ
キー	メオらム	シャヴァルティ	ウれふ
なぜなら〜から	昔から	私は砕いた	あなたのくびきを
接	単男・前	単1完パ	尾・単男

נִתַּ֖קְתִּי	מוֹסְרֹתָ֑יִךְ
ニタクティ	モセロタイふ
私は断ち切った	あなたの縄を
単1完ピ	尾・複女

וַתֹּ֣אמְרִ֔י	לֹ֣א	אֶעֱב֑וֹד
ヴァトメリー	ろー	★エエヴォル
しかしあなたは言った	私は越えて行かない	
単女2未パ・倒	副	単1未パ

כִּ֣י	עַל־	כָּל־	גִּבְעָ֞ה	גְּבֹהָ֗ה
キー	アる	コる	ギヴアー	ゲヴォハー
なぜなら〜から	の上に	全ての	丘	高い
接	前	連単男	単女	単女形

וְתַ֙חַת֙	כָּל־	עֵ֣ץ	רַֽעֲנָ֔ן
ヴェタはット	コる	エツ	ラアナン
そして〜の下に	全ての	木	青々と茂った
前・接	連単男	単男	単男形

אַ֖תְּ	צֹעָ֥ה	זֹנָֽה׃
アット	ツォアー	ゾナー
あなたは	身を屈めている	淫行している
代	単女分パ	単女分パ

21

וְאָנֹכִי֙	נְטַעְתִּ֣יךְ	שֹׂרֵ֔ק
ヴェアノひー	ネタティーふ	ソレック
そして私は	私はあなたを植えた	特選のぶどうの木を
代・接	尾・単1完パ	単男

---

19. יְהוִה = אֲדֹנָי の直後に来た場合は אֱלֹהִים (エロヒーム)と読む.

20. נִתַּקְתִּי , שָׁבַרְתִּי =70人訳はじめ多くの翻訳聖書は2人称女性単数の古形と見なし,「あなたは壊した」「あなたは断ち切った」と訳している.

(כ) אעבד , (ק) אֶעֱבוֹר , (כ)(ケティブ)に従うと לֹא אֶעֱבֹד「私は仕えない」と読める(=口語訳,新共同訳他).

עֵץ רַעֲנָן , גִּבְעָה גְּבֹהָה =偶像礼拝の場所だった(cf.申12:2).

確かな種として植えたのに
どうして、わたしに背いて
悪い野ぶどうに変わり果てたのか。
22 たとえ灰汁で体を洗い
多くの石灰を使っても
わたしの目には

אֱמֶת	זֶרַע	כֻּלֹּה
トッメエ	ラゼ	ーろク
の実真	種	がて全のそ
単女	連単男	尾・単男

סוּרֵי	לִּי	נֶהְפַּכְתְּ	וְאֵיךְ
ーレス	ーり	トふパフネ	ふエェヴ
たし質変	に私	たっわ変はたなあ	か～にうよのどてしそ
連複男受分パ	尾・前	単女2完ニ	疑・接

נָכְרִיָּה׃	הַגֶּפֶן
ーヤリふノ	ンェフゲハ
の質異	木のうどぶ
単女形	単女・冠

בַּנֶּתֶר	תְּכַבְּסִי	אִם־	כִּי	22
ルテネバ	ーィスベはテ	ムイ	ーキ	
で汁灰	るす濯洗がたなあ	もてしと～しも	えとた	
単男・冠前	単女2未ピ	接	接	

罪があなたに染みついていると
主なる神は言われる。
23 どうして、お前は言い張るのか
わたしは汚れていない

בֹּרִית	לָךְ	וְתַרְבִּי־
トーリボ	ふら	ービルタェヴ
を剤洗	にたなあ	るすく多がたなあてしそ
単女	尾・前	単女2未ヒ・接

לְפָנַי	עֲוֹנֵךְ	נִכְתָּם
イナァフれ	ふネォヴア	ムタふニ
に前面の私	はがとのたなあ	るいてれ汚
尾・複女・前	尾・単女	単男分ニ

יְהוִה׃	אֲדֹנָי	נְאֻם
ムーヒろエ	イナドア	ムウネ
神	の主がわ	げ告み
固	尾・複男	連単男

נִטְמֵאתִי	לֹא	תֹּאמְרִי	אֵיךְ	23
ィテーメゥトニ	ーろ	ーリメト	ふエ	
たっかなれ汚	は私	う言はたなあ	か～にうよのど	
単1完ニ	副	単女2未パ	疑	

---

21. נָכְרִיָּה ＝原意は「外国の」

22. בַּנֶּתֶר ＝別「ソーダで」

וְתַרְבִּי < הַרְבָּה ＝√ רבה

בֹּרִית ＝意味不明の語. 直前の נֶתֶר と同義語か.

יְהוִה ＝ אֲדֹנָי の直後に来た場合は אֱלֹהִים (エロヒーム)と読む.

אַחֲרֵי	הַבְּעָלִים	לֹא	הָלַכְתִּי
ーレはア	ムーりアベハ	ーろ	ィテふらハ
に後の	達ルアバ		たっかなか行は私
前	複男・冠	副	単1完パ

רְאִי	דַרְכֵּךְ	בַּגַּיְא
ーイレ	ふケルダ	イガバ
ろ見はたなあ	を道のたなあ	で谷
単女2命パ	尾・単女	単男・冠前

דְּעִי	מֶה	עָשִׂית
ーイデ	ーメ	トーィスア
れ知はたなあ	か～を何	たっな行がたなあ
単女2命パ	疑	単女2完パ

בִּכְרָה	קַלָּה	מְשָׂרֶכֶת	דְּרָכֶיהָ׃
ーラふビ	ーらカ	トッヘレサメ	ハーヘラデ
ダクラ雌い若	い軽	る回り走	を道のそ
単女	単女形	単女分ピ	尾・単女

24

פֶּרֶה	לִמֻּד	מִדְבָּר
レペ	ドッムり	ルバゥドミ
ばろ野	たれさら馴	に野荒
連単男	連単男形	単男

בְּאַוַּת	נַפְשָׁו	שָׁאֲפָה	רוּחַ
トッァヴアベ	ハャシフナ★	ーァフアャシ	はアール
で求欲	の魂のそ	たし望渇	を風
連単女・前	尾・単女	単女3完パ	単女

תַּאֲנָתָהּ	מִי	יְשִׁיבֶנָּה
ハタナアタ	ーミ	ナーェヴシェイ
を情発のそ	か～が誰	す戻をれそ
尾・単女	疑	尾・単男3未ヒ

כָּל־	מְבַקְשֶׁיהָ	לֹא	יִיעָפוּ
るコ	ハーェシクァヴメ	ーろ	ーフーアイ
のて全	は達者るめ求をれそ	いなれ疲	
連単男	尾・複男分ピ	副	停複男3未パ

バアルの後を追ったことはない、と。見よ、谷でのお前のふるまいを思ってみよ、何をしたのか。お前は、素早い雌のらくだのように道をさまよい歩く。

24 また、荒れ野に慣れた雌ろばのように息遣いも荒く、欲情にあえいでいる。誰がその情欲を制しえよう。彼女に会いたければ、だれも苦労はしない。

---

23. בַּגַּיְא ＝ベン・ヒノムの谷では息子，娘を火で焼いて異教の神々への生贄とした(7:31).

24. פֶּרֶה ＝本来の形は פֶּרֶא .

(כ) נפשו , (ק) נַפְשָׁהּ

שָׁאֲפָה רוּחַ ＝「風を渇望する」で‘激しく息をする，あえぐ’の意か.

תַּאֲנָתָהּ ＝別「その発情期」

יְשִׁיבֶנָּה < הֵשִׁיב ＝√ שוב

מְבַקְשֶׁיהָ < בִּקֵּשׁ , 分詞の名詞的用法.

יִיעָפוּ ＝√ יעף

יִמְצָאֽוּנְהָ׃	בְּחָדְשָׁהּ
イムツァウンハ	べほドゥシヤハ
彼らはそれを見つける	その月のうちに
尾・複男3未パ	尾・単男・前

25

מִיָּחֵף	רַגְלֵךְ	מִנְעִי
ミヤヘフ	ラグレㇷ	ミンイー
裸足から	あなたの足を	あなたは妨げろ
単男形・前	尾・単女	単女2命パ

מִצִּמְאָה	וּגְרוֹנֵךְ
ミツィムアー	★ウグロネㇷ
渇きから	そしてあなたののどを
単女・前	尾・単男・接

לוֹא	נוֹאָשׁ	וַתֹּאמְרִי
ろー	ノアァッシュ	ヴァトメリー
いいえ	嫌だ	しかしあなたは言った
副	単男分ニ	単女2未パ・倒

זָרִים	אָהַבְתִּי	כִּי־
ザリーム	アハヴティ	キー
外国人達を	私は愛している	なぜなら〜から
複男分パ	単1完パ	接

אֵלֵךְ׃	וְאַחֲרֵיהֶם
エレㇷ	ヴェアはレヘム
私は行く	そして彼らの後に
単1未パ	尾・前・接

26

יִמָּצֵא	כִּי	גַּנָּב	כְּבֹשֶׁת
イマツェー	キー	ガナヴ	ケヴォシェット
彼が見つけられる	〜時	盗人の	恥のように
単男3未ニ	接	単男	連単女・前

יִשְׂרָאֵל	בֵּית	הֹבִישׁוּ	כֵּן
イスラエる	ベート	ホヴィーシュー	ケン
イスラエルの	家は	恥をかいた	このように
男固	連単男	複3完ヒ	接

その月(つき)になれば、見(み)つけ出(だ)せる。
25 素足(すあし)になることを避(さ)け
喉(のど)が渇(かわ)かぬようにせよ、と言(い)われても
お前(まえ)は答(こた)えて言(い)う。

「いいえ、止(と)めても無駄(むだ)です。
わたしは異国(いこく)の男(おとこ)を慕(した)い
その後(あと)を追(お)います」と。
26 盗人(ぬすびと)が捕(と)らえられて辱(はずかし)めを受(う)けるように
イスラエルの家(いえ)も辱(はずかし)めを受ける

---

25. מִנְעִי < מָנַע

וּגְרוֹנֵךְ Ⓟ , וגרנך Ⓒ

נוֹאָשׁ =√ יאשׁ , 原意は「諦める」

נוֹאָשׁ לוֹא =それぞれが独立した間投詞的な役割を持つと解する.

זָרִים =分詞の名詞的用法.

26. הֹבִישׁוּ =√ בושׁ

その王、高官、祭司、預言者らも共に。
27 彼らは木に向かって、「わたしの父」と言い
石に向かって、「わたしを産んだ母」と言う。
わたしに顔を向けず、かえって背を向け

しかも、災難に遭えば
「立ち上がって
わたしたちをお救いください」と言う。

הֵ֣מָּה	מַלְכֵיהֶם֙	שָׂ֣רֵיהֶ֔ם
マーヘ	ムヘるマ	ムヘレサ
ら彼	達王のら彼	達長のら彼
代	尾・複男	尾・複男

וְכֹהֲנֵיהֶ֖ם	וּנְבִֽיאֵיהֶֽם׃
ムヘーネハほェヴ	ムヘーエィヴンウ
達司祭のら彼と	達者言預のら彼と
尾・複男・接	尾・複男・接

27

אֹמְרִ֨ים	לָעֵ֜ץ	אָ֣בִי	אַ֗תָּה
ムーリメオ	ツエら	ィヴーア	ターア
るいてっ言	に木	父の私	はたなあ
複男分パ	単男・冠前	尾・単男	代

וְלָאֶ֙בֶן֙	אַ֣תְּ	יְלִדְתָּ֔נִי
ンェヴエらェヴ	トッア	ヌータゥドりェイ★
に石てしそ	はたなあ	だん産を達私はたなあ
単女・冠前・接	代	停尾・単女2完パ

כִּֽי־	פָנ֥וּ	אֵלַ֛י	עֹ֖רֶף
ーキ	ーヌァフ	イらエ	フレオ
らか〜らなぜな	たけ向はら彼	に私	をじなう
接	複3完パ	尾・前	単男

וְלֹ֣א	פָנִ֑ים
ーろェヴ	ムーニァフ
いなはで〜てしそ	顔
副・接	複女

וּבְעֵ֤ת	רָֽעָתָם֙	יֹֽאמְר֔וּ
トッエヴウ	ムタアラ	ールメヨ
に時〜てしそ	のい災のら彼	う言はら彼
連単女・前・接	尾・単女	複男3未パ

ק֖וּמָה	וְהוֹשִׁיעֵֽנוּ׃
マーク	ヌーエシホェヴ
て立はたなあ	え救を達私はたなあてしそ
長単男2命パ	尾・単男2命ヒ・接

---

27. ילדתני (כ) , יְלִדְתָּנוּ (ק)

פָּנָה < פָּנוּ

רָעָה < רָעָתָם

קוּם √= קָם < קוּמָה

ישע √= הוֹשִׁיעַ < וְהוֹשִׁיעֵנוּ

לָּךְ	עָשִׂיתָ	אֲשֶׁר	אֱלֹהֶיךָ	וְאַיֵּה	28
ふら	ターィスア	ルェシア	はーへろエ	ーェイアェヴ	
にめたのたなあ	たっ作がたなあ	のろこと〜	は々神のたなあ	かこどてしそ	
停尾・前	単男2完パ	関	尾・複男	疑・接	

יוֹשִׁיעוּךָ	אִם־	יָקוּמוּ
はーウシヨ	ムイ	ームークヤ
う救をたなあがられそ	ばらな〜しも	るが上ち立はられそ
尾・複男3未ヒ	接	複男3未パ

רָעָתֶךָ	בְּעֵת
はーテアラ	トッエベ
のい災のたなあ	に時
停尾・単女	連単女・前

הָיוּ	עָרֶיךָ	מִסְפַּר	כִּי
ーユハ	はーレア	ルパスミ	ーキ
たっあ	の々町のたなあ	数	らか〜らなぜな
複3完パ	尾・複女	連単男	接

יְהוּדָה׃	אֱלֹהֶיךָ
ーダフェイ	はーへろエ
よダユ	は々神のたなあ
男固	尾・複男

תָרִיבוּ	לָמָּה	29
ーヴーリタ	マら	
う争は達たなあ	か〜故何	
複男2未パ	疑・前	

בִּי	פְּשַׁעְתֶּם	כֻּלְּכֶם	אֵלָי
ービ	ムテーャシペ	ムへれク	イらエ
に私	たい背は達たなあ	て全達たなあ	に私
尾・前	複男2完パ	尾・単男	停尾・前

יְהוָה׃	נְאֻם־
イナドア	ムウネ
の**主**	げ告み
固	連単男

28 お前が造った神々はどこにいるのか。
彼らが立ち上がればよいのだ
災難に遭ったお前を救いうるのならば。
ユダよ、お前の神々は
町の数ほどあるではないか。

29 なぜ、わたしと争い
わたしに背き続けるのか、と主は言われる。

---

28. עָשִׂיתָ < עָשָׂה

יוֹשִׁיעוּךָ < הוֹשִׁיעַ =√ ישע

רָעָתֶךָ < רָעָה

29. תָרִיבוּ < רָב =√ ריב

30 わたしはお前たちの子らを打ったが
無駄であった。
彼らは懲らしめを受け入れなかった。
獅子が滅ぼし尽くすように
お前たちは預言者を剣の餌食とした。

31 この世代の者よ、見よ、これは主の言葉だ。
わたしはイスラエルにとって荒れ野なのか。
深い闇の地なのか。
どうして、わたしの民は言うのか。
「迷い出てしまったからには

30 לַשָּׁוְא	הִכֵּיתִי	אֶת־	בְּנֵיכֶם
ヴァシら	イテーケヒ	トッエ	ムヘーネベ
くし虚	たっ撃は私	を	達子息の達たなあ
単男・冠前	単1完ヒ	前	尾・複男

מוּסָר	לֹא	לָקָחוּ
ルサム	ーろ	ーふーカら
をめしら懲		たっかなら取け受はら彼
単男	副	停複3完パ

אָכְלָה	חַרְבְּכֶם	נְבִיאֵיכֶם
ーらヘア	ムヘベルは	ムヘエィヴネ
たべ食	は剣の達たなあ	を達者言預の達たなあ
単女3完パ	尾・単女	尾・複男

כְּאַרְיֵה	מַשְׁחִית׃
ーェイルアケ	トーひュシマ
にうよの子獅	すぼ滅
単男・前	単男分ヒ

31 הַדּוֹר	אַתֶּם	רְאוּ	דְבַר־	יְהוָה
ルードハ	ムテア	ーウレ	ルァヴデ	イナドア
よ代世	達たなあ	ろ見は達たなあ	を葉言	の**主**
単男・冠	代	複男2命パ	連単男	固

הֲמִדְבָּר	הָיִיתִי	לְיִשְׂרָאֵל
ルバゥドミハ	イテーイハ	るエラスイれ
か野荒	たっだ〜は私	てっとにルエラスイ
単男・疑	単1完パ	男固・前

אִם	אֶרֶץ	מַאְפֵּלְיָה
ムイ	ツレエ	ーヤるペーマ
か〜	地	の黒暗
接	連単女	単女

מַדּוּעַ	אָמְרוּ	עַמִּי	רַדְנוּ
アゥドマ	ールメア	ーミア	ーヌゥドラ
かの〜ぜな	たっ言	は民の私	たっ迷さは達私
疑	複3完パ	尾・単男	複1完パ

---

30. הִכֵּיתִי < הִכָּה = √ נכה

כְּאַרְיֵה מַשְׁחִית =「滅ぼす獅子のように」

31. רְאוּ < רָאָה

אִם =疑問辞 הֲ と併用される二重疑問(Ges § 150-c).

עַמִּי < עַם , 集合名詞

רַדְנוּ < רָד = √ רוד

לוֹא־	נָבוֹא	עוֹד	אֵלֶיךָ׃
ーろ	ーォヴナ	ドッオ	はーれエ
いな来は達私		び再	にたなあ
副	複1未パ	副	尾・前

32

הֲתִשְׁכַּח	בְּתוּלָה	עֶדְיָהּ
ふカュシィテハ	ーらゥトベ	ハヤゥドエ
かるれ忘	が女処	を物り飾の女彼
単女3未パ・疑	単女	尾・単男

כַּלָּה	קִשֻּׁרֶיהָ
ーらカ	ハーレュシキ
が嫁花	を帯り飾の女彼
単女	尾・複男

וְעַמִּי	שְׁכֵחוּנִי
ーミアェヴ	ニーふヘェシ
は民の私しかし	たれ忘を私
尾・単男・接	尾・複3完パ

יָמִים	אֵין	מִסְפָּר׃
ムーミヤ	ンエ	ルパスミ
々日	いな	が数
複男	副	単男

33

מַה־	תֵּיטִבִי	דַּרְכֵּךְ
ーマ	イヴーィテテ	ふケルダ
とんな	るすく良はたなあ	を道のたなあ
疑	単女2未ヒ	尾・単女

לְבַקֵּשׁ	אַהֲבָה
ュシッケァヴれ	ーァヴハア
にめたるめ求	を愛
不ピ・前	単女

לָכֵן	גַּם	אֶת־	הָרָעוֹת
ンへら	ムガ	トッエ	トッオラハ
故れそ	たまも～	を	とこい悪
副・前	接	前	複女・冠

あなたのもとには帰りません」と。
32 おとめがその身を飾るものを
花嫁が晴れ着の帯を忘れるだろうか。
しかし、わたしの民はわたしを忘れ
数えきれない月日が過ぎた。
33 なんと巧みにお前は情事を求めることか。
悪い女たちにさえ、その道を教えるほどだ。

---

32. עֶדְיָהּ < עֲדִי

קִשֻּׁרֶיהָ < קִשֻּׁרִים

וְעַמִּי < עַם , 集合名詞

אֵין מִסְפָּר =「数がない」で‘数え切れない’の意.

33. תֵּיטִבִי < הֵיטִיב =√ יטב , cf. טוֹב「良い」

אֶת־הָרָעוֹת =別「悪い女達に」

34お前の着物の裾には
罪のない貧しい者を殺した血が染みついている。
それは、盗みに押し入ったときに
付いたものではない。
それにもかかわらず

לִמַּדְתִּי	אֶת־	דְּרָכָיִךְ׃
トゥドマリ★	トッエ	ふイはラデ
たえ教はたなあ	を	々道のたなあ
単女2完ピ	前	停尾・複女

34	גַּם	בִּכְנָפַיִךְ	נִמְצְאוּ
	ムガ	ふイァフナふビ	ーウェツムニ
	たまも〜	に隅のたなあ	たれらけつ見
	接	尾・複女・前	複3完ニ

דַּם	נַפְשׁוֹת	אֶבְיוֹנִים	נְקִיִּים
ムダ	トッョシフナ	ムーニヨヴエ	ムーイキネ
は血	の達魂	のいし乏	い清
連単男	連複女	複男形	複男形

לֹא־	בַמַּחְתֶּרֶת	מְצָאתִים
ーろ	トッレテふマァヴ	ムーィテァアツメ
いなはでの〜	で入侵	たけつ見をら彼がたなあ
副	単女・冠前	尾・単女2完パ

כִּי	עַל־	כָּל־	אֵלֶּה׃
ーキ	るア	るコ	れーエ
にか確	ていつに	て全	られこ
接	前	連単男	代

35「わたしには罪がない」とか
「主の怒りはわたしから去った」とお前は言う。
だが、見よ。
「わたしは罪を犯していない」と言うなら

35	וַתֹּאמְרִי	כִּי	נִקֵּיתִי
	ーリメトァヴ	ーキ	ィテーケニ
	たっ言はたなあしかし	にか確	たっなと罪無は私
	単女2未パ・倒	接	単1完ニ

אַךְ	שָׁב	אַפּוֹ	מִמֶּנִּי
ふア	ヴァシ	ーポア	ニーメミ
にか確	たっ戻	はり怒の彼	らか私
副	単男3完パ	尾・単男	尾・前

הִנְנִי	נִשְׁפָּט	אוֹתָךְ
ーニンヒ	トッパュシニ	ふタオ
は私よ見	るす争論	とたなあ
尾・間	単男分ニ	尾・前

---

33. ⓒ למדתי , ⓟ לִמַּדְתְּ

34. בִּכְנָפַיִךְ < כָּנָף , '衣服の裾'の意(cf.民15:38).

נִמְצְאוּ =主語 דַּם と文法的数が不一致.

אֶבְיוֹנִים נְקִיִּים ='乏しく清い者達の'の意.

בַמַּחְתֶּרֶת =√ חתר , '侵入する時に'の意.
cf. חָתַר 「堀る」

מְצָאתִים =動詞の完了形2人称女性単数に接尾辞が付いたことにより, 動詞の語尾 תְּ の母音がイに変化した古形.

35. נִקֵּיתִי < נָקָה , 別「私は浄められた」

שָׁב אַפּוֹ =「怒りが戻る」で'怒りが静まる'の意.

נִשְׁפָּט אוֹתָךְ =別「あなたを裁く」

お前は裁きの座に引き出される。
36 なんと軽率にお前は道を変えるのか。
アッシリアによって辱められたように
エジプトにも辱められるであろう。

37 そこからも、お前は両手を頭に置いて出て来る。
主はお前が頼りにしているものを退けられる。
彼らに頼ろうとしても成功するはずがない。

חָטָאתִי׃	לֹא	אָמְרֵךְ	עַל־
ィテータは	ーろ	ふレムオ	るア
たっかなさ犯を罪は	私	とこう言がたなあ	ていつに
単1完パ	副	尾・不パ	前

מְאֹד	תֵּזְלִי	מַה־	36
ドッオメ	ーりゼテ	ーマ	
に常非	るす～に率軽はたなあ	とんな	
副	単女2未パ	疑	

דַּרְכֵּךְ	אֶת־	לְשַׁנּוֹת
ふケルダ	トッエ	トッノャシれ
道のたなあ	を	をとこるえ変
尾・単女	前	不ピ・前

תֵּבוֹשִׁי	מִמִּצְרַיִם	גַּם
シーォヴテ	ムイラツミミ	ムガ
るじ恥はたなあ	らかトプジエ	たまも～
単女2未パ	固・前	接

מֵאַשּׁוּר׃	בֹּשְׁתְּ	כַּאֲשֶׁר־
ルーュシアメ	トュシボ	ルェシアカ
らかアリシッア	たじ恥がたなあ	にうよ～
固・前	単女2完パ	関・前

תֵּצְאִי	זֶה	מֵאֵת	גַּם	37
ーイェツテ	ゼ	トッエメ	ムガ	
る出はたなあ	れこ	らか	たまも～	
単女2未パ	代	前・前	接	

רֹאשֵׁךְ	עַל־	וְיָדַיִךְ
ふエシーロ	るア	ふイダヤェヴ
頭のたなあ	に上の	が手両のたなあてしそ
尾・単男	前	尾・双女・接

בְּמִבְטַחַיִךְ	יְהוָה	מָאַס	כִּי־
ふイはタヴミベ	イナドア	スアマ	ーキ
をのもるすにり頼のたなあ	は**主**	だん拒	らか～らなぜな
尾・複男・前	固	単男3完パ	接

---

36. תֵּזְלִי < זָלַל
לְשַׁנּוֹת < שָׁנָה
תֵּבוֹשִׁי , בֹּשְׁתְּ < בּוֹשׁ
37. תֵּצְאִי < יָצָא

בְּמִבְטַחַיִךְ < מִבְטָח =√ בטח , cf. בָּטַח「信頼する」

לָהֶֽם׃	תַצְלִ֖יחִי	וְלֹ֥א
ムへら	ーひーりツタ	ーろェヴ
でられそ	いなし功成は	たなあらかだ
尾・前	単女2未ヒ	副・接

3

悔い改めの呼びかけ

1 もし人がその妻を出し彼女が彼のもとを去って他の男のものとなれば前の夫は彼女のもとに戻るだろうか。その地は汚れてしまうではないか。お前は多くの男と淫行にふけったのに

3 1

אִשְׁתּ֡וֹ	אֶת־	אִ֣ישׁ	יְשַׁלַּ֣ח	הֵ֣ן	לֵאמֹ֗ר
ートュシイ	トッエ	ュシーイ	ふらャシェイ	ンへ	ルーモれ
妻の彼	を	は人	るせら去	よ見	てっ言と〜
尾・単女	前	単男	単男3未ピ	間	不パ・前

מֵאִתּ֗וֹ	וְהָלְכָ֞ה
ートイメ	ーはれハェヴ
らか彼	く行は女彼てしそ
尾・前・前	単女3完パ・倒

אַחֵ֔ר	לְאִישׁ־	וְהָיְתָ֣ה
ルへア	ュシーイれ	ータェイハェヴ
の他	にのもの男	るなは女彼てしそ
単男形	単男・前	単女3完パ・倒

ע֔וֹד	אֵלֶ֙יהָ֙	הֲיָשׁ֤וּב
ドッオ	ハーれエ	ヴーュシヤハ
び再	に女彼	かる帰は彼
副	尾・前	単男3未パ・疑

תֶּחֱנַ֖ף	חָנ֥וֹף	הֲל֛וֹא
フナへテ	フノは	ーろハ
	るれ汚にれ汚	かいなはで〜
単女3未パ	不パ	副・疑

הַהִ֑יא	הָאָ֣רֶץ
ーヒハ	ツレアハ
のそ	は地
代・冠	単女・冠

רַבִּ֔ים	רֵעִ֣ים	זָנִית֙	וְאַ֗תְּ
ムービラ	ムーイレ	トーニザ	トッアェヴ
のく多	達人隣	たし行淫はたなあ	はたなあてしそ
複男形	複男	単女2完パ	代・接

---

1. לֵאמֹ֗ר ＝台詞の始まりを示す語で，誰が語っているのかは不明.

הָיָה < וְהָיְתָ֣ה

הֲיָשׁ֤וּב , וְשׁוּב < שָׁב =√ שוב

תֶּחֱנַ֖ף חָנ֥וֹף =√ חנף , 独立不定詞＋未完了で強調.

זָנִית֙ < זָנָה , cf. זוֹנָה「遊女」

わたしに戻ろうと言うのかと
主は言われる。
2 目を上げて裸の山々を見よ
お前が男に抱かれなかった所があろうか。

荒れ野でアラビア人が座っているように
お前は道端に座って彼らを待つ。
淫行の悪によってお前はこの地を汚した。
3 雨がとどめられ

יְהוָֽה׃	נְאֻם־	אֵלַ֫י	וְשׁ֫וּב
イナドア	ムウネ	イらエ	ヴョシェヴ
の主	げ告み	に私	る帰てしそ
固	連単男	尾・前	不パ・接

וּרְאִ֔י	שְׁפָיִם֙	עַל־	עֵינַ֫יִךְ	שְׂאִֽי־	2
ーイルウ	ムイァフェシ	るア	ふイナエ	ーイセ	
ろ見はたなあてしそ	々丘の裸	に上の	を目両のたなあ	ろげ上はたなあ	
単女2命パ・接	複男	前	尾・双女	単女2命パ	

שֻׁגַּ֔לְתְּ	לֹ֣א	אֵיפֹה֙
トブカュシ★	ーろ	ーォフエ
たっかなれさか寝はたなあ		か〜でこど
単女2完プ	副	疑

לָהֶ֔ם	יָשַׁ֣בְתְּ	דְּרָכִים֙	עַל־
ムへら	トヴァシヤ	ムーひラデ	るア
にめたのら彼	たっ座はたなあ	々道	に上の
尾・前	単女2完パ	複女	前

בַּמִּדְבָּ֑ר	כַּעֲרָבִ֖י
ルバゥドミバ	ィヴラアカ
で野荒	にうよの人アビラア
単男・冠前	固・前

אֶ֔רֶץ	וַתַּחֲנִ֣יפִי
ツレエ	ィフーニはタァヴ
を地	たし汚はたなあてしそ
単女	単女2未ヒ・倒

וּבְרָעָתֵֽךְ׃	בִּזְנוּתַ֖יִךְ
ふテアラヴウ	ふイタヌズビ
で悪のたなあてしそ	で行淫のたなあ
尾・単女・前・接	尾・複女・前

רְבִבִ֔ים	וַיִּמָּנְע֣וּ	3
ムーィヴィヴレ	ーウネマイァヴ	
は立タ	たれらげ妨てしそ	
複男	複男3未ニ・倒	

---

2. שְׂאִי < נָשָׂא

שְׁפָיִם < שְׁפִי =√ שפה , cf. נִשְׁפָּה「はげる」

וּרְאִי < רָאָה

(כ) שגלת , (ק) שֻׁכַּבְתְּ < שָׁכַב

כַּעֲרָבִי =「荒れ野の裸の山で略奪する者」(12:12)を指すか.

וַתַּחֲנִיפִי < הֶחֱנִיף =√ חנף

בִּזְנוּתַיִךְ < זְנוּת =√ זנה , cf. זָנָה「淫行する」

וּבְרָעָתֵךְ < רָעָה

הָיָה	לוֹא	וּמַלְקוֹשׁ	
ーヤハ	ーろ	ュシコるマウ	
	たっかな	は雨の後てしそ	
単男3完パ	副	単男・接	

לָךְ	הָיָה	זוֹנָה	אִשָּׁה	וּמֵצַח
ふら	ーヤハ	ーナゾ	ーャシイ	ふァツメウ
にたなあ	たっあ	るす行淫	の女	が額てしそ
尾・前	単男3完パ	単女分パ	単女	連単男・接

הִכָּלֵם׃	מֵאַנְתְּ
ムれカヒ	トンアメ
をとこる入じ恥	たし否拒はたなあ
不ニ	単女2完ピ

春の雨も降らなかったのはそのためだ。
お前には遊女の額があり
少しも恥じようとしない。

אָבִי	לִי	קָרָאתִי	מֵעַתָּה	הֲלוֹא	4
ィヴア	ーり	トーラカ★	ータアメ	ーろハ	
よ父のしたわ	に私	だん呼はたなあ	らか今	かいなはで〜	
尾・単男	尾・前	単女2完パ	副・前	副・疑	

אָתָּה׃	נְעֻרָי	אַלּוּף
ターア	イラウネ	フーるア
はたなあ	の少幼の私	友親
停代	尾・複男	連単男

4 「あなたは、わが父、わたしの若い日の夫」と
お前がわたしに呼びかけるのは

לְעוֹלָם	הֲיִנְטֹר	5
ムらオれ	ルートンイハ	
に遠永	かるけ続ち保は彼	
単男・前	単男3未パ・疑	

לָנֶצַח	יִשְׁמֹר	אִם־
ふァツネら	ルーモュシイ	ムイ
に久永	る守は彼	かの〜
単男・前	単男3未パ	接

וַתּוּכָל׃	הָרָעוֹת	וַתַּעֲשִׂי	דִבַּרְתִּי	הִנֵּה
るはゥトァヴ	トッオラハ	ーィスアタァヴ	トルバィデ★	ーネヒ
たきではたなあてしそ	を悪	たっな行はたなあてしそ	たっ語はたなあ	よ見
停単女2未パ・倒	複女・冠	単女2未パ・倒	単女2完ピ	間

今が初めてだろうか。
5 「主はいつまでも憤り
限りなく怒り続けるだろうか」と
お前は言いながら悪を重ねる。
それでもお前は平気だ。

---

3. וּמַלְקוֹשׁ ＝雨期の終わりで3～4月に降る雨.
cf. לֶקֶשׁ「春作, 2番刈り」

4. מֵעַתָּה ＝別「その時から」, 前節の「夕立が妨げられ後の雨がなかった時」を指すか.
קָרָאת Ⓟ , קראתי Ⓒ
אַלּוּף ＝別「夫」
נְעֻרָי < נְעוּרִים , cf. נַעַר「若者」

5. הֲיִנְטֹר ＝別「憤りを保つか」
אִם ＝疑問辞 הֲ と併用される二重疑問(Ges § 150-c)
יִשְׁמֹר ＝別「怒りを守る」
דִבַּרְתְּ Ⓟ , דברתי Ⓒ

6 ヨシヤ王の時代に、主はわたしに言われた。あなたは背信の女イスラエルのしたことを見たか。彼女は高い山の上、茂る木の下のどこにでも行って淫行にふけった。7 彼女がこのようなことをしたあとにもなお、わたしは言った。「わたしに立ち帰れ」と。しかし、彼女は立ち帰らなかった。その姉妹である裏切りの女ユダはそれを見た。8 背信の女イスラエルが姦淫したのを見て、わたしは彼女を離別し、離縁状を渡した。

הַמֶּלֶךְ	יֹאשִׁיָּהוּ	בִּימֵי	אֵלַי	יְהוָה	וַיֹּאמֶר	6
ふれメハ	フヤシヨ	ーメビ	イらエ	イナドア	ルメヨァヴ	
王	のヤシヨ	に々日	に私	は**主**	たっ言てしそ	
単男・冠	男固	連複男・前	尾・前	固	単男3未パ・倒	

הֹלְכָה	יִשְׂרָאֵל	מְשֻׁבָה	עָשְׂתָה	אֲשֶׁר	הֲרָאִית
ーはれホ	るエラスイ	ーァヴュシメ	ータセア	ルェシア	ターイラハ
く行	がルエラスイ	が女の信背	たっな行	のろこと〜	かた見はたなあ
単女分パ	男固	単女	単女3完パ	関	単男2完パ・疑

עֵץ	כָּל־	תַּחַת	וְאֶל־	גְּבֹהָה	הַר	כָּל־	עַל־	הִיא
ツエ	るコ	トッはタ	るエェヴ	ハオヴガ	ルハ	るコ	るア	ーヒ
木	のて全	下の	に〜てしそ	い高	山	のて全	を上の	は女彼
単男	連単男	前	前・接	単男形	単男	連単男	前	代

אַחֲרֵי	וָאֹמַר	7	שָׁם׃	וַתִּזְנִי־	רַעֲנָן
ーレはア	ルマオァヴ		ムャシ	ーニズィテァヴ	ンナアラ
に後	たっ言は私てしそ		でこそ	たし行淫は女彼	たっ茂と々青
前	単1未パ・倒		副	単女3未パ・倒	単男形

תָּשׁוּב	אֵלַי	אֵלֶּה	כָּל־	אֶת־	עֲשׂוֹתָהּ
ヴーュシタ	イらエ	れエ	るコ	トッエ	ハタソア
る帰は女彼	に私	られこ	て全	を	たっな行が女彼
単女3未パ	尾・前	代	連単男	前	尾・不パ

יְהוּדָה׃	אֲחוֹתָהּ	בָּגוֹדָה	וַתֵּרֶא	שָׁבָה	וְלֹא־
ーダフェイ	ハタほア	ーダゴバ	レテァヴ★	アヴーャシ	ーろェヴ
はダユ	は妹姉の女彼	な実不	た見てしそ	たっかなら帰は女彼しかし	
男固	尾・単女	単女形	単女3未パ・倒	単女3完パ	副・接

נִאֲפָה	אֲשֶׁר	אֹדוֹת	כָּל־	עַל־	כִּי	וָאֵרֶא	8
ーァフアニ	ルェシア	トッドオ	るコ	るア	ーキ	レーエァヴ	
たし淫姦	のろこと〜	々事	のて全	にえゆの	にか確	た見は私てしそ	
単女3完ピ	関	複女	連単男	前	接	単1未パ・倒	

אֶת־	וָאֶתֵּן	שִׁלַּחְתִּיהָ	יִשְׂרָאֵל	מְשֻׁבָה
トッエ	ンテエァヴ	ハーィテふらシ	るエラスイ	ーァヴュシメ
を	たえ与は私てしそ	たせら去を女彼は私	がルエラスイ	が女の信背
前	単1未パ・倒	尾・単1完ピ	男固	連単女

---

6. בִּימֵי < יָמִים

הַר גְּבֹהָה , עֵץ רַעֲנָן =cf.2:20.

וַתִּזְנִי < זָנָה , 本来の形は וַתִּזְנֶה (cf. Ges § 75-ii)

7. עֲשׂוֹתָהּ < עָשָׂה

שָׁבָה , תָּשׁוּב < שָׁב =√ שוב

וַתֵּרֶא < רָאָה Ⓟ , ותראה Ⓚ

בָּגוֹדָה =√ בגד , cf. בָּגַד「裏切る」

בָּגוֹדָה אֲחוֹתָהּ יְהוּדָה =次節の

בְּגֵדָה יְהוּדָה אֲחוֹתָהּ も合わせて, 語尾の語呂合わせ.

8. וָאֵרֶא < רָאָה

עַל־כָּל־אֹדוֹת אֲשֶׁר = '〜ところのゆえに' の意.

סֵפֶר	כְּרִיתֻתֶיהָ	אֵלֶיהָ	וְלֹא	יָרְאָה	בֹּגֵדָה
ルェフセ	ハーテゥトリケ	ハーれエ	ーろェヴ	ーアレヤ	ーダゲボ
書	の婚離の女彼	に女彼	しかし	たっかなれ恐	るいてっ切裏
連単男	尾・複女	尾・前	副・接	単女3完パ	単女分パ

יְהוּדָה	אֲחוֹתָהּ	וַתֵּלֶךְ	וַתִּזֶן	גַּם־	הִיא׃
ーダフェイ	ハタほア	ふれテァヴ	ンゼィテァヴ	ムガ	ーヒ
はダユ	は妹姉の女彼	たっ行てしそ	たし行淫てしそ	たまも〜	女彼
固	尾・単女	単女3未パ・倒	単女3未パ・倒	接	代

9 וְהָיָה	מִקֹּל	זְנוּתָהּ	וַתֶּחֱנַף	אֶת־
ーヤハェヴ	るコミ	ハタヌゼ	フナヘテァヴ	トッエ
たっだ〜てしそ	てっよに薄軽	の行淫の女彼	たし汚は女彼てしそ	を
単男3完パ・接	連単男・前	尾・単女	単女3未パ・倒	前

הָאָרֶץ	וַתִּנְאַף	אֶת־	הָאֶבֶן	וְאֶת־	הָעֵץ׃
ツレアハ	フアンィテァヴ	トッエ	ンェヴエハ	トッエェヴ	ツエハ
地	たし淫姦は女彼てしそ	と	石	と〜てしそ	木
単女・冠	単女3未パ・倒	前	単女・冠	前・接	単男・冠

10 וְגַם־	בְּכָל־	זֹאת	לֹא־	שָׁבָה	אֵלַי	בָּגוֹדָה
ムガェヴ	るほべ	トッゾ	ーろ	アヴーャシ	イらエ	ーダゴバ
たまてしそ	かもにれそ	ずらわか		たっかなら帰	に私	な実不
接・接	連単男・前	代	副	単女3完パ	尾・前	単女形

אֲחוֹתָהּ	יְהוּדָה	בְּכָל־	לִבָּהּ	כִּי	אִם־
ハタほア	ーダフェイ	るほべ	ハバリ	ーキ	ムイ
は妹姉の女彼	はダユ	てっもを〜のて全	心の女彼	くなはでうそ	
尾・単女	固	連単男・前	尾・単男	接	接

בְּשֶׁקֶר	נְאֻם־	יְהוָה׃	11 וַיֹּאמֶר	יְהוָה	אֵלַי
ルケェシベ	ムウネ	イナドア	ルメヨァヴ	イナドア	イらエ
てっもをり偽	げ告み	の**主**	たっ言てしそ	は**主**	に私
単男・前	連単男	固	単男3未パ・倒	固	尾・前

צִדְּקָה	נַפְשָׁהּ	מְשֻׁבָה	יִשְׂרָאֵל	מִבֹּגֵדָה
ーカディツ	ハャシフナ	ーァヴュシメ	るエラスイ	ーダゲボミ
たしといし義	を魂の女彼	は女の信背	はルエラスイ	りよ〜るいてっ切裏
単女3完ピ	尾・単女	連単女	固	単女分パ・前

しかし、裏切りの女であるその姉妹ユダは恐れるどころか、その淫行を続けた。9 彼女は軽薄にも淫行を繰り返して地を汚し、また石や木と姦淫している。10 それればかりでなく、その姉妹である裏切りの女ユダは真心からわたしに立ち帰ろうとせず、偽っているだけだ、と主は言われる。11 主はわたしに言われる。裏切りの女ユダに比べれば、背信の女イスラエルは正しかった。

---

8. כְּרִיתֻתֶיהָ < כְּרִיתוּת =√ כרת , cf. כָּרַת「切る」

יָרְאָה < יָרֵא

וַתִּזֶן < זָנָה √ זנה , cf. זוֹנָה「遊女」

9. וְהָיָה =主語はなく, 文頭に来て意味を強調.

10. שָׁבָה =√ שוב

11. צִדְּקָה נַפְשָׁהּ מְשֻׁבָה יִשְׂרָאֵל ='背信の女であるイスラエルは, 自らを義しいとした'の意.

הַדְּבָרִים	אֶת־	וְקָרָאתָ	הָלֹךְ	12	יְהוּדָה׃
ムーリァヴデハ	トッエ	ータラカェヴ	ふろハ		ーダフェイ
葉言	を	べ呼はたなあてしそ	け行		ダユ
複男・冠	前	単男2完パ・倒	不パ		固

וְאָמַרְתָּ	צָפוֹנָה	הָאֵלֶּה
タルマアェヴ	ナーォファツ	れエハ
え言はたなあてしそ	へ方の北	のられこ
単男2完パ・倒	方・単女	代・冠

יְהוָה	נְאֻם־	יִשְׂרָאֵל	מְשֻׁבָה	שׁוּבָה
イナドア	ムウネ	るエラスイ	ーァヴュシメ	ァヴーュシ
の**主**	げ告み	よルエラスイ	よ女の信背	れ帰はたなあ
固	連単男	固	単女	長単男2命パ

בָּכֶם	פָּנַי	אַפִּיל	לוֹא־
ムヘバ	イナパ	るーピア	ーろ
に達たなあ	を顔の私	いなさと落は私	
尾・前	尾・複女	単1未ヒ	副

יְהוָה	נְאֻם־	אֲנִי	חָסִיד	כִּי־
イナドア	ムウネ	ーニア	ドーィスは	ーキ
の**主**	げ告み	は私	い深みし慈	らか〜らなぜな
固	連単男	代	単男形	接

לְעוֹלָם׃	אֶטּוֹר	לֹא
ムらオれ	ルートエ	ーろ
に遠永	いなけ続ち保は私	
単男・前	単1未パ	副

עֲוֹנֵךְ	דְּעִי	אַךְ	13
ふネォヴア	ーイデ	ふア	
をがとのたなあ	れ知はたなあ	だた	
尾・単女	単女2命パ	副	

פָּשָׁעַתְּ	אֱלֹהַיִךְ	בַּיהוָה	כִּי
トアャシパ	ふイハろエ	イナドバ	ーキ
たい背はたなあ	神のたなあ	に**主**	らか〜らなぜな
単女2完パ	尾・複男	固・前	接

12 行け、これらの言葉をもって北に呼びかけよ。
背信の女イスラエルよ、立ち帰れと
主は言われる。
わたしはお前に怒りの顔を向けない。
わたしは慈しみ深く
とこしえに怒り続ける者ではないと
主は言われる。
13 ただ、お前の犯した罪を認めよ。
お前は、お前の主なる神に背き
どこにでも茂る木があれば、その下で

---

12. הָלֹךְ ＝独立不定詞が単独で用いられると，強い命令の意を表す．

וְקָרָאתָ , וְאָמַרְתָּ ＝直前の単語 הָלֹךְ (命令)を受けて，ヴァヴ倒置の動詞においては命令の意味が継承される．

לוֹא־אַפִּיל פָּנַי בָּכֶם ＝‘私はあなた達に(怒りの)顔を向けない’の意．

נפל √＝ הִפִּיל ＜ אַפִּיל

אֶטּוֹר ＝√ נטר ，別「憤りを保つ」

13. יָדַע ＜ דְּעִי

וַתְּפַזְּרִי	אֶת־	דְּרָכַיִךְ	לַזָּרִים
ーリザァフテァヴ	トッエ	ふイはラデ	ムーリザら
たしら散はたなあてしそ	を	道のたなあ	と達人国外
単女2未ピ・倒	前	尾・複女	複男形・冠前

תַּחַת	כָּל־	עֵץ	רַעֲנָן
トッはタ	るコ	ツエ	ンナアラ
で下の	のて全	木	たっ茂と々青
前	連単男	単男	単男形

וּבְקוֹלִי	לֹא־	שְׁמַעְתֶּם	נְאֻם־	יְהוָה׃
ーりコヴウ	ーろ	ムテーマェシ	ムウネ	イアナドア
に声の私てしそ		たっかなか聞は達たなあ	げ告み	の**主**
尾・単男・前・接	副	複男2完パ	連単男	固

14 שׁוּבוּ	בָנִים	שׁוֹבָבִים	נְאֻם־	יְהוָה
ーヴーュシ	ムーニァヴ	ムーィヴァヴョシ	ムウネ	イアナドア
れ帰は達たなあ	よ達子息	な的信背	げ告み	の**主**
複男2命パ	複男	複男形	連単男	固

כִּי	אָנֹכִי	בָּעַלְתִּי	בָכֶם	וְלָקַחְתִּי	אֶתְכֶם
ーキ	ーひノア	ィテるアバ	ムヘァヴ	ィテふカらェヴ	ムヘトエ
らか〜らなぜな	は私	たし有所は私	を達たなあ	る取は私てしそ	を達たなあ
接	代	単1完パ	尾・前	単1完パ・倒	尾・前

אֶחָד	מֵעִיר	וּשְׁנַיִם	מִמִּשְׁפָּחָה	וְהֵבֵאתִי	אֶתְכֶם
ドッはエ	ルーイメ	ムイナュシウ	ーはパュシミミ	ィテエヴヘェヴ	ムヘトエ
人一	らか町	人二てしそ	らか族氏	るくてれ連は私てしそ	を達たなあ
連数	単女・前	数・接	単女・前	単1完ヒ・倒	尾・前

צִיּוֹן׃	15 וְנָתַתִּי	לָכֶם	רֹעִים	כְּלִבִּי
ンヨィツ	ィテタナェヴ	ムへら	ムーイロ	ービりケ
にンオシ	るえ与は私てしそ	に達たなあ	を達者牧	なうよの心の私
固	単1完パ・倒	尾・前	複男分パ	尾・単男・前

וְרָעוּ	אֶתְכֶם	דֵּעָה	וְהַשְׂכֵּיל׃	16 וְהָיָה
ーウラェヴ	ムヘゥトエ	ーアデ	るケスハェヴ	ーヤハェヴ
う養はら彼てしそ	を達たなあ	識知	とこるせら悟てしそ	たっだ〜てしそ
複3完パ・倒	尾・前	単女	不ヒ・接	単男3完パ・倒

他国の男たちと乱れた行いをし
わたしの声に聞き従わなかったと
主は言われる。

シオンへの帰還

14 背信の子らよ、立ち帰れ、と主は言われる。わた
しこそあなたたちの主である。一つの町から一人、一
つの氏族から二人ではあるが、わたしはあなたたちを
連れてシオンに行こう。15 わたしはあなたたちに、心
にかなう牧者たちを与える。彼らは賢く、巧みに導く。

---

14. שֻׁבוּ < שָׁב =√ שוב

וְהֵבֵאתִי < הֵבִיא =√ בוא

15. וְנָתַתִּי < נָתַן

רֹעִים < רָעָה , 分詞の名詞的用法.

16. וְהָיָה =主語はなく, 文頭に来て意味を強調.

בַּיָּמִ֣ים	בָּאָ֗רֶץ	וּפְרִיתֶ֜ם	תִרְבּ֨וּ	כִּ֣י
ムーミヤバ	ツレアバ	ムテーリフウ	ーブルィテ	ーキ
に々日	で地	るなにか豊は達たなあてしそ	るなく多は達たなあ	にか確
複男・冠前	単女・冠前	複男2完パ・倒	複男2未パ	接

בְּרִית־	אֲר֣וֹן	ע֗וֹד	יֹ֣אמְרוּ	לֹא־	יְהוָ֔ה	נְאֻם־	הָהֵ֗מָּה
トーリベ	ンロア	ドッオ	ールメヨ	ーろ	イナドア	ムウネ	マーヘハ
の約契	を箱	び再	いなわ言はら彼		の**主**	げ告み	のられそ
連単女	連単男	副	複男3未パ	副	固	連単男	代・冠

יִזָּכְרוּ־	וְלֹ֣א	לֵ֔ב	עַל־	יַעֲלֶ֤ה	וְלֹ֣א	יְהוָ֔ה
ールケズイ	ーろェヴ	ヴれ	るア	ーれアヤ	ーろェヴ	イナドア
いなさ出い思はら彼てしそ		心	に上の	いならが上はれそてしそ		の**主**
複男3未パ	副・接	単男	前	単男3未パ	副・接	固

עֽוֹד׃	יֵעָשֶׂ֖ה	וְלֹ֥א	יִפְקֹ֖דוּ	וְלֹ֣א	ב֔וֹ
ドッオ	ーセアェイ	ーろェヴ	ゥドーコフイ	ーろェヴ	ーォヴ
び再	いなれら作はれそ		いなみ顧はら彼てしそ		をれそ
副	単男3未ニ	副・接	停複男3未パ	副・接	尾・前

יְהוָ֔ה	כִּסֵּ֣א	לִירוּשָׁלַ֗͏ִם	יִקְרְא֣וּ	הַהִ֡יא	בָּעֵ֣ת	17
イナドア	ーセキ	ムイらャシルり	ーウレクイ	ーヒハ	トッエバ	
の**主**	座	をムレサルエ	ぶ呼はら彼	のそ	に時	
固	連単男	固・前	複男3未パ	代・冠	単女・冠前	

יְהוָ֖ה	לְשֵׁ֥ם	הַגּוֹיִ֛ם	כָל־	אֵלֶ֣יהָ	וְנִקְוּ֨וּ
イナドア	ムェシれ	ムーイゴハ	るほ	ハーれエ	ーヴクニェヴ
の**主**	に名	は族民諸	のて全	にれそ	るれらめ集てしそ
固	連単男・前	複男・冠	連単男	尾・前	複3完ニ・倒

לִבָּ֥ם	שְׁרִר֖וּת	אַחֲרֵ֕י	ע֔וֹד	יֵלְכ֣וּ	וְלֹא־	לִירֽוּשָׁלָ֑͏ִם
ムバり	トールリェシ	ーレはア	ドッオ	ーふれェイ	ーろェヴ	ムイらャシルり
の心のら彼	さな頑	に後の	び再	いなか行はら彼てしそ		にムレサルエ
尾・単男	連単女	前	副	複男3未パ	副・接	停固・前

יְהוּדָ֖ה	בֵּית־	יֵלְכ֣וּ	הָהֵ֔מָּה	בַּיָּמִ֣ים	18	הָרָֽע׃
ーダフェイ	トーェヴ	ーふれェイ	マーヘハ	ムーミヤバ		ーラハ
のダユ	は家	く行	のられそ	に々日		い悪
男固	連単男	複男3未パ	代・冠	複男・冠前		単男形・冠

16あなたたちがこの地で大いに増えるとき、その日には、と主は言われる。人々はもはや、主の契約の箱について語らず、心に浮かべることも、思い起こすこともない。求めることも、作ることももはやない。17その時、エルサレムは主の王座と呼ばれ、諸国の民は皆、そこに向かい、主の御名のもとにエルサレムに集まる。彼らは再び、かたくなで悪い心に従って歩むことをしない。18その日、ユダの家はイスラエルの家と合

---

16. תִרְבּ֨וּ < רָבָה

וּפְרִיתֶ֜ם < פָּרָה , cf. פְּרִי「果実」

יֵעָשֶׂ֖ה < נַעֲשָׂה =√ עשה

17. וְנִקְוּ֨וּ < נִקְוָה =√ קוה

יֵלְכ֣וּ < הָלַךְ

18. יֵלְכ֣וּ < הָלַךְ

בֵּית־יְהוּדָ֖ה =集合名詞.

עַל־ בֵּ֣ית יִשְׂרָאֵ֑ל וְיָבֹ֤אוּ יַחְדָּו֙ מֵאֶ֣רֶץ
צָפ֔וֹן עַל־ הָאָ֕רֶץ אֲשֶׁ֥ר הִנְחַ֖לְתִּי אֶת־
אֲבוֹתֵיכֶֽם׃

19 וְאָנֹכִ֣י אָמַ֔רְתִּי אֵ֚יךְ אֲשִׁיתֵ֣ךְ בַּבָּנִ֔ים
וְאֶתֶּן־ לָךְ֙ אֶ֣רֶץ חֶמְדָּ֔ה
נַחֲלַ֕ת צְבִ֖י צִבְא֣וֹת גּוֹיִ֑ם
וָאֹמַ֗ר אָבִי֙ תִּקְרְאִי־ לִ֔י
וּמֵאַחֲרַ֖י לֹ֥א תָשֽׁוּבִי׃

流し、わたしがあなたたちの先祖の所有とした国へ、北の国から共に帰って来る。

19 悔い改めへの招き
わたしは思っていた。
「子らの中でも、お前には何をしようか。
お前に望ましい土地
あらゆる国の中で
最も麗しい地を継がせよう」と。
そして、思った。
「わが父と、お前はわたしを呼んでいる。
わたしから離れることはあるまい」と。

---

18. עַל־בֵּ֣ית יִשְׂרָאֵ֑ל ＝‘イスラエルの家と共に’の意.

וְיָבֹ֤אוּ ＜ בָּא ＝√ בוא

הִנְחַ֖לְתִּי ＜ הִנְחִיל ＝√ נחל

19. אֲשִׁיתֵ֣ךְ ＜ שָׁת ＝√ שית

נַחֲלַ֕ת צְבִ֖י צִבְא֣וֹת גּוֹיִ֑ם ＝‘諸民族の中で最も麗しい嗣業の地’の意.

צִבְא֣וֹת ＝別「万軍の」

תִּקְרְאִי־ Ⓚ，תקראו Ⓒ

תָשֽׁוּבִי׃ Ⓚ，תשובו Ⓒ

20 だが、妻が夫を欺くように
イスラエルの家よ、お前はわたしを欺いたと
主は言われる。
21 裸の山々に声が聞こえる
イスラエルの子らの嘆き訴える声が。
彼らはその道を曲げ
主なる神を忘れたからだ。
22 「背信の子らよ、立ち帰れ。

מֵרֵעָהּ	אִשָּׁה	בָּגְדָה	אָכֵן	20
ハアレメ	ーャシイ	ーダゲバ	ンヘア	
を夫の女彼	は妻	たっ切裏	にか確	
尾・単男・前	単女	単女3完パ	副	

יִשְׂרָאֵל	בֵּית	בִּי	בְּגַדְתֶּם	כֵּן
るエラスイ	トーベ	ービ	ムテゥドガベ	ンケ
のルエラスイ	よ家	を私	たっ切裏は達たなあ	にうよのこ
男固	連単男	尾・前	複男2完パ	副

יְהוָה׃	נְאֻם־
イナドア	ムウネ
の**主**	げ告み
固	連単男

נִשְׁמָע	שְׁפָיִים	עַל־	קוֹל	21
ーマュシニ	ムーイァフェシ	るア	るーコ	
るいてれか聞	々丘の裸	に上の	が声	
単男分ニ	複男	前	単男	

יִשְׂרָאֵל	בְּנֵי	תַּחֲנוּנֵי	בְּכִי
るエラスイ	ーネベ	ーネヌはタ	ーひべ
のルエラスイ	の達子息	の願哀	がき泣
男固	連複男	連複男	連単男

דַּרְכָּם	אֶת־	הֶעֱווּ	כִּי
ムカルダ	トッエ	ーヴエヘ	ーキ
道のら彼	を	たせま歪はら彼	らか〜らなぜな
尾・単女	前	複3完ヒ	接

אֱלֹהֵיהֶם׃	יְהוָה	אֶת־	שָׁכְחוּ
ムヘーヘろエ	イナドア	トッエ	ーふヘャシ
神のら彼	**主**	を	たれ忘はら彼
尾・複男	固	前	複3完パ

שׁוֹבָבִים	בָּנִים	שׁוּבוּ	22
ムーィヴァヴョシ	ムーニバ	ーヴーュシ	
な的信背	よ達子息	れ帰は達たなあ	
複男形	複男	複男2命パ	

---

20. מֵרֵעָהּ < רֵעַ , 原意は「隣人」

21. שְׁפָיִים < שְׁפִי =√ שפה , cf. נִשְׁפָּה「はげる」

בְּכִי =√ בכה , cf. בָּכָה「泣く」

תַּחֲנוּנֵי < תַּחֲנוּנִים =√ חנן , cf. חָנַן「恵む, あわれむ」

הֶעֱווּ < הֶעֱוָה =√ עוה

22. שׁוּבוּ < שָׁב =√ שוב

מְשׁוּבֹתֵיכֶם < מְשׁוּבָה =√ שוב

ヘブライ語	読み	意味	文法
אֶרְפָּה	エルパー	私は癒す	パ未1単
מְשׁוּבֹתֵיכֶם	メシュヴォテヘム	あなた達の背信を	女複・尾
הִנְנוּ	ヒンヌー	見よ私達は	間・尾
אָתָנוּ	アーターヌ	私達は到来した	パ完1複
לָךְ	ラフ	あなたに	前・尾
כִּי	キー	なぜなら〜から	接
אַתָּה	アッター	あなたは	代
יְהוָה	アドナイ	**主**	固
אֱלֹהֵינוּ׃	エロヘーヌー	私達の神	男複・尾

わたしは背いたお前たちをいやす。」
「我々はあなたのもとに参ります。
あなたこそ我々の主なる神です。

23

ヘブライ語	読み	意味	文法
אָכֵן	アヘン	確かに	副
לַשֶּׁקֶר	ラシェケル	偽りに	前冠・男単
מִגְּבָעוֹת	ミグヴァオット	丘々から	前・女複
הֲמוֹן	ハモン	騒ぎは	男単連
הָרִים	ハーリーム	山々の	男複
אָכֵן	アヘン	確かに	副
בַּיהוָה	バドナイ	**主**に	前・固
אֱלֹהֵינוּ	エロヘーヌー	私達の神	男複・尾
תְּשׁוּעַת	テシュアット	救いは	女単連
יִשְׂרָאֵל׃	イスラエル	イスラエルの	固男

23 まことに、どの丘の祭りも
山々での騒ぎも偽りにすぎません。
まことに、我々の主なる神に
イスラエルの救いがあるのです。

24

ヘブライ語	読み	意味	文法
וְהַבֹּשֶׁת	ヴェハボシェット	そして恥は	接・冠・女単
אָכְלָה	アーヘラー	食べた	パ完3女単
אֶת־	エット	を	前
יְגִיעַ	イェギーア	苦労の実り	男単連
אֲבוֹתֵינוּ	アヴォテーヌー	私達の父祖達の	男複・尾
מִנְּעוּרֵינוּ	ミネウレーヌー	私達の若い時から	前・男複・尾

24 我々の若いときから
恥ずべきバアルが食い尽くしてきました
先祖たちが労して得たものを

---

22. אָתָנוּ < אָתָה

23. הָמוֹן =√ המה , cf. הָמָה「騒ぐ, ざわめく」

תְּשׁוּעַת < תְּשׁוּעָה =√ ישע , cf. הוֹשִׁיעַ「救う」

24. וְהַבֹּשֶׁת =バアル神を喩える言葉として用いられる場合がある(=新共同訳, cf.ホセア9:10).

יְגִיעַ =√ יגע , cf. יָגַע「労する」

אֲבוֹתֵינוּ < אָב

מִנְּעוּרֵינוּ < נְעוּרִים =√ נער , cf. נַעַר「若者」

その羊、牛、息子、娘らを。
25 我々は恥の中に横たわり
辱めに覆われています。

בְּקָרָ֑ם	וְאֶת־	צֹאנָם֙	אֶת־
ムラカベ	トッエェヴ	ムナオツ	トッエ
れ群の牛のら彼	を〜と	れ群の羊のら彼	を
尾・単男	前・接	尾・単女	前

בְּנוֹתֵיהֶֽם׃	וְאֶת־	בְּנֵיהֶ֖ם	אֶת־
ムヘーテノベ	トッエェヴ	ムヘーネベ	トッエ
達娘のら彼	を〜と	達子息のら彼	を
尾・複女	前・接	尾・複男	前

כְּלִמָּתֵ֔נוּ	וּתְכַסֵּ֙נוּ֙	בְּבָשְׁתֵּ֗נוּ	נִשְׁכְּבָ֣ה	25
ヌーテマリケ	ヌーセはゥトウ	ヌーテュシォヴベ	ーァヴケュシニ	
は辱恥の達私	う覆を達私てしそ	にちうの恥の達私	いた寝は達私	
尾・単女	尾・単女3未ピ・接	尾・単女・前	複1願パ	

חָטָ֔אנוּ	אֱלֹהֵ֨ינוּ	לַיהוָ֤ה	כִּ֠י
ヌータは	ヌーヘろエ	イナドら	ーキ
たし犯を罪は達私	神の達私	に**主**	らか〜らなぜな
複1完パ	尾・複男	固・前	接

我々は主なる神に罪を犯しました。
我々も、先祖も
若いときから今日に至るまで
主なる神の御声に聞き従いませんでした。」

וַאֲבוֹתֵ֔ינוּ	אֲנַ֙חְנוּ֙
ヌーテォヴアァヴ	ヌふナア
は達祖父の達私てしそ	は達私
尾・複男・接	代

הַזֶּ֑ה	הַיּ֣וֹם	וְעַד־	מִנְּעוּרֵ֖ינוּ
ゼハ	ムヨハ	ドッアェヴ	ヌーレウネミ
のこ	日今	でま〜てしそ	らか時い若の達私
代・冠	単男・冠	前・接	尾・複男・前

שָׁמַ֔עְנוּ	וְלֹ֣א
ヌーマヤシ	ーろェヴ
たっかなか聞は達私	てしそ
複1完パ	副・接

אֱלֹהֵֽינוּ׃	יְהוָ֖ה	בְּק֔וֹל
ヌーヘろエ	イナドア	るコベ
神の達私	の**主**	に声
尾・複男	固	連単男・前

25節に登場する単語の多くに ־נוּ 「ヌー」の語尾（「私達」の意）があり，強調されている．

25. בֹּשֶׁת < בְּבָשְׁתֵּנוּ

כָּסָה < וּתְכַסֵּנוּ

כְּלִמָּה < כְּלִמָּתֵנוּ

כִּי =副「まことに」

מִנְּעוּרֵינוּ < נְעוּרִים = √ נער , cf. נַעַר「若者」

4

יְהוָה	נְאֻם־	יִשְׂרָאֵל	תָּשׁוּב	אִם־	1	4
イナドア	ムウネ	るエラスイ	ヴーュシタ	ムイ		
の主	げ告み	よルエラスイ	る帰がたなあ	ばらな〜しも		
固	連単男	男固	単男2未パ	接		

תָּשׁוּב	אֵלַי
ヴーュシタ	イらエ
る帰はたなあ	に私
単男2未パ	尾・前

שִׁקּוּצֶיךָ	תָּסִיר	וְאִם־
はーェツクシ	ルーィスタ	ムイェヴ
をのもいしわま忌のたなあ	く除り取がたなあ	ばらな〜しもてしそ
尾・複男	単男2未ヒ	接・接

תָנוּד׃	וְלֹא	מִפָּנַי
ドーヌタ	ーろェヴ	イナパミ
いなわ迷さはたなあとるす		らか前面の私
単男2未パ	副・接	尾・複女・前

יְהוָה	חַי־	וְנִשְׁבַּעְתָּ	2
イナドア	イは	ターバュシニェヴ	
は主	るいてき生	う誓はたなあてしそ	
固	単男形	単男2完ニ・倒	

וּבִצְדָקָה	בְּמִשְׁפָּט	בֶּאֱמֶת
ーカダツィヴウ	トッパュシミベ	トッメエベ
てっもを義正てしそ	てっもを正公	てっもを実真
単女・前・接	単男・前	単女・前

גּוֹיִם	בוֹ	וְהִתְבָּרְכוּ
ムーイゴ	ーオヴ	ーふレバゥトヒェヴ
は族民諸	でちうの彼	う合し福祝にい互てしそ
複男	尾・前	複3完ト・倒

יִתְהַלָּלוּ׃	וּבוֹ
ーるーらハゥトイ	ーオヴウ
る誇	でちうの彼てしそ
停複男3未ト	尾・前・接

4

1「立ち帰れ、イスラエルよ」と主は言われる。
「わたしのもとに立ち帰れ。
呪うべきものをわたしの前から捨て去れ。
そうすれば、再び迷い出ることはない。」
2 もし、あなたが真実と公平と正義をもって
「主は生きておられる」と誓うなら
諸国の民は、あなたを通して祝福を受け
あなたを誇りとする。

---

1. תָּשׁוּב < שָׁב =√ שוב

תָּסִיר < הֵסִיר =√ סור

שִׁקּוּצֶיךָ < שִׁקּוּץ =√ שקץ , cf. שֶׁקֶץ「忌み嫌う」

תָנוּד < נָד =√ נוד

2. וְהִתְבָּרְכוּ בוֹ =別「そして彼によって祝福される」

יִתְהַלָּלוּ =√ הלל

3

כִּֽי־	כֹּ֤ה	אָמַר֙	יְהוָ֜ה
キー	ほー	アマル	アドナイ
なぜなら〜から	このように	言った	主は
接	副	パ完3男単	固

לְאִ֣ישׁ	יְהוּדָה֙	וְלִירוּשָׁלִַ֔ם
れイーシュ	イェフダー	ヴェりルシャらイム
人に	ユダの	とエルサレムの
前・男単連	固男	接・前・固

נִ֥ירוּ	לָכֶ֖ם	נִ֑יר
ニールー	らヘム	ニール
あなた達は開墾しろ	あなた達のために	開墾地を
パ命2男複	前・尾	男単

וְאַֽל־	תִּזְרְע֖וּ	אֶל־	קוֹצִֽים׃
ヴェアる	ティズレウー	エる	コツィーム
そしてあなた達は種を蒔くな		に	茨
接・副	パ未2男複	前	男複

4

הִמֹּ֣לוּ	לַיהוָ֗ה
ヒモーるー	らドナイ
あなた達は割礼されろ	主のために
ニ命2男複	前・固

וְהָסִ֙רוּ֙	עָרְל֣וֹת	לְבַבְכֶ֔ם
ヴェハスィールー	オルろット	れヴァヴヘム
そしてあなた達は取り除け	包皮を	あなた達の心の
接・ヒ命2男複	女複連	尾・男単

אִ֥ישׁ	יְהוּדָ֖ה	וְיֹשְׁבֵ֣י	יְרוּשָׁלִָ֑ם
イーシュ	イェフダー	ヴェヨシェヴェー	イェルシャらイム
人よ	ユダの	そして住んでいる者達よ	エルサレムに
男単連	固男	接・パ分男複連	固停

פֶּן־	תֵּצֵ֨א	כָאֵ֜שׁ	חֲמָתִ֗י
ペン	テッツェー	はエシュ	はマティ
ことのないように	出る	火のように	私の憤りが
接	パ未3女単	前冠・女単	尾・女単

3 まことに、主はユダの人、エルサレムの人に
向かって、こう言われる。
「あなたたちの耕作地を開拓せよ。
茨の中に種を蒔くな。

4 ユダの人、エルサレムに住む人々よ
割礼を受けて主のものとなり
あなたたちの心の包皮を取り去れ。
さもなければ、あなたたちの悪行のゆえに

---

3. נִירוּ < נָר =√ ניר

וְאַל־תִּזְרְעוּ =アル禁止形.

4. הִמֹּלוּ < נִמּוֹל =√ מול

וְהָסִרוּ < הֵסִיר =√ סור

וְיֹשְׁבֵי < יָשַׁב, 分詞の名詞的用法.

פֶּן =別「さもないと」

תֵּצֵא < יָצָא

חֲמָתִי < חֵמָה

מְכַבֶּה	וְאֵין	וּבָעֲרָה
ーべはメ	ンエェヴ	ーラアァヴウ
が者す消	いないてしそ	るえ燃てしそ
単男分ピ	副・接	複女3完パ・倒

מַעַלְלֵיכֶם׃	רֹעַ	מִפְּנֵי
ムヘれるアマ	アロ	ーネペミ
のいな行の達たなあ	の悪	に故
尾・複男	連単男	連複女・前

5

הַשְׁמִיעוּ	וּבִירוּשָׁלַםִ	בִּיהוּדָה	הַגִּידוּ
ーウーミュシハ	ムイらャシルィヴウ	ーダフィヴ	ゥドーギハ
ろせか聞は達たなあ	にムレサルエてしそ	にダユ	ろげ告は達たなあ
複男2命ヒ	固・前・接	男固・前	複男2命ヒ

וְאִמְרוּ
ールムイェヴ
え言は達たなあてしそ
複男2命パ

わたしの怒りは火のように発して燃え広がり
消す者はないであろう。」

北からの敵

5 ユダに知らせよ、エルサレムに告げて言え。

בָּאָרֶץ	שׁוֹפָר	ותִקְעוּ
ツレアバ	ルーァフョシ	ーウクィテ★
で地	を笛角	せら鳴き吹は達たなあ
単女・冠前	単男	複男2命パ

וְאִמְרוּ	מַלְאוּ	קִרְאוּ
ールムイェヴ	ーウるマ	ーウルキ
え言は達たなあてしそ	せた満は達たなあ	べ呼は達たなあ
複男2命パ・接	複男2命ピ	複男2命パ

הַמִּבְצָר׃	עָרֵי	אֶל־	וְנָבוֹאָה	הֵאָסְפוּ
ルァツヴミハ	ーレア	るエ	アーォヴナェヴ	ーフセアヘ
の塞要	々町	に	うろ入は達私てしそ	れま集は達たなあ
単男・冠	連複女	前	複1願パ・接	複男2命ニ

6

צִיּוֹנָה	נֵס	שְׂאוּ־
ナヨィツ	スネ	ーウセ
へ方のンオシ	を旗	ろげ上は達たなあ
方・固	単男	複男2命パ

国中に角笛を吹き鳴らし、大声で叫べ
そして言え。「集まって、城塞に逃れよう。
6 シオンに向かって旗を揚げよ。

---

4. מְכַבֶּה < כִּבָּה , 分詞の名詞的用法.

מַעַלְלֵיכֶם < מַעֲלָלִים = √ עלל

5. הַגִּידוּ < הִגִּיד = √ נגד

תִּקְעוּ (ק) , ותקעו (כ)

קִרְאוּ מַלְאוּ ＝'大声で呼ばわれ'の意(＝新共同訳).

וְנָבוֹאָה < בָּא = √ בוא

6. שְׂאוּ < נָשָׂא

避難せよ、足を止めるな」と。
わたしは北から災いを
大いなる破壊をもたらす。
7 獅子はその茂みを後にして上り
諸国の民を滅ぼす者は出陣した。

הָעִיזוּ	אַל־	תַּעֲמֹדוּ
ハイーズー	アル	タアモードゥ
あなた達は避難しろ	あなた達は立つな	
ヒ命2男複	副	パ未2男複停

כִּי	רָעָה	אָנֹכִי	מֵבִיא	מִצָּפוֹן
キー	ラアー	アノひー	メヴィー	ミツァフォン
なぜなら〜から	災いを	私は	連れて来る	北から
接	女単	代	ヒ分男単	前・女単

וְשֶׁבֶר	גָּדוֹל׃
ヴェシェヴェル	ガドール
そして破壊を	大きい
接・男単	形男単

7

עָלָה	אַרְיֵה	מִסֻּבְּכוֹ
アらー	アルイェー	ミスベほー
上った	獅子は	その茂みから
パ完3男単	男単	前・男単・尾

וּמַשְׁחִית	גּוֹיִם	נָסַע	יָצָא	מִמְּקֹמוֹ
ウマシュひート	ゴイーム	ナサー	ヤッツァー	ミメコモー
そして滅ぼす者は	諸民族を	出発した	出た	その場所から
接・ヒ分男単	男複	パ完3男単	パ完3男単	前・男単・尾

あなたの国を荒廃させるため
彼は自分の国を出た。
あなたの町々は滅ぼされ、住む者はいなくなる。
8 それゆえに、粗布をまとい

לָשׂוּם	אַרְצֵךְ	לְשַׁמָּה
らスム	アルツェふ	れシャマー
〜するために	あなたの地を	荒れ地に
前・パ不	女単・尾	前・女単

עָרַיִךְ	תִּצֶּינָה	מֵאֵין	יוֹשֵׁב׃
アライふ	ティツェーナ	メエン	ヨシェヴ
あなたの町々は	廃墟になる	いないために	住む者が
女複・尾	パ未3女複	前・副	パ分男単

8

עַל־	זֹאת	חִגְרוּ	שַׂקִּים
アル	ゾット	ひグルー	サキーム
の故に	これ	あなた達は帯びろ	粗布を
前	代	パ命2男複	男複

---

6. הָעִיזוּ < הֵעִיז =√ עוז

אַל־תַּעֲמֹדוּ =アル禁止形.

וְשֶׁבֶר =cf. שָׁבַר「砕く」

7. מִסֻּבְּכוֹ < סְבֹךְ

וּמַשְׁחִית =分詞の名詞的用法.

לָשׂוּם < שׂוּם =√ שׂים, 原意は「置く」

עָרַיִךְ < עָרִים < עִיר

תִּצֶּינָה < נָצָה

מֵאֵין =原因を表す מִ .

יוֹשֵׁב =分詞の名詞的用法.

嘆き、泣き叫べ。
主の激しい怒りは我々を去らない。
9 その日が来れば、と主は言われる。
王も高官も勇気を失い

祭司は心挫け、預言者はひるみ
10 言うであろう。
「ああ、主なる神よ。
まことに、あなたはこの民とエルサレムを
欺かれました。

סִפְדוּ	וְהֵילִ֫ילוּ
ーウドフィス	ーるーりヘェヴ
め悼は達たなあ	けめわき泣は達たなあてしそ
複男2命パ	複男2命ヒ・接

כִּי	לֹא־	שָׁב
ーキ	ーろ	ヴァシ
らか〜らなぜな		たっかなら戻
接	副	単男3完パ

חֲרוֹן	אַף־	יְהוָה	מִמֶּנּוּ׃
ンロは	フア	イナドア	ヌーメミ
はり憤	のり怒	の**主**	らか達私
連単男	連単男	固	尾・前

9

וְהָיָה	בַיּוֹם־	הַהוּא	נְאֻם־	יְהוָה
ーヤハェヴ	ムヨァヴ	ーフハ	ムウネ	イナドア
るあてしそ	に日	のそ	げ告み	の**主**
単男3完パ・倒	単男・冠前	代・冠	連単男	固

יֹאבַד	לֵב־	הַמֶּלֶךְ	וְלֵב	הַשָּׂרִים
ドッァヴヨ	ヴれ	ふれメハ	ヴれェヴ	ムーリサハ
るせ失え消	は心	の王	は心と	の達長
単男3未パ	連単男	単男・冠	連単男・接	複男・冠

וְנָשַׁמּוּ	הַכֹּהֲנִים	וְהַנְּבִיאִים	יִתְמָהוּ׃
ームーャシナェヴ	ムーニハコハ	ムーイィヴネハェヴ	ーフーマゥトイ
るれ廃れ荒てしそ	は達司祭	は達者言預てしそ	く驚
複3完ニ・倒	複男・冠	複男・冠・接	停複男3未パ

10

וָאֹמַר	אֲהָהּ	אֲדֹנָי	יְהוִה
ルマオァヴ	ハーハア	イナドア	ムーヒろエ
たっ言は私てしそ	ああ	主がわ	よ神
単1未パ・倒	間	尾・複男	固

אָכֵן	הַשֵּׁא	הִשֵּׁאתָ	לָעָם	הַזֶּה
ンヘア	ーェシハ	ターェシヒ	ムアら	ゼハ
にか確	はたなあ	たし騙にし騙	を民	のこ
副	不ヒ	単男2完ヒ	単男・冠前	代・冠

---

8. וְהֵילִ֫ילוּ < הֵילִל = √ ילל

חֲרוֹן אַף = '激しい憤り' の意.

9. וְהָיָה = 主語はなく, 文頭に来て意味を強調.

וְנָשַׁמּוּ < נָשַׁם = √ שׁמם

יִתְמָהוּ < תָּמַהּ

10. יְהוִה = אֲדֹנָי の直後に来た場合は אֱלֹהִים (エロヒーム)と読む.

הַשֵּׁא הִשֵּׁאתָ = √ נשׁא , 独立不定詞+完了で強調.

וְלִירוּשָׁלַ͏ִם	לֵאמֹר
ムイらャシルりェヴ	ルーモれ
をムレサルエと	てっ言と〜
固・前・接	不パ・前

שָׁלוֹם	יִהְיֶה	לָכֶם
ムーろャシ	ェイフイ	ムへら
が安平	るあ	に達たなあ
単男	単男3未パ	尾・前

וְנָגְעָה	חֶרֶב	עַד־	הַנָּפֶשׁ׃
ーアゲナェヴ	ヴレヘ	ドッア	ユシッェフーナハ
るれ触てしそ	が剣	でま	魂
単女3完パ・倒	単女	前	停単女・冠

『あなたたちに平和が訪れる』と約束されたのに
剣が喉もとに突きつけられています。」

11 そのときには、この民とエルサレムに告げられる。

11	בָּעֵת	הַהִיא	יֵאָמֵר
	トッエバ	ーヒハ	ルメアエイ
	に時	のそ	るれわ言
	単女・冠前	代・冠	単男3未ニ

לָעָם־	הַזֶּה	וְלִירוּשָׁלַ͏ִם
ムアら	ゼハ	ムイらャシルりェヴ
に民	のこ	にムレサルエと
単男・冠前	代・冠	固・前・接

רוּחַ	צַח	שְׁפָיִים	בַּמִּדְבָּר
ハアール	ふァツ	ムーイァフェシ	ルバゥドミバ
が風	い熱	々丘の裸	で野荒
単男	単男形	複男	単男・冠前

דֶּרֶךְ	בַּת־	עַמִּי
ふレデ	トッバ	ーミア
道	の娘	の民の私
連単女	連単女	尾・単男

לוֹא	לִזְרוֹת	וְלוֹא	לְהָבַר׃
ーろ	トッロズり	ーろェヴ	ルァヴハれ
いなはで〜	めたすら散	いなはで〜てしそ	めたるめ清
副	不パ・前	副・接	不ヒ・前

「荒れ野から裸の山々の熱風が
わが民の娘に向かって吹きつける。
ふるい分ける風でも、清める風でもない。

---

10. הַנָּפֶשׁ =別「喉」(イザ5:14)

11. שְׁפָיִים < שְׁפִי =√ שפה , cf. נִשְׁפָּה「はげる」

שְׁפָיִים בַּמִּדְבָּר =‘荒野の裸の丘々から’の意か.

דֶּרֶךְ =別「方角」

זָרָה < לִזְרוֹת

ברר √= הֵבַר < לְהָבַר

לִי	יָבוֹא	מֵאֵלֶּה	מָלֵא	רוּחַ	12
一り	一オヴヤ	れ一エメ	一れマ	ハアール	
に私	る来	りよられこ	たち満	が風	
尾・前	単男3未パ	代・前	単男形	単男	

אֲנִי	גַם־	עַתָּה
一ニア	ムガ	一タア
私	たまも	今
代	接	副

אוֹתָם׃	מִשְׁפָּטִים	אֲדַבֵּר
ムタオ	ムーィテパュシミ	ルベダア
にら彼	をき裁	る語は私
尾・前	複男	単1未ピ

יַעֲלֶה	כַּעֲנָנִים	הִנֵּה	13
一れアヤ	ムーニナアカ	一ネヒ	
る上は彼	にうよの々雲	よ見	
単男3未パ	複男・前	間	

מַרְכְּבוֹתָיו	וְכַסּוּפָה
ヴタォヴケルマ	一ァフスはェヴ
は車戦の彼	にうよの風じむつてしそ
尾・複女	単女・冠前・接

סוּסָיו	מִנְּשָׁרִים	קַלּוּ
ヴサス	ムーリャシネミ	一るカ
は達馬の彼	りよ達鷲	たっか速
尾・複男	複男・前	複3完パ

שֻׁדָּדְנוּ׃	כִּי	לָנוּ	אוֹי
ヌウドダュシ	一キ	一ヌら	イオ
たれさ奪略は達私	らか〜らなぜな	に達私	ああ
停複1完プ	接	尾・前	間

יְרוּשָׁלַםִ	לִבֵּךְ	מֵרָעָה	כַּבְּסִי	14
ムイらャシルェイ	ふべり	一アラメ	ィスベカ	
よムレサルエ	を心のたなあ	らか悪	ろし濯洗はたなあ	
固	尾・単男	単女・前	単女2命ピ	

12 それにまさる激しい風が
わたしのもとから吹きつける。
今やわたしは彼らに裁きを下す。」

13 見よ、それは雲のように攻め上る。
その戦車はつむじ風のよう
その馬は鷲よりも速い。
ああ、災いだ。我々は荒らし尽くされる。

14 エルサレムよ

---

13. מַרְכְּבוֹתָיו < מֶרְכָּבָה

קַלּוּ < קַל =√ קלל

אוֹי =別「災いだ」

שֻׁדָּדְנוּ < שָׁדַד

あなたの心の悪を洗い去って救われよ。
いつまで、あなたはその胸に
よこしまな思いを宿しているのか。

תִּוָּשֵׁעִי	לְמַעַן
イーエシァヴィテ	ンアマれ
るれわ救がたなあ	にめた
停単女2未ニ	前

בְּקִרְבֵּךְ	תָּלִין	מָתַי	עַד־
ふベルキベ	ンりタ	イタマ	ドッア
で中のたなあ	るま留	かの～で	まつい
尾・単男・前	単女3未パ	疑	前

אוֹנֵךְ׃	מַחְשְׁבוֹת
ふネオ	トッォヴェシふマ
の義不のたなあ	がい思
尾・単男	連複女

מִדָּן	מַגִּיד	קוֹל	כִּי	15
ンダミ	ドッギマ	るーコ	ーキ	
らかンダ	るげ告	は声	にとこま	
男固・前	単男分ヒ	単男	接	

אֶפְרָיִם׃	מֵהַר	אָוֶן	וּמַשְׁמִיעַ
ムイラフエ	ルハメ	ンェヴーア	アミュシマウ
のムイラフエ	らか山	を義不	るせか聞てしそ
停男固	連単男・前	単男	単男分ヒ・接

15 聞け、災いをダンから告げ
エフライムの山から知らせる声を。
16 諸国の民にこれを告げ
エルサレムに知らせよ。
「包囲する者が遠い国から押し寄せ

לַגּוֹיִם	הַזְכִּירוּ	16
ムーイゴら	ールーキズハ	
に族民諸	ろげ告り語は達たなあ	
複男・冠前	複男2命ヒ	

יְרוּשָׁלִַם	עַל־	הַשְׁמִיעוּ	הִנֵּה
ムイらャシルェイ	るア	ーウーミュシハ	ネヒ
ムレサルエ	に上の	ろせか聞は達たなあ	よ見
固	前	複男2命ヒ	間

הַמֶּרְחָק	מֵאֶרֶץ	בָּאִים	נֹצְרִים
クッはルメハ	ツレエメ	ムーイバ	ムーリェツノ
のく遠	らか地	るいて来	は達者るす囲包
単男・冠	連単女・前	複男分パ	複男分パ

---

14. תִּוָּשְׁעִי < נוֹשַׁע =√ ישע

תָּלִין < לָן =√ לון , 原意は「泊まる」. 主語は מַחְשְׁבוֹת (女複)だが, 述語が主語に先行する場合, 主語が複数形であっても述語の動詞が単数形となる場合がある.

בְּקִרְבֵּךְ < קֶרֶב , 原意は「はらわた, 内蔵」

מַחְשְׁבוֹת < מַחֲשָׁבָה =√ חשב , cf. חָשַׁב 「思う」

16. הַזְכִּירוּ < הִזְכִּיר =√ זכר , 原意は「思い出させる」

נֹצְרִים =分詞の名詞的用法. 別「見張る者達」

הַמֶּרְחָק =√ רחק , cf. רָחוֹק 「遠い」

וַיִּתְּנוּ	עַל־	עָרֵי	יְהוּדָה	קוֹלָם׃
ヴァイティヌー	アル	アレー	イェフーダー	コーラム
そして与えた	の上に	町々	ユダの	彼らの声を
倒・パ未3男複	前	女複連	固男	男単・尾

17

כְּשֹׁמְרֵי	שָׂדַי	הָיוּ	עָלֶיהָ	מִסָּבִיב
ケシォメレー	サダイ	ハーユー	アレーハー	ミサーヴィーヴ
守る者達のように	野を	彼らはいた	彼女のそばに	周囲に
前・パ分男複連	男単	パ完3複	前・尾	前・副

כִּי־	אֹתִי	מָרָתָה	נְאֻם־	יְהוָה׃
キー	オティー	マーラーター	ネウム	アドナイ
なぜなら〜から	私に	彼女は逆らった	み告げ	主の
接	前・尾	パ完3女単停	男単連	固

18

דַּרְכֵּךְ	וּמַעֲלָלַיִךְ
ダルケーフ	ウマアラライフ
あなたの道が	そしてあなたの行ないが
女単・尾	接・男複・尾

עָשׂוֹ	אֵלֶּה	לָךְ
アーソー	エーッレ	ラーフ
作った	これらを	あなたに
パ不	代	前・尾

זֹאת	רָעָתֵךְ	כִּי	מָר
ゾット	ラーアテーフ	キー	マル
これは	あなたの悪	まことに	苦い
代	女単・尾	接	形男単停

כִּי	נָגַע	עַד־	לִבֵּךְ׃
キー	ナーガー	アッド	リッベーフ
なぜなら〜から	それは達した	まで	あなたの心臓
接	パ完3男単	前	男単・尾

19

מֵעַי	מֵעַי	אחולה
メアイ	メアイ	★オーヒーラー
私のはらわたよ	私のはらわたよ	私は待ち望む
男複・尾	男複・尾	ヒ願1単

ユダの町に向かって戦いの喚声をあげ
17 畑の見張りのように彼らを包囲する。
ユダがわたしに背いたからだ」と主は言われる。
18 あなたの道、あなたの仕業が
これらのことをもたらす。
これはあなたの犯した悪であり
まことに苦く、そして心臓にまで達する。
19 わたしのはらわたよ、はらわたよ、
わたしはもだえる。

---

17. כְּשֹׁמְרֵי ＝分詞の名詞的用法.

שָׂדַי = שָׂדֶה の古形.

מָרָה < מָרָתָה

18. וּמַעֲלָלַיִךְ < מַעֲלָלִים =√ עלל

נָגַע ＝「ⓐ触れる, ⓑ達する」

19. ⓒ אחולה , ⓟ אוֹחִילָה , 別 ケティヴを採用し「私はもだえる」(＝70人訳, 口語訳, 新共同訳他)

קִירוֹת	לִבִּי
トッロキ	ービリ
よ壁	の臓心の私
連複男	尾・単男

הֹמֶה־	לִי	לִבִּי
ーメホ	ーリ	ービリ
るいでい騒ち立	に私	が臓心の私
単男分パ	尾・前	尾・単男

לֹא	אַחֲרִישׁ
ーロ	ュシーリはア
いなら黙は私	
副	単1未ヒ

כִּי	קוֹל	שׁוֹפָר	שָׁמַעַתְּי	נַפְשִׁי
ーキ	るーコ	ルーァフォシ	トアマャシ★	ーシフナ
らか〜らなぜな	を声	の笛角	たい聞はたなあ	よ魂の私
接	連単男	単男	単女2完パ	尾・単女

תְּרוּעַת	מִלְחָמָה׃
トッアルテ	ーマはルミ
を声のきと	のい戦
連単女	単女

20

שֶׁבֶר	עַל־	שֶׁבֶר	נִקְרָא
ルェヴェシ	るア	ルェヴェシ	ーラクニ
壊破	に上の	壊破	たれば呼
単男	前	単男	単男3完ニ

כִּי	שֻׁדְּדָה	כָּל־	הָאָרֶץ
ーキ	ーダデュシ	るコ	ツレアハ
らか〜らなぜな	たれさ奪略	のて全	は地
接	単女3完プ	連単男	単女・冠

פִּתְאֹם	שֻׁדְּדוּ	אֹהָלַי
ムオゥトピ	ーゥドデュシ	イラハオ
然突	たれさ奪略	は幕天の私
副	複3完プ	尾・複男

心臓の壁よ、わたしの心臓は呻く。
わたしは黙していられない。
わたしの魂は、角笛の響き、鬨の声を聞く。

20 「破壊に次ぐ破壊」と人々は叫ぶ。
大地はすべて荒らし尽くされる。
瞬く間にわたしの天幕が

---

19. Ⓚ שמעתי , Ⓟ שָׁמַעַתְּ

תְּרוּעַת < תְּרוּעָה = √ רוע , cf. הֵרִיעַ「ときの声を上げる」

一瞬のうちに、その幕が荒らし尽くされる。

רֶ֫גַע	יְרִיעֹתָֽי׃
ガレ	イタオリェイ
に間く瞬	は幕の私
単男	停尾・複女

21 いつまで、わたしは旗を見
角笛の響きを聞かねばならないのか。

21	עַד־	מָתַ֫י	אֶרְאֶה־	נֵּ֑ס
	ドッア	イタマ	ーエルエ	スネ
	でまつい	かの〜	る見は私	を旗
	前	疑	単1未パ	単男

אֶשְׁמְעָ֖ה	ק֥וֹל	שׁוֹפָֽר׃
ーアメュシエ	るーコ	ルーァフォシ
く聞は私	を声	の笛角
単1願パ	連単男	単男

22 まことに、わたしの民は無知だ。
わたしを知ろうとせず
愚かな子らで、分別がない。
悪を行うことにさとく

22	כִּ֣י	אֱוִ֣יל	עַמִּ֗י
	ーキ	るーィヴエ	ーミア
	らなぜな / らか〜	だか愚	は民の私
	接	単男形	尾・単男

אוֹתִי֙	לֹ֣א	יָדָ֔עוּ
ィテオ	ーろ	ウーダヤ
を私	はら彼	いなら知
尾・前	副	停複3完パ

בָּנִ֤ים	סְכָלִים֙	הֵ֔מָּה
ムーニバ	ムーりはセ	マーヘ
達子息	鈍愚	はら彼
複男	複男	代

וְלֹ֥א	נְבוֹנִ֖ים	הֵ֑מָּה
ーろェヴ	ムーニォヴネ	マーヘ
てしそ	明聡 / いなはで	はら彼
副・接	複男分ニ	代

חֲכָמִ֥ים	הֵ֙מָּה֙	לְהָרַ֔ע
ムーミはは	マーヘ	ーラハれ
い賢	はら彼	にのるすを事い悪
複男形	代	不ヒ・前

---

20. יְרִיעֹתָ֑י < יְרִיעָה

21. אֶרְאֶה < רָאָה

22. לְהָרַ֔ע < הֵרַע =√ רעע , cf. רָע「悪い」

וּלְהֵיטִיב	לֹא	יָדָעוּ׃
ヴーィテヘるウ	ーろ	ウーダヤ
をのるすを事い良てしそ		いなら知はら彼
不ヒ・前・接	副	停複3完パ

23

רָאִיתִי	אֶת־	הָאָרֶץ	וְהִנֵּה־	תֹהוּ	וָבֹהוּ
ィテーイラ	トッエ	ツレアハ	ネヒエヴ	フト	フォヴァヴ
た見は私	を	地	よ見とるす	くな形	いし虚てしそ
単1完パ	前	単女・冠	間・接	単男	単男・接

וְאֶל־	הַשָּׁמַיִם	וְאֵין	אוֹרָם׃
るエェヴ	ムイマャシハ	ンエェヴ	ムラオ
に〜てしそ	天	いなてしそ	は光のられそ
前・接	双男・冠	副・接	尾・単男

24

רָאִיתִי	הֶהָרִים	וְהִנֵּה	רֹעֲשִׁים
ィテーイラ	ムーリハヘ	ーネヒエヴ	ムーシアロ
た見は私	を々山	よ見とるす	るいてい動れ揺
単1完パ	複男・冠	間・接	複男分パ

וְכָל־	הַגְּבָעוֹת	הִתְקַלְקָלוּ׃
るほェヴ	トッオアヴゲハ	ーるーカるカゥトヒ
のて全てしそ	は々丘	たえ震
連単男・接	複女・冠	停複3完ト

25

רָאִיתִי	וְהִנֵּה	אֵין	הָאָדָם
ィテーイラ	ーネヒエヴ	ンエ	ムダアハ
た見は私	よ見とるす	いない	が間人
単1完パ	間・接	副	単男・冠

וְכָל־	עוֹף	הַשָּׁמַיִם	נָדָדוּ׃
るほェヴ	フオ	ムイマャシハ	ゥドーダナ
のて全てしそ	は鳥	の天	たげ逃
連単男・接	連単男	双男・冠	停複3完パ

26

רָאִיתִי	וְהִנֵּה	הַכַּרְמֶל	הַמִּדְבָּר
ィテーイラ	ーネヒエヴ	るメルカハ	ルバゥドミハ
た見は私	よ見とるす	は園樹果	野荒
単1完パ	間・接	単男・冠	単男・冠

善を行うことを知らない。
23 わたしは見た。
見よ、大地は混沌とし
空には光がなかった。
24 わたしは見た。
見よ、山は揺れ動き
すべての丘は震えていた。
25 わたしは見た。
見よ、人はうせ
空の鳥はことごとく逃げ去っていた。
26 わたしは見た。
見よ、実り豊かな地は荒れ野に変わり

---

22. וּלְהֵיטִיב =√ יטב , cf. טוֹב「良い」

23. רָאִיתִי < רָאָה

תֹהוּ וָבֹהוּ =cf.創1:2.

אוֹרָם < אוֹר , 接尾辞(3男複)は直前の הַשָּׁמַיִם「天」を指す.

24. הִתְקַלְקָלוּ =√ קלקל

25. נָדָדוּ =別「さ迷った」

וְכָל־	עָרָיו	נִתְּצוּ	מִפְּנֵי	יְהוָה
るほェヴ	ヴラア	ーツテニ	ーネペミ	イナドア
のて全てしそ	は々町のそ	たれさ壊	らか前面	の**主**
連単男・接	尾・複女	複3完ニ	連複女・前	固

מִפְּנֵי	חֲרוֹן	אַפּוֹ׃
ーネペミ	ンロは	ーポア
らか前面	のり憤	のり怒の彼
連複女・前	連単男	尾・単男

27	כִּי־	כֹה	אָמַר	יְהוָה
	ーキ	ーコ	ルマア	イナドア
	にとこま	にうよのこ	たっ言	は**主**
	接	副	単男3完パ	固

שְׁמָמָה	תִהְיֶה	כָּל־	הָאָרֶץ
ーママェシ	ェイフィテ	るコ	ツレアハ
廃荒	るなと～	のて全	は地
単女	単女3未パ	連単男	単女・冠

וְכָלָה	לֹא	אֶעֱשֶׂה׃
ーらはェヴ	ーろ	ーセエエ
を滅絶しかし		いなわな行は私
単女・接	副	単1未パ

28	עַל־	זֹאת	תֶּאֱבַל	הָאָרֶץ
	るア	トッゾ	るァヴエテ	ツレアハ
	に故の	れこ	むし悲	は地
	前	代	単女3未パ	単女・冠

וְקָדְרוּ	הַשָּׁמַיִם	מִמָּעַל
ールデカェヴ	ムイマャシハ	るアマミ
るなく暗てしそ	は天	らか上
複3完パ・倒	双男・冠	停副・前

עַל	כִּי־	דִבַּרְתִּי	זַמֹּתִי
るア	ーキ	ィテルバィデ	ィテーモザ
に故の	とこ～	たっ語が私	たて企が私
前	接	単1完ピ	単1完パ

町々はことごとく、主の御前に
主の激しい怒りによって打ち倒されていた。
27 まことに、主はこう言われる。
「大地はすべて荒れ果てる。

しかし、わたしは滅ぼし尽くしはしない。
28 それゆえ、地は喪に服し
上なる天は嘆く。
わたしは定めたことを告げ

---

26. עָרָיו < עָרִים < עִיר

נִתְּצוּ < נִתַּץ = √ נתצ

מִפְּנֵי = 別「の故に」

חֲרוֹן אַפּוֹ = '彼の激しい憤り' の意.

27. כִּי = 別「なぜなら～から」

28. תֶּאֱבַל = 別「ⓐ喪に服す, ⓑ干上がる」

וְקָדְרוּ = 別「喪服を着る」

זַמֹּתִי < זָמַם

「決して後悔せず、決してこれを変えない。」
29 騎兵や射手の叫びに、都を挙げて逃げ去り
茂みに隠れ、岩に登る。
都は全く見捨てられ

だれひとりとどまる者はない。
30 辱められた女よ、何をしているのか。
緋の衣をまとい、金の飾りを着け

וְלֹא	נִחַמְתִּי	וְלֹא־	אָשׁוּב	מִמֶּנָּה׃
ーろェヴ	ィテムはニ	ーろェヴ	ヴーュシア	ナーメミ
は私しかし	たっかなまや悔	は私てしそ	いなら戻	らかれそ
副・接	単1完ニ	副・接	単1未パ	尾・前

29

מִקּוֹל	פָּרָשׁ	וְרֹמֵה	קֶשֶׁת
るーコミ	ュシッラパ	ーメロェヴ	トッェシケ
らか声	の兵騎	者る射と	を弓
連単男・前	単男	単男分パ・接	単女

בֹּרַחַת	כָּל־	הָעִיר
トッはラボ	るコ	ルーイハ
るいてげ逃	のて全	は町
単女分パ	連単男	単女・冠

בָּאוּ	בֶּעָבִים	וּבַכֵּפִים	עָלוּ
ウーバ	ムーィヴアベ	ムーィフケァヴウ	ーるア
たっ入はら彼	にみ茂	に々岩てしそ	たっ上はら彼
複3完パ	複女・冠前	複男・冠前・接	複3完パ

כָּל־	הָעִיר	עֲזוּבָה
るコ	ルーイハ	ーァヴズア
のて全	は町	るいてれらて捨見
連単男	単女・冠	単女受分パ

וְאֵין־	יוֹשֵׁב	בָּהֵן	אִישׁ׃
ンエェヴ	ヴェシヨ	ンヘバ	ュシーイ
いないてしそ	は者む住	にちうのられそ	も誰
副・接	単男分パ	代・前	単男

30

וְאַתְּ	שָׁדוּד	מַה־	תַּעֲשִׂי
★トッアェヴ	ドーゥドャシ	ーマ	ーィスアタ
はたなあてしそ	るいてれさ奪略	か〜を何	うな行はたなあ
代・接	単男受分パ	疑	単女2未パ

כִּי־	תִלְבְּשִׁי	שָׁנִי
ーキ	ーシベるィテ	ーニャシ
にとこま	る着はたなあ	を色緋
接	単女2未パ	単男

---

29. וְרֹמֵה ＝分詞の名詞的用法.

בָּאוּ < בָּא = √ בוא

עָלוּ < עָלָה

יוֹשֵׁב ＝分詞の名詞的用法.

אִישׁ ＝原意は「人」

30. וְאַתְּ Ⓠ, ואתי Ⓚ

שָׁדוּד ＝主語 וְאַתְּ と文法的性の不一致.

תַּעֲשִׂי < עָשָׂה

כִּי־	תַעְדִּי	עֲדִי־	זָהָב
ーキ	ィデータ	ィデア	ヴハザ
にとこま	う装はたなあ	を物り飾	の金
接	単女2未パ	連単男	単男

כִּי־	תִקְרְעִי	בַפּוּךְ	עֵינַיִךְ
ーキ	ーイレクィテ	ふープァヴ	ふイナーエ
にとこま	く裂はたなあ	でーニモチンア	を目両のたなあ
接	単女2未パ	単男・冠前	尾・双女

לַשָּׁוְא	תִּתְיַפִּי
ヴァシら	ーピヤゥトィテ
くし虚	るすくし美はたなあ
単男・冠前	単女2未ト

מָאֲסוּ־	בָךְ	עֹגְבִים
ースアマ	ふァヴ	ムーィヴゲオ
だん拒	をたなあ	は達者つ持を欲情
複3完パ	代・前	複男分パ

נַפְשֵׁךְ	יְבַקֵּשׁוּ׃
ふェシフナ	ーュシーケァヴェイ
を命のたなあ	るめ求はら彼
尾・単女	停複男3未ピ

31

כִּי	קוֹל	כְּחוֹלָה	שָׁמַעְתִּי
ーキ	るーコ	ーらほケ	ィテーマャシ
にとこま	を声	なうよの女るじ感をみ痛	たい聞は私
接	単男	単女分パ・前	単1完パ

צָרָה	כְּמַבְכִּירָה
ーラァツ	ーラキヴマケ
をみし苦	なうよの女む産を子初
単女	単女分ヒ・前

קוֹל	בַּת־	צִיּוֹן	תִּתְיַפֵּחַ
るーコ	トッバ	ンヨィツ	はアペヤゥトィテ
を声	の娘	のンオシ	ぐえあは女彼
連単男	連単女	固	単女3未ト

目の縁を黒く塗り、美しく装ってもむなしい。
愛人らはお前を退け、お前の命を奪おうとする。

31 まことに、産みの苦しみのような声が聞こえる。
初めて子供を産む女のような苦しみの声が
あえぎながら手を伸べる娘シオンの声が。

---

30. תִקְרְעִי ＝両目を縁取って大きく見せることが，あたかも「両目を裂く」ように見えたためか．

בַפּוּךְ < פּוּךְ，光沢のある鉱石（英語antimony）で，女性達が目を黒く縁取るために用いた．

תִּתְיַפִּי < הִתְיַפָּה ＝√ יפה，cf. יָפֶה「美しい」

עֹגְבִים ＝分詞の名詞的用法．

נַפְשֵׁךְ ＝別「あなたの魂を」

31. כְּחוֹלָה ＝分詞の名詞的用法．

כְּמַבְכִּירָה < הִבְכִּירָה ＝√ בכר，cf. בְּכוֹר「初子」，分詞の名詞的用法．

「ああ、殺そうとする者の前に
わたしは気を失う。」

5 エルサレムの堕落

1 エルサレムの通りを巡り
よく見て、悟るがよい。
広場で尋ねてみよ、ひとりでもいるか
正義を行い、真実を求める者が。

כַּפֶּ֑יהָ	תְּפָרֵ֣שׂ
ハーペカ	スレァフテ
を掌両の女彼	るげ広は女彼
尾・双女	単女3未ピ

לִ֔י	נָ֥א	אֽוֹי־
ーり	ーナ	イオ
に私	かうど	ああ
尾・前	副	間

לְהֹרְגִֽים׃	נַפְשִׁ֖י	עָֽיְפָ֥ה	כִּֽי־
ムーギレホれ	ーシフナ	ーァフェイア	ーキ
に達者す殺	は魂の私	たれ疲	にとこま
複男分パ・前	尾・単女	単女3完パ	接

יְרוּשָׁלַ֗ם	בְּחוּצ֣וֹת	שׁוֹטְט֞וּ	1	5
ムイらャシルェイ	トッォツふべ	ーゥトテョシ		
のムレサルエ	を路街	れ巡き行は達たなあ		
固	連複男・前	複男2命ピ		

וּדְע֗וּ	נָ֜א	וּרְאוּ־
ーウゥドウ	ーナ	ーウルウ
れ知は達たなあてしそ	かうど	ろ見は達たなあてしそ
複男2命パ・接	間	複男2命パ・接

בִרְחוֹבוֹתֶ֔יהָ	וּבַקְשׁ֣וּ
ハーテォヴほルィヴ	ーュシクァヴウ
で場広のそ	ろめ求は達たなあてしそ
尾・複男・前	複男2命ピ・接

אִ֔ישׁ	תִּמְצְא֣וּ	אִם־
ュシーイ	ーウェツムィテ	ムイ
を人	るけつ見が達たなあ	ばらな〜しも
単男	複男2未パ	接

מִשְׁפָּ֖ט	עֹשֶׂ֥ה	יֵ֛שׁ	אִם־
トッパュシミ	ーセオ	ュシッェイ	ムイ
を正公	が者うな行	るい	ばらな〜しも
単男	単男分パ	副	接

---

31. אֽוֹי־נָא =別「災いだ」
לְהֹרְגִים =分詞の名詞的用法.

1. שׁוֹטְטוּ < שׁוֹטֵט =√ שוט
בְּחוּצוֹת < חוּץ , 原意は「外」
בִרְחוֹבוֹתֶיהָ < רְחוֹב
אִישׁ =‘一人を’の意.
מְבַקֵּשׁ , עֹשֶׂה =分詞の名詞的用法.

いれば、わたしはエルサレムを赦そう。
2「主は生きておられる」と言って誓うからこそ
彼らの誓いは偽りの誓いとなるのだ。
3主よ、御目は
真実を求めておられるではありませんか。

מְבַקֵּשׁ	אֱמוּנָה
ユシッケァヴメ	ーナムエ
が者るめ求	を実真
単男分ピ	単女

וְאֶסְלַח	לָהּ׃
ふらスエェヴ	ハら
す赦は私とるす	を女彼
単1未パ・接	尾・前

2

וְאִם	חַי־	יְהוָה	יֹאמֵרוּ
ムイェヴ	イは	イナドア	ールーメヨ
ばらな～しもてしそ	るいてき生	は主	う言がら彼
接・接	単男形	固	停複男3未パ

לָכֵן	לַשֶּׁקֶר	יִשָּׁבֵעוּ׃
ンへら	ルケェシら	ウーェヴァシイ
に故れそ	にり偽	う誓はら彼
副・前	単男・冠前	停複男3未ニ

3

יְהוָה	עֵינֶיךָ	הֲלוֹא	לֶאֱמוּנָה
イナドア	はーネーエ	ーろハ	ーナムエれ
よ主	は目両のたなあ	かいなはで～	に実真
固	尾・双女	副・疑	単女・前

הִכִּיתָה	אֹתָם	וְלֹא־	חָלוּ
ターキヒ	ムタオ	ーろェヴ	ーるーは
たっ打はたなあ	をら彼	たっかなじ感をみ痛はら彼しかし	
単男2完ヒ	尾・前	副・接	複3完パ

כִּלִּיתָם	מֵאֲנוּ	קַחַת	מוּסָר
ムタりキ	ーヌアメ	トッはカ	ルサム
たしぼ滅ち絶をら彼はたなあ	たし否拒はら彼	をとこる取け受	をめしら懲
尾・単男2完ピ	複3完ピ	不パ	単男

חִזְּקוּ	פְנֵיהֶם	מִסֶּלַע
ークゼヒ	ムヘネェフ	らセミ
たしく硬はら彼	を顔のら彼	りよ岩
複3完ピ	尾・複女	単男・前

彼らを打たれても、彼らは痛みを覚えず
彼らを打ちのめされても
彼らは懲らしめを受け入れず
その顔を岩よりも固くして

---

1. לָהּ ＝エルサレムを指す.
2. וְאִם חַי־יְהוָה יֹאמֵרוּ ＝「もし彼らが『主は生きている』と言うなら」
3. הִכִּיתָה < הִכָּה ＝√ נכה
   וְלֹא־חָלוּ ＝別「彼らは病気にならなかった」

חָלוּ < חָלָה

כִּלִּיתָם < כִּלָּה

מֵאֲנוּ < מֵאֵן

קַחַת < לָקַח

מֵאֲנוּ	לָשׁוּב׃
メアヌー	らシューヴ
彼らは拒否した	帰ることを
複3完ピ	不パ・前

4

וַאֲנִי	אָמַרְתִּי	אַךְ־	דַּלִּים	הֵם
ヴァアニー	アマルティ	アふ	ダりーム	へム
そして私は	私は言った	確かに	貧しい	彼らは
代・接	単1完パ	副	複男形	代

נוֹאֲלוּ	כִּי	לֹא	יָדְעוּ	דֶּרֶךְ	יְהוָה
ノアるー	キー	ろー	ヤデウー	デレふ	アドナイ
彼らは愚かだった	なぜなら〜から	彼らは知らない		道を	主の
複3完ニ	接	副	複3完パ	連単女	固

מִשְׁפַּט	אֱלֹהֵיהֶם׃
ミシュパット	エろへへム
法を	彼らの神の
連単男	尾・複男

5

אֵלֲכָה־	לִּי	אֶל־	הַגְּדֹלִים
エらは	りー	エる	ハゲドりーム
私は歩こう	私に	に	大きい
単1願パ	尾・前	前	複男形・冠

וַאֲדַבְּרָה	אוֹתָם
ヴァアダベラー	オタム
そして私は語ろう	彼らに
単1願ピ・接	尾・前

כִּי	הֵמָּה	יָדְעוּ	דֶּרֶךְ	יְהוָה
キー	へーマ	ヤデウー	デレふ	アドナイ
なぜなら〜から	彼らは	知っている	道を	主の
接	代	複3完パ	連単女	固

מִשְׁפַּט	אֱלֹהֵיהֶם
ミシュパット	エろへへム
法を	彼らの神の
連単男	尾・複男

立ち帰ることを拒みました。

4 わたしは思った。
「これは身分の低い人々で、彼らは無知なのだ。
主の道、神の掟を知らない。

5 身分の高い人々を訪れて語り合ってみよう。
彼らなら
主の道、神の掟を知っているはずだ」と。

---

4. נוֹאֲלוּ < נוֹאַל =√ יאל

5. הַגְּדֹלִים =「大きい(人々)」で'大いなる者たち'の意.

אַךְ	הֵמָּה	יַחְדָּו	שָׁבְרוּ	עֹל
ふア	マーヘ	ヴダふヤ	ールエヴァシ	る一オ
しかし	はら彼	に緒一	たい砕	をきびく
副	代	副	複3完パ	単男

נִתְּקוּ	מוֹסֵרוֹת׃
ークテニ	トッロセモ
たっ切ち断	を縄
複3完ピ	複女

6 עַל־	כֵּן	הִכָּם	אַרְיֵה	מִיַּעַר
るア	ンケ	ムカヒ	ーェイルア	ルアヤミ
に故のこ		たっ打をら彼	は子獅	らか森
前	副	尾・単男3完ヒ	単男	単男・前

זְאֵב	עֲרָבוֹת	יְשָׁדְדֵם
ヴエゼ	トッォヴララ	ムデゥドョシェイ
は狼	の漠砂	るす奪略をら彼
連単男	複女	尾・単男3未パ

נָמֵר	שֹׁקֵד	עַל־	עָרֵיהֶם
ルメナ	ドッケョシ	るア	ムヘレア
は豹	るいてっ張見	ていつに	々町のら彼
単男	単男分パ	前	尾・複女

כָּל־	הַיּוֹצֵא	מֵהֵנָּה	יִטָּרֵף
るコ	ーェツッョハ	ナーヘメ	フレタイ
のて全	は者る出	らかられそ	るれか裂き引
連単男	単男分パ・冠	代・前	単男3未ニ

כִּי	רַבּוּ	פִּשְׁעֵיהֶם
ーキ	ーブラ	ムヘエュシピ
らか〜らなぜな	たっか多	はき背のら彼
接	複3完パ	尾・複男

עָצְמוּ	מְשֻׁבוֹתֵיהֶם׃
ームェツア	★ムヘテォヴュシメ
たっか多数	は信背のら彼
複3完パ	尾・複女

だが、彼らも同様に軛を折り
綱を断ち切っていた。
6 それゆえ、森の獅子が彼らを襲い
荒れ地の狼が彼らを荒らし尽くす。

豹が町々をねらい
出て来る者を皆、餌食とする。
彼らは背きを重ね
その背信が甚だしいからだ。

---

5. יַחְדָּו ＝別「同様に」

6. הִכָּם < הִכָּה

אַרְיֵה מִיַּעַר ＝「森から(来た)獅子」

שֹׁקֵד ＝別「目覚めている」

הַיּוֹצֵא ＝分詞の名詞的用法.

רַבּוּ < רָבַב

פִּשְׁעֵיהֶם < פֶּשַׁע

עָצְמוּ ＝原意は「強い」

(כ) משבותיהם , (ק) מְשׁוּבוֹתֵיהֶם׃ < מְשׁוּבָה = √ שׁוב

לָ֔ךְ	אֶֽסְלֽוֹחַ־	לָזֹאת֙	אֵ֣י	7
ふら	ふらスエ★	トッゾら	ーエ	
をたなあ	す赦は私	ていつにれこ	か〜てしうど	
尾・前	単1未パ	代・前	疑	

עֲזָב֔וּנִי	בָּנַ֣יִךְ
ニーヴザア	ふイナバ
たて捨見を私	は達子息のたなあ
尾・複3完パ	尾・複男

אֱלֹהִ֑ים	בְּלֹ֣א	וַיִּשָּׁבְע֖וּ
ムーヒろエ	ーろベ	ーウェヴァシイバ
神	でいなはで〜	たっ誓はら彼てしそ
複男	副・前	複男3未ニ・倒

וַיִּנְאָ֔פוּ	אוֹתָם֙	וָאַשְׂבִּ֤עַ
ーフーアンイァヴ	ムタオ	アビスアァヴ
たし淫姦はら彼しかし	をら彼	たせらたち満は私てしそ
停複男3未パ・倒	尾・前	単1未ヒ・倒

יִתְגֹּדָֽדוּ׃	זוֹנָ֖ה	וּבֵ֥ית
ゥドーダゴゥトイ	ーナゾ	トーェヴウ
るけつ傷ら自	の行淫	家てしそ
停複男3未ト	単女	連単男・接

הָי֑וּ	מַשְׁכִּ֣ים	מְיֻזָּנִ֖ים	סוּסִ֥ים	8
ーユハ	ムーキュシマ	ムーニザユメ	ムーィスス	
たっだ	な的力精	な壮強	は達馬	
複3完パ	複男分ヒ	複男分プ	複男	

יִצְהָֽלוּ׃	רֵעֵ֖הוּ	אֵ֥שֶׁת	אֶל־	אִ֛ישׁ
ーるーハツイ	フーエレ	トッェシエ	るエ	ュシーイ
くなないはら彼	の人隣の彼	妻	に	が人
停複男3未パ	尾・単男	連単女	前	単男

אֶפְקֹ֑ד	לוֹא־	אֵ֖לֶּה	הַֽעַל־	9
ドッコフエ	ーろ	れーエ	るアハ	
	いなし罰は私	られこ	か〜ていつに	
単1未パ	副	代	前・疑	

7 どうして、このようなお前を赦せようか。
お前の子らは、わたしを捨て
神でもないものによって誓う。
わたしは彼らに十分な食べ物を与えた。
すると、彼らは姦淫を犯し
遊女の家に群がって行った。
8 彼らは、情欲に燃える太った馬のように
隣人の妻を慕っていななく。
9 これらのことを
わたしが罰せずにいられようか と

7. Ⓒ אסלוח , Ⓟ אֶסְלַח

בְּלֹא אֱלֹהִים ＝‘神ではないものによって’の意.

יִתְגֹּדָדוּ < הִתְגּוֹדֵד ＝√ גדד , BHSは70人訳に従って יתגוררו「彼らは群がる」と読み替えを提案(＝口語訳, 新共同訳).

8. מְיֻזָּנִים ＝√ ⓐ יזן「強壮な」, ⓑ זון「太らされた」(＝新共同訳)

מַשְׁכִּים ＝√ ⓐ שכה「精力的な」, ⓑ שכמ「朝早く起きる」

רֵעֵהוּ < רֵעַ

נְאֻם־	יְהוָה
ムウネ	イナドア
げ告み	の主
連単男	固

וְאִם	בְּגוֹי	אֲשֶׁר־	כָּזֶה
ムイエヴ	イゴベ	ルェシア	ゼカ
かの〜てしそ	を族民	のろこと〜	なうよのれこ
接・接	単男・前	関	代・前

לֹא	תִתְנַקֵּם	נַפְשִׁי׃
ーろ	ムケナゥトィテ	ーシフナ
	いなし讐復	は魂の私
副	単女3未ト	尾・単女

10	עֲלוּ	בְשָׁרוֹתֶיהָ	וְשַׁחֵתוּ
	ーるア	ハーテロャシェヴ	ゥトーヘャシェヴ
	れ上は達たなあ	に垣石のそ	せや絶は達たなあてしそ
	複男2命パ	尾・複女・前	複男2命ピ・接

וְכָלָה	אַל־	תַּעֲשׂוּ
ーらはェヴ	るア	ースアタ
を滅絶しかし		なうな行は達たなあ
単女・接	副	複男2未パ

הָסִירוּ	נְטִישׁוֹתֶיהָ
ールーィスハ	ハーテョシィテネ
け除り取は達たなあ	をるつのそ
複男2命ヒ	尾・複女

כִּי	לוֹא	לַיהוָה	הֵמָּה׃
ーキ	ーろ	イナドら	マーへ
らか〜らなぜな	いなはで〜	のもの主	はられそ
接	副	固・前	代

11	כִּי	בָגוֹד	בָּגְדוּ	בִּי
	ーキ	ドッゴァヴ	ゥドゲバ	ービ
	らか〜らなぜな	にり切裏	たっ切裏	を私
	接	不パ	複3完パ	尾・前

主は言われる。
このような民に対し、わたしは必ずその悪に報いる。
10 ぶどう畑に上って、これを滅ぼせ。

しかし、滅ぼし尽くしてはならない。
つるを取り払え。
それは、主のものではない。
11 イスラエルとユダの家は

---

9. וְאִם ＝疑問辞 הֲ と併用される二重疑問(Ges § 150-c).

תִתְנַקֵּם < הִתְנַקֵּם =√ נקמ

10. עֲלוּ < עָלָה

בְשָׁרוֹתֶיהָ < שָׁרָה

אַל־תַּעֲשׂוּ ＝アル禁止形.

הָסִירוּ < הֵסִיר =√ סור

נְטִישׁוֹתֶיהָ < נְטִישָׁה

11. בָגוֹד בָּגְדוּ =√ בגד , 独立不定詞＋完了で強調.

בֵּית	יִשְׂרָאֵל	וּבֵית	יְהוּדָה
トーベ	るエラスイ	トーェヴウ	ーダフェイ
は家	のルエラスイ	は家と	のダユ
連単男	男固	連単男・接	男固

נְאֻם־	יְהוָה׃
ムウネ	イナドア
げ告み	の**主**
連単男	固

12

כִּחֲשׁוּ	בַּיהוָה
ーュシはキ	イナドバ
たし定否はら彼	を**主**
複3完ピ	固・前

וַיֹּאמְרוּ	לֹא־	הוּא
ールメヨァヴ	ーろ	ーフ
たっ言はら彼てしそ	いな	は彼
複男3未パ・倒	副	代

וְלֹא־	תָבוֹא	עָלֵינוּ	רָעָה
ーろェヴ	ーォヴタ	ヌーれア	ーアラ
いな来てしそ		に上の達私	はい災
副・接	単女3未パ	尾・前	単女

וְחֶרֶב	וְרָעָב	לוֹא	נִרְאֶה׃
ヴレヘェヴ	ヴアラェヴ	ーろ	ーエルニ
を剣てしそ	を饉飢と		いな見は達私
単女・接	単男・接	副	複1未パ

13

וְהַנְּבִיאִים	יִהְיוּ	לְרוּחַ
ムーイィヴネハェヴ	ーュフイ	はアールれ
は達者言預てしそ	るな	に風
複男・冠・接	複男3未パ	単女・前

וְהַדִּבֵּר	אֵין	בָּהֶם
ルベィデハェヴ	ンエ	ムヘバ
は葉言てしそ	いな	にちうのら彼
単男・冠・接	副	代・前

繰り返しわたしを欺いた、と主は言われる。

12 彼らは主を拒んで言う。「主は何もなさらない。我々に災いが臨むはずがない。

13 剣も飢饉も起こりはしない。預言者の言葉はむなしくなる。『このようなことが起こる』と言っても

---

12. לֹא־הוּא ＝「ⓐ彼ではない，ⓑ彼は（何も）しない」

13. לְרוּחַ ＝「風」は空しいものの喩えか（cf.ヨブ6:26）.

実現はしない。」
14 それゆえ、万軍の主なる神はこう言われる。
「彼らがこのような言葉を口にするからには
見よ、わたしはわたしの言葉を
あなたの口に授ける。それは火となり
この民を薪とし、それを焼き尽くす。」
15「見よ、わたしは遠くから一つの国を
お前たちの上に襲いかからせる。
イスラエルの家よ、と主は言われる。

כֹּה	יֵעָשֶׂה	לָהֶם׃
コー	イェアセー	ラヘム
このように	行なわれる	彼らに
副	ニ未3男単	前・尾

14	לָכֵן	כֹּה־	אָמַר	יְהוָה
	ラヘン	コー	アマル	アドナイ
	それ故に	このように	言った	主は
	前・副	副	パ完3男単	固

אֱלֹהֵי	צְבָאוֹת
エローヘー	ツェヴァオット
神	万軍の
男複連	男複

יַעַן	דַּבֶּרְכֶם	אֶת־	הַדָּבָר	הַזֶּה
ヤアン	ダベルヘム	エット	ハダヴァル	ハゼー
〜故に	あなたたちが語った	を	言葉	この
副	ピ不・尾	前	冠・男単	冠・代

הִנְנִי	נֹתֵן	דְּבָרַי	בְּפִיךָ	לְאֵשׁ
ヒンニー	ノテン	デヴァライ	ベフィーハー	レエシュ
見よ私は	与える	私の言葉を	あなたの口に	火に
間・尾	パ分男単	男複・尾	前・男単・尾	前・女単

וְהָעָם	הַזֶּה	עֵצִים	וַאֲכָלָתַם׃
ヴェハアム	ハゼー	エツィーム	ヴァアハラータム
そして民は	この	木々	そしてそれは彼らを食べる
接・冠・男単	冠・代	男複	倒・パ完3女単・尾

15	הִנְנִי	מֵבִיא	עֲלֵיכֶם	גּוֹי	מִמֶּרְחָק
	ヒンニー	メヴィー	アレーヘム	ゴイ	ミメルハック
	見よ私は	連れてくる	あなたたちの上に	民族を	遠くから
	間・尾	ヒ分男単	前・尾	男単	前・男単

בֵּית	יִשְׂרָאֵל	נְאֻם־	יְהוָה
ベート	イスラエル	ネウム	アドナイ
家よ	イスラエルの	み告げ	主の
男単連	固男	男単連	固

---

14. נֹתֵן דְּבָרַי בְּפִיךָ לְאֵשׁ ＝‘あなたの口に与える私の言葉を火とする’の意.

פֶּה < בְּפִיךָ

וַאֲכָלָתַם ＝主語は「火」

それは絶えることのない国、古くからの国
その言葉は理解し難く
その言うことは聞き取れない。

הוּא	אֵיתָן	גּוֹי
ーフ	ンタエ	イゴ
はれそ	の変不	族民
代	単男形	単男

הוּא	מֵעוֹלָם	גּוֹי
ーフ	ムらオメ	イゴ
はれそ	のらか昔	族民
代	単男・前	単男

לְשֹׁנוֹ	תֵדַע	לֹא־	גּוֹי
ーノョシれ	ーダテ	ーろ	イゴ
を語言のそ	いなら知がたなあ		族民
尾・単女	単男2未パ	副	単男

יְדַבֵּר׃	מַה־	תִשְׁמַע	וְלֹא
ルベダェイ	ーマ	ーマュシィテ	ーろェヴ
る語が彼	をか～を何	いなか聞はたなあてしそ	
単男3未ピ	疑	単男2未パ	副・接

16 その矢筒は、口を開いた墓
彼らは皆、勇士だ。
17 お前たちの収穫も食糧も食い尽くす。
更に、息子、娘を食い尽くし

פְּתוּחַ	כְּקֶבֶר	אַשְׁפָּתוֹ	16
はアゥトパ	ルェヴケケ	ートパュシア	
るいてれか開	にうよの墓	は筒矢の彼	
単男受分パ	単男・前	尾・単女	

גִּבּוֹרִים׃	כֻּלָּם
ムーリボギ	ムらク
いしま勇	皆はら彼
複男形	尾・単男

וְלַחְמֶךָ	קְצִירְךָ	וְאָכַל	17
はーメふらェヴ	ーはレィツケ	るはアェヴ	
をンパのたなあと	をれ入り刈のたなあ	るべ食は彼てしそ	
停尾・単男・接	尾・単男	単男3完パ・倒	

וּבְנוֹתֶיךָ	בָּנֶיךָ	יֹאכְלוּ
はーテノヴウ	はーネバ	ーるへヨ
を達娘のたなあと	を達子息のたなあ	るべ食はら彼
尾・複女・接	尾・複男	複男3未パ

---

15. יָדַע < תֵדַע

לָשׁוֹן < לְשֹׁנוֹ

16. אַשְׁפָּתוֹ < אַשְׁפָּה

17. וְאָכַל ＝同節には動詞「食べる」が4回出てくるが, いずれも主語は15節の גּוֹי「民族」.

קָצִיר < קְצִירְךָ

לֶחֶם < וְלַחְמֶךָ

יֹאכַל	צֹאנְךָ	וּבְקָרֶךָ
るはヨ	一はンォツ	はーレカヴウ
るべ食は彼	を羊のたなあ	を牛のたなあと
単男3未パ	尾・単女	尾・単男・接

יֹאכַל	גַּפְנְךָ	וּתְאֵנָתֶךָ
るはヨ	ーはネフガ	はーテナエゥトウ
るべ食は彼	を木のうどぶのたなあ	を木のくじちいのたなあと
単男3未パ	尾・単男	停尾・単女・接

יְרֹשֵׁשׁ	עָרֵי	מִבְצָרֶיךָ
ユシェシロェイ	ーレア	はーレァツヴミ
す壊ち打は彼	を々町	の塞要のたなあ
単男3未パ	連複女	尾・複男

אֲשֶׁר	אַתָּה	בּוֹטֵחַ	בָּהֵנָּה	בֶּחָרֶב׃
ルェシア	ータア	はアテボ	ナーヘバ	ヴレはベ
のろこと〜	がたなあ	るいでん頼り依	にられそ	で剣
関	代	単男分パ	尾・前	停単女・冠前

羊や牛を食い尽くし
ぶどうやいちじくを食い尽くす。
お前が頼みとする砦の町々を
剣を振るって破壊する。」

18	וְגַם	בַּיָּמִים	הָהֵמָּה	נְאֻם־	יְהוָה
	ムガェヴ	ムーミヤバ	マーヘハ	ムウネ	イナドア
	えさで〜しかし	に々日	のられそ	げ告み	の**主**
	接・接	複男・冠前	代・冠	連単男	固

לֹא־	אֶעֱשֶׂה	אִתְּכֶם	כָּלָה׃	19	וְהָיָה	כִּי
ーろ	ーセエエ	ムヘテイ	ーらカ		ーヤハェヴ	ーキ
いなわな行は私		に達たなあ	を滅絶		るあてしそ	がとこ〜
副	単1未パ	尾・前	単女		単男3完パ・倒	接

תֹּאמְרוּ	תַּחַת	מֶה	עָשָׂה	יְהוָה	אֱלֹהֵינוּ	לָנוּ
ールメト	トッはタ	ーメ	ーサア	イナドア	ヌーヘろエ	ヌーら
う言は達たなあ	にりわ代	か〜の何	たっな行	は**主**	神の達私	に達私
複男2未パ	前	疑	単男3完パ	固	尾・複男	尾・前

אֵת־	כָּל־	אֵלֶּה	וְאָמַרְתָּ	אֲלֵיהֶם	כַּאֲשֶׁר
トッエ	るコ	れーエ	ータルマアェヴ	ムへれア	ルェシアカ
を	て全	のられこ	う言はたなあとるす	にら彼	にうよ〜
前	連単男	代	単男2完パ・倒	尾・前	関・前

18「そのときですら」と主は言われる。「わたしはお
前たちを滅ぼし尽くしはしない。」19「何故、我々の主
なる神はこのようなことを我々にされたのか」と言う

---

17. צֹאנְךָ < צֹאן

וּבְקָרֶךָ < בָּקָר

גַּפְנְךָ < גֶּפֶן

וּתְאֵנָתֶךָ < תְּאֵנָה

19. תַּחַת מֶה ＝‘何のために’の意.

עֲזַבְתֶּם	אוֹתִי	וַתַּעַבְדוּ	אֱלֹהֵי	נֵכָר
ムテヴザア	ィテオ	ゥドヴアタァヴ	ーへろエ	ルはネ
たて捨見が達たなあ	を私	たえ仕が達たなあてしそ	に々神	の国異
複男2完パ	尾・前	複男2未パ・倒	連複男	単男

בְּאַרְצְכֶם	כֵּן	תַּעַבְדוּ	זָרִים	בְּאֶרֶץ	לֹא
ムへェツルアベ	ンケ	ゥドヴアタ	ムーリザ	ツレエベ	ーろ
で地の達たなあ	にうよのこ	るえ仕は達たなあ	に達人国外	で地	いなはで～
尾・単女・前	副	複男2未パ	複男分パ	単女・前	副

לָכֶם׃
ムへら
のもの達たなあ
尾・前

20

הַגִּידוּ	זֹאת	בְּבֵית	יַעֲקֹב
ゥドーギハ	トッゾ	トーェヴベ	ヴコアヤ
ろげ告は達たなあ	をれこ	に家	のブコヤ
複男2命ヒ	代	連単男・前	男固

וְהַשְׁמִיעוּהָ	בִיהוּדָה	לֵאמֹר׃
ハーウミュシハェヴ	ーダフィヴ	ルーモれ
ろせか聞をれそは達たなあてしそ	にダユ	てっ言と～
尾・複男2命ヒ・接	男固・前	不パ・前

21

שִׁמְעוּ־	נָא	זֹאת
ーウムシ	ーナ	トッゾ
け聞は達たなあ	かうど	をれこ
複男2命パ	副	代

עַם	סָכָל	וְאֵין	לֵב
ムア	るはサ	ンエェヴ	ヴれ
よ民	の鈍愚	いなてしそ	が心
連単男	単男	副・接	単男

עֵינַיִם	לָהֶם	וְלֹא	יִרְאוּ
ムイナーエ	ムへら	ーろェヴ	ーウルイ
が目両	にら彼	いな見はら彼しかし	
双女	尾・前	副・接	複男3未パ

なら、あなたはこう答えよ。「あなたたちはわたしを捨て、自分の国で異教の神々に仕えた。そのように、自分のものではない国で他国民に仕えねばならない。」

20 これをヤコブの家に告げ、ユダに知らせよ。
21「愚かで、心ない民よ、これを聞け。目があっても、見えず

---

19. זָרִים ＝分詞の名詞的用法.

20. הַגִּידוּ < הִגִּיד ＝√ נגד

וְהַשְׁמִיעוּהָ < הִשְׁמִיעַ ＝√ שמע

21. יִרְאוּ < רָאָה

耳があっても、聞こえない民。
22 わたしを畏れ敬いもせず
わたしの前におののきもしないのかと
主は言われる。
わたしは砂浜を海の境とした。
これは永遠の定め
それを越えることはできない。
波が荒れ狂っても、それを侵しえず
とどろいても、それを越えることはできない。
23 しかし、この民の心はかたくなで、わたしに背く。

אָזְנַיִם לָהֶם וְלֹא יִשְׁמָעוּ׃
ウーマュシイ　ーろェヴ　ムへら　ムイナズオ
いなか聞はら彼しかし　にら彼　が耳両
停複男3未パ　副・接　尾・前　双女

22 הַאוֹתִי לֹא־ תִירָאוּ נְאֻם־ יְהוָה
イナドア　ムウネ　ウーラィテ　ーろ　ィテオハ
の主　げ告み　いなれ畏は達たなあ　か～を私
固　連単男　停複男2未パ　副　尾・前・疑

אִם מִפָּנַי לֹא תָחִילוּ
ーるーひタ　ーろ　イナパミ　ムイ
いなかののおえ震は達たなあ　らか前面の私　かの～
複男2未パ　副　尾・複女・前　接

אֲשֶׁר־ שַׂמְתִּי חוֹל גְּבוּל לַיָּם
ムヤら　るーヴゲ　るほ　ィテムサ　ルェシア
の海　界境　を砂　たしと～が私　のろこと～
単男・冠前　単男　単男　単1完パ　関

חָק־ עוֹלָם וְלֹא יַעַבְרֶנְהוּ
フンレヴアヤ　ーろェヴ　ムらオ　クッほ
いなえ越をれそはれそてしそ　の遠永　掟
尾・単男3未パ　副・接　単男　連単男

וַיִּתְגָּעֲשׁוּ וְלֹא יוּכָלוּ
ーるーはユ　ーろェヴ　ーュシアガゥトイァヴ
いなて勝はられそしかし　たい動れ揺はられそてしそ
停複男3未パ　副・接　複男3未ト・倒

וְהָמוּ גַלָּיו וְלֹא יַעַבְרֻנְהוּ׃
フンルヴアヤ　ーろェヴ　ヴらガ　ームハェヴ
いなえ越をれそはられそてしそ　は々波のそ　くろどとり鳴てしそ
尾・複男3未パ　副・接　尾・複男　複3完パ・倒

23 וְלָעָם הַזֶּה הָיָה
ーヤハ　ゼハ　ムアらェヴ
たっあ　のこ　に民しかし
単男3完パ　代・冠　単男・冠前・接

---

22. אִם ＝疑問辞 הֲ と併用される二重疑問 (Ges § 150-c).

תָחִילוּ < חָל ＝√ ⓐ חיל , ⓑ חול

שַׂמְתִּי < שָׂם ＝√ שׂים , 原意は「置く」

יַעַבְרֻנְהוּ , יַעַבְרֶנְהוּ < עָבַר

וְלֹא יוּכָלוּ ＝別「そしてそれらは出来ない」

וְהָמוּ < הָמָה

彼らは背き続ける。
24 彼らは、心に思うこともしない。
『我々の主なる神を畏れ敬おう
雨を与える方、時に応じて
秋の雨、春の雨を与え
刈り入れのために
定められた週の祭りを守られる方を』と。
25 お前たちの罪がこれらを退け
お前たちの咎が恵みの雨をとどめたのだ。」

לֵב	סוֹרֵר	וּמוֹרֶה
ヴれ	ルレソ	ーレモウ
が心	な迷頑	うら逆てしそ
単男	単男分パ	単男分パ・接

סָרוּ	וַיֵּלֵכוּ׃
ールーサ	ーふーれエイアヴ
たれ離はら彼	たっ行はら彼てしそ
複3完パ	停複男3未パ・倒

24

וְלֹא־	אָמְרוּ	בִלְבָבָם
ーろエヴ	ールメア	ムァヴァヴるィヴ
てしそ	たっかなわ言はら彼	に内の心のら彼
副・接	複3完パ	尾・単男・前

נִירָא	נָא	אֶת־	יְהוָה	אֱלֹהֵינוּ
ーラーニ	ーナ	トッエ	イナドア	ヌーへろエ
るれ畏は達私	あさ	を	**主**	神の達私
複1未パ	副	前	固	尾・複男

הַנֹּתֵן	גֶּשֶׁם	ויוֹרֶה	וּמַלְקוֹשׁ	בְּעִתּוֹ
ンテノハ	ムェシッゲ	ーレヨ★	ュシコるマウ	ートイべ
者るえ与	を雨	を雨のめ始	を雨の後と	に時のそ
単男分パ・冠	単男	単男	単男・接	尾・単女・前

שְׁבֻעֹת	חֻקּוֹת	קָצִיר	יִשְׁמָר־	לָנוּ׃
トッオヴェシ	トッコふ	ルーィツカ	ルモュシイ	ヌーら
を週	のめ定	のれ入り刈	る守は彼	に達私
連複男	連複女	単男	単男3未パ	尾・前

25

עֲוֹנוֹתֵיכֶם	הִטּוּ־	אֵלֶּה
ムヘテノォヴア	ーゥトヒ	れーエ
はがとの達たなあ	たけ退	をられこ
尾・複女	複3完ヒ	代

וְחַטֹּאותֵיכֶם	מָנְעוּ	הַטּוֹב	מִכֶּם׃
ムヘテトはェヴ	ーウネマ	ヴートハ	ムケミ
は罪の達たなあてしそ	たげ妨	をとこい良	らか達たなあ
尾・複女・接	複3完パ	単男・冠	代・前

---

23. סָרוּ < סָר =√ סור

24. נִירָא < יָרֵא

הַנֹּתֵן =分詞の名詞的用法.

Ⓚ וירה , Ⓠ יוֹרֶה , 雨期の始め, 10〜11月頃に降る雨. cf. יָרָה「射る」

וּמַלְקוֹשׁ =雨期の終わり, 3〜4月頃に降る雨. cf. לֶקֶשׁ「春作, 2番刈り」

25. עֲוֹנוֹתֵיכֶם < עָוֹן

הִטּוּ < הִטָּה =√ נטה

וְחַטֹּאותֵיכֶם < חַטָּאת

26「わが民の中には逆らう者がいる。網を張り
鳥を捕る者のように、潜んでうかがい
罠を仕掛け、人を捕らえる。
27 籠を鳥で満たすように

26	כִּי־	נִמְצְאוּ	בְעַמִּי	רְשָׁעִים
	キー	ニムツェウー	ヴェアミー	レシャイーム
	なぜなら〜から	見つけられた	私の民に	悪いが
	接	複3完ニ	尾・単男・前	複男形

יָשׁוּר	כְּשַׁךְ	יְקוּשִׁים
ヤシュール	ケシャㇰ	イェクシーム
彼は窺う	静まるように	鳥を捕る者達が
単男3未パ	不パ・前	複男

הִצִּיבוּ	מַשְׁחִית	אֲנָשִׁים	יִלְכֹּדוּ׃
ヒツィーヴー	マシュひート	アナシーム	イるコードゥ
彼らは立てた	滅ぼす者を	人々を	彼らは捕える
複3完ヒ	単男分ヒ	複男	停複男3未パ

27	כִּכְלוּב	מָלֵא	עוֹף
	キふるヴ	マれー	オフ
	鳥かごのように	満ちている	鳥で
	単男・前	単男形	単男

כֵּן	בָּתֵּיהֶם	מְלֵאִים	מִרְמָה
ケン	バテヘム	メれイーム	ミルマー
このように	彼らの家々は	満ちている	欺きで
副	尾・複男	複男形	単女

עַל־	כֵּן	גָּדְלוּ	וַיַּעֲשִׁירוּ׃
アる	ケン	ガデるー	ヴァヤアシールー
この故に		彼らは大きくなった	そして彼らは富んだ
前	副	複3完パ	複男3未ヒ・倒

彼らは欺き取った物で家を満たす。
こうして、彼らは強大になり富を蓄える。
28 彼らは太って、色つやもよく
その悪事には限りがない。

28	שָׁמְנוּ	עָשְׁתוּ
	シャメヌー	アシェトゥ
	彼らは肥え太った	彼らはつややかになった
	複3完パ	複3完パ

גַּם	עָבְרוּ	דִבְרֵי־	רָע
ガム	アヴェルー	ディヴレー	ラー
〜もまた	過ぎた	事々は	悪の
接	複3完パ	連複男	単男

---

26. רְשָׁעִים ＝‘悪い者達が’の意.

יָשׁוּר ＜ שָׁר ＝√ שור

כְּשַׁךְ ＜ שָׁכַךְ ,「ⓐ収まる, 静まる, ⓑ止まる」

יְקוּשִׁים ＝√ יקש , cf. יָקֹשׁ「罠を仕掛ける」

הִצִּיבוּ ＜ הִצִּיב ＝√ נצב

מַשְׁחִית ＝‘罠’の意か. cf. שַׁחַת「穴」

27. מִרְמָה ＝√ רמה , cf. רִמָּה「欺く」

28. שָׁמְנוּ ＜ שָׁמֵן

עָשְׁתוּ ＜ עָשַׁת

みなしごの訴えを取り上げず、助けもせず
貧しい者を正しく裁くこともしない。
29 これらのことを、わたしが罰せずに
いられようか、と主は言われる。

דִּין	לֹא־	דָנוּ
ンィデ	ーろ	ヌーダ
をき裁	たっかなか裁はら彼	
単男	副	複3完パ

דִּין	יָתוֹם	וְיַצְלִיחוּ
ンィデ	ムトヤ	ーふーりツヤェヴ
をき裁	のごしなみ	るす功成はら彼てしそ
連単男	単男	複男3未ヒ・接

וּמִשְׁפַּט	אֶבְיוֹנִים	לֹא	שָׁפָטוּ׃
トッパュシミウ	ムーニヨヴエ	ーろ	ゥトーァフャシ
を正公てしそ	のいし乏	たっかなし証立はら彼	
連単男・接	複男形	副	停複3完パ

29

הַעַל־	אֵלֶּה	לֹא־	אֶפְקֹד
るアハ	れーエ	ーろ	ドッコフエ
か〜ていつに	られこ	いなし罰は私	
前・疑	代	副	単1未パ

נְאֻם־	יְהוָה
ムウネ	イナドア
げ告み	の**主**
連単男	固

このような民に対し、わたしは必ずその悪に報いる。
30 恐ろしいこと、おぞましいことが
この国に起こっている。

אִם	בְּגוֹי	אֲשֶׁר־	כָּזֶה
ムイ	イゴベ	ルェシア	ゼカ
かの〜	に族民	のろこと〜	なうよのこ
接	単男・前	関	代・前

לֹא	תִתְנַקֵּם	נַפְשִׁי׃
ーろ	ムケナゥトィテ	ーシフナ
いなし讐復		は魂の私
副	単女3未ト	尾・単女

30

שַׁמָּה	וְשַׁעֲרוּרָה	נִהְיְתָה	בָּאָרֶץ׃
ーマャシ	ーラルアャシェヴ	ータェイフニ	ツレアバ
墟廃	が慄戦てしそ	たれさこ起	で地
単女	単女・接	単女3完ニ	単女・前

---

28. וְיַצְלִיחוּ ＝別(直前の לֹא をこの動詞にもかけ)「成功させない」

אֶבְיוֹנִים ＝'乏しい者達の'の意.

29. אִם ＝疑問辞 הֲ と併用される二重疑問(Ges § 150-c).

30. נִהְיְתָה < נִהְיָה ＝√ היה

בַּשֶּׁ֔קֶר	נִבְּא֣וּ־	הַנְּבִאִ֞ים	31
ルケェシァヴ	ーウベニ	ムーイィヴネハ	
でり偽	たし言預	は達者言預	
単男・冠前	複3完ニ	複男・冠	

יְדֵיהֶ֔ם	עַל־	יִרְדּ֣וּ	וְהַכֹּהֲנִים֙
ムヘデェイ	るア	ゥドルイ	ムーニハコハェヴ
手両のら彼	に上の	るす配支	は達司祭てしそ
尾・双女	前	複男3未パ	複男・冠・接

כֵ֑ן	אָ֣הֲבוּ	וְעַמִּ֖י
ンヘ	ーヴハーア	ーミアェヴ
にうよのこ	たし愛	は民の私てしそ
副	複3完パ	尾・単男・接

לְאַחֲרִיתָֽהּ׃	תַּעֲשׂ֖וּ	וּמַה־
ハタリはアれ	ースアタ	ーマウ
にりわ終のれそ	うな行は達たなあ	か～を何てしそ
尾・単女・前	複男2未パ	疑・接

31 預言者は偽りの預言をし
祭司はその手に富をかき集め
わたしの民はそれを喜んでいる。
その果てに、お前たちはどうするつもりか。」

6

エルサレムの攻城

בִנְיָמִ֗ן	בְּנֵ֣י	הָעִ֣זוּ	1	6
ンミヤンィヴ	ーネベ	ーズーイハ		
のンミヤニベ	よ達子息	ろし難避は達たなあ		
男固	連複男	複男2命ヒ		

יְר֣וּשָׁלִַ֔ם	מִקֶּ֙רֶב֙
ムイらャシルェイ	ヴレケミ
のムレサルエ	らか中
固	単男・前

שׁוֹפָ֔ר	תִּקְע֣וּ	וּבִתְק֙וֹעַ֙
ルーァフョシ	ーウクィテ	アコゥトィヴウ
を笛角	せら鳴き吹は達たなあ	でアコテてしそ
単男	複男2命パ	固・前・接

מַשְׂאֵ֑ת	שְׂא֣וּ	הַכֶּ֖רֶם	בֵּ֥ית	וְעַל־
トッエスマ	ーウセ	ムレケハ	トーベ	るアェヴ
をしろの	ろげ上は達たなあ		ムレケ・トベ	に上の～てしそ
単女	複男2命パ		固	前・接

1 ベニヤミンの人々よ
エルサレムの中から避難せよ。
テコアで角笛を吹き鳴らし
ベト・ケレムに向かってのろしを上げよ。

---

31. וְעַמִּ֖י < עַם =集合名詞

1. הָעִ֣זוּ < הָעִיז =√ עוז

בִנְיָמִ֗ן =本来は בִּנְיָמִן という母音が, レニングラード写本では נ の母音記号が欠落している.

מִקֶּ֙רֶב֙ =原意は「はらわた, 内臓」

וּבִתְק֙וֹעַ֙ =テコアはエルサレムの南方ベツレヘム近郊にある要塞都市. 次の単語 תִּקְע֣וּ「(角笛を)吹き鳴らせ」と語呂合わせ.

בֵּ֥ית הַכֶּ֖רֶם =詳細な位置は不明. エルサレム近郊など諸説ある.

災いと大いなる破壊が北から迫っている。
2 美しく、快楽になれた女、娘シオンよ
わたしはお前を滅ぼす。
3 羊飼いが、その群れと共にやって来る。

מִצָּפוֹן	נִשְׁקְפָה	רָעָה	כִּי
ンォファツミ	ーァフケュシニ	ーアラ	ーキ
らか北	たしろ下見	がい災	らか〜らなぜな
単女・前	単女3完ニ	単女	接

גָּדוֹל׃	וְשֶׁבֶר
るードガ	ルェヴェシェヴ
いき大	が壊破てしそ
単男形	単男・接

צִיּוֹן׃	בַּת־	דָּמִיתִי	וְהַמְּעֻנָּגָה	הַנָּוָה	2
ンヨィツ	トッバ	ィテーミダ	ーガナウメハェヴ	ーァヴナハ	
のンオシ	を娘	たしぼ滅は私	たれさかや甘てしそ	いし麗	
固	連単女	単1完パ	単女分プ・冠・接	単女形	

וְעֶדְרֵיהֶם	רֹעִים	יָבֹאוּ	אֵלֶיהָ	3
ムヘーレゥドエェヴ	ムーイロ	ウーォヴヤ	ハーれエ	
はれ群のら彼と	は達者牧	る来	に女彼	
尾・複男・接	複男分パ	複男3未パ	尾・前	

彼女に向かって周囲に天幕を張り
それぞれに、草を食い尽くす。
4 シオンに対して戦闘を開始せよ。
立て、昼の間に攻め上ろう。

סָבִיב	אֹהָלִים	עָלֶיהָ	תָּקְעוּ
ヴィヴサ	ムーりハオ	ハーれア	ーウケタ
に囲周	を幕天	に側の女彼	たっ張はら彼
副	複男	尾・前	複3完パ

יָדוֹ׃	אֶת־	אִישׁ	רָעוּ
ードヤ	トッエ	ュシーイ	ーウラ
所場の彼	で	が人	たっ養はら彼
尾・単女	前	単男	複3完パ

מִלְחָמָה	עָלֶיהָ	קַדְּשׁוּ	4
ーマはるミ	ハーれア	ーュシデカ	
をい戦	てし対に女彼	ろし別聖は達たなあ	
単女	尾・前	複男2命ピ	

בַצָּהֳרָיִם	וְנַעֲלֶה	קוּמוּ
ムイラホォツァヴ	ーれアナェヴ	ームーク
にちうの昼	うろ上は達私てしそ	て立は達たなあ
停双男・冠前	複1願パ・接	複男2命パ

---

2. וְהַמְּעֻנָּגָה =√ ענג

דָּמִיתִי < דָּמָה

3. רֹעִים =分詞の名詞的用法.

וְעֶדְרֵיהֶם < עֵדֶר

רָעוּ < רָעָה , 別「彼らは草をはむ」

אִישׁ אֶת־יָדוֹ =‘各々の場所で’の意.

יָדוֹ =原意は「彼の手」

4. קַדְּשׁוּ =別「ⓐあなた達は準備しろ, ⓑあなた達は布告しろ」

קוּמוּ < קָם =√ קום

大変だ、日が傾き、夕日の影が伸びてきた。
5 立て、夜襲をかけよう。
城郭を破壊しよう。

הַיּוֹם	פָנָה	כִּי־	לָנוּ	אוֹי
ムヨハ	ーナァフ	ーキ	ヌーら	イオ
が日	たっか向	らか〜らなぜな	に達私	ああ
単男・冠	単男3完パ	接	尾・前	間

עָרֶב׃	צִלְלֵי־	יִנָּטוּ	כִּי
ヴレーア	ーれるィツ	ゥトナイ	ーキ
の夕	が影	るび伸	らか〜らなぜな
停単男	連複男	複男3未ニ	接

בַלָּיְלָה	וְנַעֲלֶה	קוּמוּ	5
らイらァヴ	ーれアナェヴ	ームーク	
にちうの夜	うろ上は達私てしそ	て立は達たなあ	
停単男・冠前	複1願パ・接	複男2命パ	

אַרְמְנוֹתֶיהָ׃	וְנַשְׁחִיתָה
ハーテノメルア	ーターひュシナェヴ
を殿宮の女彼	うそぼ滅は達私てしそ
尾・複男	複1願ヒ・接

6 まことに、万軍の主はこう言われる。
「木を切り、土を盛り
エルサレムに対して攻城の土塁を築け。
彼女は罰せられるべき都

צְבָאוֹת	יְהוָה	אָמַר	כֹּה	כִּי	6
トッオァヴェツ	イナドア	ルマア	ーほ	ーキ	
の軍万	は**主**	たっ言	にうよのこ	らか〜らなぜな	
複男	固	単男3完パ	副	接	

עֵצָה	כִּרְתוּ
ーァツエ	ゥトルキ
を木	れ切は達たなあ
単女	複男2命パ

סֹלְלָה	יְרוּשָׁלִַם	עַל־	וְשִׁפְכוּ
ーられソ	ムイらャシルェイ	るア	ーふフシェヴ
を塁土	ムレサルエ	に上の	せ出ぎ注は達たなあてしそ
単女	固	前	複男2命パ・接

הָפְקַד	הָעִיר	הִיא
ドッカフホ	ルーイハ	ーヒ
たれらせ罰	町	は女彼
単男3完フ	単女・冠	代

---

4. אוֹי ＝別「災いだ」

פָּנָה הַיּוֹם ＝‘日が傾いた’の意.

יִנָּטוּ < נָטָה ＝√ נטה

5. קוּמוּ < קָם ＝√ קומ

אַרְמְנוֹתֶיהָ < אַרְמוֹן

6. עֵצָה ＝集合名詞.

הָפְקַד ＝主語 הָעִיר と文法的性の不一致.

כֻּלָּהּ	עֹשֶׁק	בְּקִרְבָּהּ׃
ハラク	クッェシオ	ハバルキベ
はて全のそ	げ虐	で中の女彼
尾・単男	単男	尾・単男・前

その中には抑圧があるのみ。

7

כְּהָקִיר	בַּיִר	מֵימֶיהָ
ルーキハケ	ルイバ★	ハーメーメ
にうよるせさ出き湧	が戸井	を水のそ
不ヒ・前	単女	尾・双男

כֵּן	הֵקֵרָה	רָעָתָהּ
ンケ	ーラーケヘ	ハタアラ
にうよのこ	たせさ出き湧	が悪の女彼
副	単女3完ヒ	尾・単女

חָמָס	וָשֹׁד	יִשָּׁמַע	בָּהּ
スマは	ドッョシァヴ	ーマャシイ	ハバ
が力暴	が虐暴と	るれか聞	でちうの女彼
単男	単男・接	単男3未ニ	尾・前

עַל־	פָּנַי	תָּמִיד	חֳלִי	וּמַכָּה׃
るア	イナパ	ドーミタ	ーりほ	ーカマウ
に上の	顔の私	に常	気病	撃打と
前	尾・複女	副	単男	単女・接

7 泉の水が湧くように
彼女の悪は湧き出る。
不法と暴力の叫びが聞こえてくる。

8

הִוָּסְרִי	יְרוּשָׁלִַם
ーリセァヴヒ	ムイらャシルェイ
ろれらめしら懲はたなあ	よムレサルエ
単女2命ニ	固

פֶּן־	תֵּקַע	נַפְשִׁי	מִמֵּךְ
ンペ	ーカテ	ーシフナ	ふーメミ
にうよいなのとこ〜	るれずは	が魂の私	らかたなあ
接	単女3未パ	尾・単女	尾・前

פֶּן־	אֲשִׂימֵךְ	שְׁמָמָה
ンペ	ふメィスア	ーママェシ
にうよいなのとこ〜	るすと〜をたなあが私	廃荒
接	尾・単1未パ	単女

8 病と傷は、常にわたしの前にある。
エルサレムよ、懲らしめを受け入れよ。
さもないと、わたしはお前を見捨て

---

6. בְּקִרְבָּהּ < קֶרֶב，原意は「はらわた，内臓」

7. כְּהָקִיר，הֵקֵרָה ＝√ ⓐ קרר，ⓑ קור

ⓒ בור，Ⓟ בַּיִר

וָשֹׁד ＝√ שדד，cf. שָׁדַד「略奪する」

יִשָּׁמַע ＝主語は חָמָס וָשֹׁד（複数）で，文法的数の不一致．

וּמַכָּה ＝√ נכה，cf. הִכָּה「打つ」

8. הִוָּסְרִי < נוֹסַר ＝√ יסר，cf. מוּסָר「懲らしめ」

אֲשִׂימֵךְ < שָׂם ＝√ שׂים，原意は「置く」

נוֹשָׁבָה׃	לֹוא	אֶרֶץ
アヴーャシノ	ーろ	ツレエ
いないてれま住		地
停単女3完ニ	副	単女

צְבָאוֹת	יְהוָה	אָמַר	כֹּה	9
トッオァヴェツ	イナドア	ルマア	ーコ	
の軍万	は主	たっ言	にうよのこ	
複男	固	単男3完パ	副	

כַגֶּפֶן	יְעוֹלְלוּ	עוֹלֵל
ンェフゲは	ーるれオェイ	るれオ
にうよの木のうどぶ	む摘にみ摘はら彼	
単女・冠前	複男3未ピ	不ピ

יִשְׂרָאֵל	שְׁאֵרִית
るエラスイ	トーリエェシ
のルエラスイ	を者のり残
男固	連単女

סַלְסִלּוֹת׃	עַל־	כְּבוֹצֵר	יָדְךָ	הָשֵׁב
トッろィスるサ	るア	ルェツォヴケ	ーはデヤ	ヴェシハ
枝のうどぶ	に上の	にうよの者る取み摘	を手のたなあ	せ戻はたなあ
複女	前	単男分パ・前	尾・単女	単男2命ヒ

אֲדַבְּרָה	מִי	עַל־	10
ーラベダア	ーミ	るア	
うろ語は私	か〜誰	てし対に	
単1願ピ	疑	前	

וְיִשְׁמָעוּ	וְאָעִידָה
ウーマュシイェヴ	ダーイアエヴ
く聞はら彼とるす	うよし告警は私てしそ
停複男3未パ・接	単1願ヒ・接

אָזְנָם	עֲרֵלָה	הִנֵּה
ムナズオ	ーらレア	ーネヒ
は耳のら彼	の礼割無	よ見
尾・単女	単女形	間

荒れ果てて人の住まない地とする。」

9 万軍の主はこう言われる。
「ぶどうの残りを摘むように
イスラエルの残りの者を摘み取れ。
ぶどうを摘む者がするように
お前は、手をもう一度ぶどうの枝に伸ばせ。」

10 誰に向かって語り、警告すれば
聞き入れるのだろうか。
見よ、彼らの耳は無割礼で

---

8. נוֹשָׁבָה < נוֹשַׁב =√ ישב

9. עוֹלֵל יְעוֹלְלוּ =√ עלל , 独立不定詞＋未完了で強調.

שְׁאֵרִית =√ שאר , cf. נִשְׁאַר「残る」

הָשֵׁב < הֵשִׁיב =√ שוב

כְּבוֹצֵר < בָּצַר , 分詞の名詞的用法.

10. וְאָעִידָה < הֵעִיד =√ עוד

וְלֹא	יוּכְלוּ	לְהַקְשִׁיב
ヴェろー	ユヘるー	れハクシーヴ
そして	彼らは出来ない	傾聴することが
接・副	パ未3男複	前・ヒ不

הִנֵּה	דְבַר־	יְהוָה	הָיָה	לָהֶם
ヒネー	デヴァル	アドナイ	ハヤー	らへム
見よ	言葉は	主の	なった	彼らにとって
間	男単連	固	パ完3男単	前・尾

לְחֶרְפָּה	לֹא	יַחְפְּצוּ־	בוֹ׃
れへルパー	ろー	ヤふペツー	ヴォ
恥辱に	彼らは喜ばない		それを
前・女単	副	パ未3男複	前・尾

11

וְאֵת	חֲמַת	יְהוָה	מָלֵאתִי
ヴェエット	はマット	アドナイ	マれーティ
そして〜と共に	憤り	主の	私は満ちた
接・前	女単連	固	パ完1単

נִלְאֵיתִי	הָכִיל
ニるエーティ	ハひール
私は疲れ果てた	耐えることに
ニ完1単	ヒ不

שְׁפֹךְ	עַל־	עוֹלָל	בַּחוּץ
シェフォふ	アる	オらる	バふーツ
あなたは注ぎ出せ	の上に	幼子	外で
パ命2男単	前	男単	前冠・男単

וְעַל	סוֹד	בַּחוּרִים	יַחְדָּו
ヴェアる	ソッド	バふリーム	ヤふダヴ
そして〜の上に	協議	若者達の	一緒に
接・前	男単連	男複	副

כִּי־	גַם־	אִישׁ	עִם־	אִשָּׁה	יִלָּכֵדוּ
キー	ガム	イーシュ	イム	イシャー	イらへードゥ
なぜなら〜から	〜もまた	人	と共に	妻	捕えられる
接	接	男単	前	女単	ニ未3男複停

耳を傾けることができない。
見よ、主の言葉が彼らに臨んでも
それを侮り、受け入れようとしない。

11 主の怒りでわたしは満たされ
それに耐えることに疲れ果てた。
「それを注ぎ出せ
通りにいる幼子、若者の集いに。

---

11. חֲמַת < חֵמָה

נִלְאֵיתִי < נִלְאָה = √ לאה

הָכִיל = √ כול , 原意は「収容する, 溜める」

גַם־אִישׁ עִם־אִשָּׁה = 別「男もまた女と共に」

זָקֵן	עִם־	מְלֵא	יָמִים׃
ザケン	イム	メれー	ヤミーム
老人は	～と共に	満ちている	日々の
男単	前	形男単連	男複

12

וְנָסַבּוּ	בָתֵּיהֶם֙	לַאֲחֵרִ֔ים
ヴェナサーブー	ヴァテヘム	らアヘリーム
そして向かう	彼らの家々は	他の者に
倒・ニ完3複	男複・尾	前・形男複

שָׂדוֹת	וְנָשִׁים	יַחְדָּו
サドット	ヴェナシーム	ヤふダヴ
畑は	と妻達は	一緒に
男複	接・女複	副

כִּי־	אַטֶּה	אֶת־	יָדִי
キー	アテー	エット	ヤディ
なぜなら～から	私は伸ばす	を	私の手
接	ヒ未1単	前	女単・尾

עַל־	יֹשְׁבֵי	הָאָרֶץ	נְאֻם־	יְהוָה׃
アる	ヨシェヴェー	ハアレツ	ネウム	アドナイ
の上に	住んでいる者達	地に	み告げ	**主**の
前	パ分男複連	冠・女単	男単連	固

13

כִּי	מִקְּטַנָּם֙	וְעַד־	גְּדוֹלָ֔ם
キー	ミケタナム	ヴェアッド	ゲドらム
なぜなら～から	彼らの小さいから	そして～まで	彼らの大きい
接	前・形男単・尾	接・前	形男単・尾

כֻּלּוֹ	בּוֹצֵעַ	בָּצַע
クろー	ボツェア	バーツァ
その全てが	むさぼっている	不正な利益を
男単・尾	パ分男単	男単停

וּמִנָּבִיא֙	וְעַד־	כֹּהֵ֔ן
ウミナヴィー	ヴェアッド	コヘン
そして預言者から	そして～まで	祭司
接・前・男単	接・前	男単

男も女も、長老も年寄りも必ず捕らえられる。
12 家も畑も妻もすべて他人の手に渡る。
この国に住む者に対して
わたしが手を伸ばすからだ」と主は言われる。

13「身分の低い者から高い者に至るまで
皆、利をむさぼり

---

11. מְלֵא יָמִים ＝'年の満ちた者'の意.

12. וְנָסַבּוּ < נָסַב ＝√ סבב

לַאֲחֵרִים ＝'他の者達に'の意.

אַטֶּה < הִטָּה ＝√ נטה

יֹשְׁבֵי < יָשַׁב , 分詞の名詞的用法.

13. מִקְּטַנָּם וְעַד־גְּדוֹלָם ＝'彼らのうちの小さい者から大きい者まで'の意.

שָׁקֶר׃	עֹשֶׂה	כֻּלּוֹ
シャケル	オセー	クろー
偽りを	行なっている	その全てが
停単男	単男分パ	尾・単男

עַמִּי	שֶׁבֶר	אֶת־	וַיְרַפְּאוּ	14
アミー	シェヴェル	エット	ヴァイラペウー	
私の民の	破壊	を	そして彼らは癒した	
尾・単男	連単男	前	複男3未ピ・倒	

לֵאמֹר	נְקַלָּה	עַל־
れモール	ネカらー	アる
〜と言って	たやすい	の上に
不パ・前	単女分ニ	前

שָׁלוֹם׃	וְאֵין	שָׁלוֹם	שָׁלוֹם
シャろーム	ヴェエン	シャろーム	シャろーム
平安が	しかしない	平安	平安
単男	副・接	単男	単男

עָשׂוּ	תוֹעֵבָה	כִּי	הֹבִישׁוּ	15
アスー	トエヴァー	キー	ホヴィーシュー	
彼らは行なった	忌み嫌う事を	なぜなら〜から	彼らは恥をかいた	
複3完パ	単女	接	複3完ヒ	

יֵבוֹשׁוּ	לֹא־	בּוֹשׁ	גַּם־
イェヴォーシュー	ろー	ボシュ	ガム
彼らは全く恥じ入らない			〜もまた
複男3未パ	副	不パ	接

יָדָעוּ	לֹא	הַכְלִים	גַּם־
ヤダーウー	ろー	ハふりーム	ガム
彼らは知らない		辱めることを	〜もまた
停複3完パ	副	不ヒ	接

בַּנֹּפְלִים	יִפְּלוּ	לָכֵן
ヴァノフりーム	イペるー	らヘン
倒れている者達のうちに	彼らは倒れる	それ故に
複男分パ・冠前	複男3未パ	副・前

預言者から祭司に至るまで皆、欺く。
14 彼らは、わが民の破滅を手軽に治療して
平和がないのに、『平和、平和』と言う。
15 彼らは忌むべきことをして恥をさらした。
しかも、恥ずかしいとは思わず
嘲られていることに気づかない。
それゆえ、人々が倒れるとき、彼らも倒れ

---

14. עַל־נְקַלָּה ＝'手軽に'の意.

נְקַלָּה ＝√ קלל

15. הֹבִישׁוּ ＝√ בושׁ

תּוֹעֵבָה ＝√ תעב , cf. תִּעֵב「忌み嫌う」

עָשָׂה < עָשׂוּ

בּוֹשׁ לֹא־יֵבוֹשׁוּ ＝√ בושׁ , 独立不定詞＋未完了で強調.

הַכְלִים ＝√ כלם

נָפַל < יִפְּלוּ

בְּעֵת־	פְּקַדְתִּים	יִכָּשְׁלוּ
トッエベ	ムーィテゥドカペ	ーるぇシカイ
に時	たし罰をら彼が私	く躓はら彼
単女・前	尾・単1完パ	複男3未ニ

אָמַר	יְהוָה׃
ルマア	イナドア
たっ言	は**主**
単男3完パ	固

16

כֹּה	אָמַר	יְהוָה
ーコ	ルマア	イナドア
にうよのこ	たっ言	は**主**
副	単男3完パ	固

עִמְדוּ	עַל־	דְּרָכִים	וּרְאוּ
ゥドムイ	るア	ムーひラデ	ーウルウ
て立は達たなあ	に上の	々道	ろ見は達たなあてしそ
複男2命パ	前	複女	複男2命パ・接

וְשַׁאֲלוּ	לִנְתִבוֹת	עוֹלָם
ーるアャシェヴ	トッォヴィテンり	ムらオ
ろね尋は達たなあてしそ	を道り通	の昔
複男2命パ・接	連複女・前	単男

אֵי־	זֶה	דֶרֶךְ	הַטּוֹב	וּלְכוּ־	בָהּ
ーエ	ゼ	ふレデ	ヴトハ	ーふるウ	ハアヴ
にこど	はれそ	道	い良	け行は達たなあてしそ	にれそ
疑	代	単男	単男形・冠	複男2命パ・接	尾・前

וּמִצְאוּ	מַרְגּוֹעַ	לְנַפְשְׁכֶם
ーウツミウ	アゴルマ	ムヘェシフナれ
ろけつ見は達たなあてしそ	を息休	にめたの魂の達たなあ
複男2命パ・接	単男	尾・単女・前

וַיֹּאמְרוּ	לֹא	נֵלֵךְ׃
ールメヨァヴ	ーろ	ふれネ
たっ言はら彼しかし	は達私	いなか行
複男3未パ・倒	副	複1未パ

わたしが彼らを罰するとき
彼らはつまずく」と主は言われる。
16 主はこう言われる。
「さまざまな道に立って、眺めよ。

昔からの道に問いかけてみよ
どれが、幸いに至る道か、と。
その道を歩み、魂に安らぎを得よ。」
しかし、彼らは言った。
「そこを歩むことをしない」と。

---

15. פְּקַדְתִּים < פָּקַד

16. וּרְאוּ < רָאָה

אֵי־זֶה דֶרֶךְ ＝‘どの道が’の意.

מַרְגּוֹעַ ＝√ רגע , cf. הִרְגִּיעַ「憩わせる」

נֵלֵךְ < הָלַךְ

17

וַהֲקִמֹתִי	עֲלֵיכֶם	צֹפִים
イテモキハアヴ	ムヘれア	ムーィフォツ
るて立は私	に上の達たなあ	を達者る張見
単1完ヒ・倒	尾・前	複男分パ

הַקְשִׁיבוּ	לְקוֹל	שׁוֹפָר
ーヴーシクハ	るコれ	ルーァフョシ
ろし聴傾は達たなあ	に声	の笛角
複男2命ヒ	連単男・前	単男

וַיֹּאמְרוּ	לֹא	נַקְשִׁיב׃
ールメヨァヴ	ーろ	ヴーシクナ
たっ言はら彼しかし		いなし聴傾は達私
複男3未パ・倒	副	複1未ヒ

18

לָכֵן	שִׁמְעוּ	הַגּוֹיִם
ンへら	ーウムシ	ムーイゴハ
に故れそ	け聞は達たなあ	よ族民諸
副・前	複男2命パ	複男・冠

וּדְעִי	עֵדָה	אֶת־	אֲשֶׁר־	בָּם׃
ーイゥドウ	ーダエ	トッエ	ルェシア	ムバ
れ知はたなあてしそ	よ体同共	を	のろこと〜	ちうのら彼
単女2命パ・接	単女	前	関	尾・前

19

שִׁמְעִי	הָאָרֶץ
ーイムシ	ツレアハ
け聞はたなあ	よ地
単女2命パ	単女・冠

הִנֵּה	אָנֹכִי	מֵבִיא	רָעָה
ーネヒ	ーひノア	ーィヴメ	ーアラ
よ見	は私	る来てれ連	をい災
間	代	単男分ヒ	単女

אֶל־	הָעָם	הַזֶּה
るエ	ムアハ	ゼハ
に	民	のこ
前	単男・冠	代・冠

17 わたしは、「あなたたちのために見張りを立て
耳を澄まして角笛の響きを待て」と言った。
しかし、彼らは言った。
「耳を澄まして待つことはしない」と。

18 「それゆえ、国々よ、聞け。
わたしが彼らにしようとすることを知れ。
19 この地よ、聞け。
見よ、わたしはこの民に災いをもたらす。

---

17. וַהֲקִמֹתִי < הֵקִים =√ קום

צֹפִים < צָפָה , 分詞の名詞的用法.

18. וּדְעִי < יָדַע

19. מֵבִיא < הֵבִיא =√ בוא

פְּרִי	מַחְשְׁבוֹתָם
ーリペ	ムタォヴェシふマ
実	の画計のら彼
連単男	尾・複女

כִּי	עַל־	דְּבָרַי	לֹא	הִקְשִׁיבוּ
ーキ	るア	イラァヴデ	ーろ	ーヴーシクヒ
らか〜らなぜな	ていつに	葉言の私		たっかなし聴傾がら彼
接	前	尾・複男	副	複3完ヒ

וְתוֹרָתִי	וַיִּמְאֲסוּ־	בָהּ׃
ィテラトェヴ	ースアムイァヴ	ハァヴ
え教の私てしそ	だん拒はら彼てしそ	をれそ
尾・単女・接	複男3未パ・倒	尾・前

20

לָמָּה־	זֶּה	לִי	לְבוֹנָה
マら	ゼ	ーり	ーナォヴれ
か〜ぜな	はれこ	に私	が香乳
疑	代	尾・前	単女

מִשְּׁבָא	תָבוֹא
ーァヴェシミ	ーォヴタ
らかバェシ	る来
固・前	単女3未パ

וְקָנֶה	הַטּוֹב	מֵאֶרֶץ	מֶרְחָק
ーネカェヴ	ヴトハ	ツレエメ	クッはルメ
が蒲菖てしそ	い良	らか地	のく遠
単男・接	単男形・冠	連単女・前	単男

עֹלוֹתֵיכֶם	לֹא	לְרָצוֹן
ムヘテろオ	ーろ	ンォツラれ
は祭燔の達たなあ	いなはで〜	に思意
尾・複女	副	単男・前

וְזִבְחֵיכֶם	לֹא־	עָרְבוּ	לִי׃
ムヘヘヴィズェヴ	ーろ	ーヴレーア	ーり
はえにけいの達たなあてしそ		たっかなくよ地心	に私
尾・複男・接	副	複3完パ	尾・前

それは彼らのたくらみが結んだ実である。
彼らがわたしの言葉に耳を傾けず
わたしの教えを拒んだからだ。

20 シェバから持って来た乳香や
はるかな国からの香水萱が
わたしにとって何の意味があろうか。
あなたたちの焼き尽くす献げ物を喜ばず
いけにえをわたしは好まない。」

---

19. מַחְשְׁבוֹתָם < מַחֲשָׁבָה =√ חשב , cf. חָשַׁב 「考える」

וְתוֹרָתִי < תּוֹרָה =√ ירה , cf. הוֹרָה 「教える」

20. עֹלוֹתֵיכֶם < עוֹלָה , cf. עָלָה 「上る」

לֹא לְרָצוֹן = ‘(神に)受け入れられない’の意.

וְזִבְחֵיכֶם < זֶבַח , cf. זָבַח 「屠る」

21 それゆえ、主はこう言われる。「見よ、わたしはこの民につまずきを置く。彼らはそれにつまずく。父も子も共に、隣人も友も皆、滅びる。」

22 主はこう言われる。「見よ、一つの民が北の国から来る。大いなる国が地の果てから奮い立って来る。
23 弓と投げ槍を取り、残酷で、容赦しない。

21

יְהֹוָה	אָמַר	כֹּה	לָכֵן
イナドア	ルマア	ーコ	ンへら
は主	たっ言	にうよのこ	に故れそ
固	単男3完パ	副	副・前

מִכְשֹׁלִים	הַזֶּה	הָעָם	אֶל־	נֹתֵן	הִנְנִי
ムーリョシふミ	ゼハ	ムアハ	るエ	ンテノ	ーニンヒ
をき躓	のこ	民	に	るえ与	は私よ見
複男	代・冠	単男・冠	前	単男分パ	尾・間

יַחְדָּו	וּבָנִים	אָבוֹת	בָּם	וְכָשְׁלוּ
ヴーダふヤ	ムーニァヴウ	トッォヴア	ムァヴ	ーるエシはエヴ
に緒一	は達子息と	は達父	でられそ	く躓とるす
副	複男・接	複男	尾・前	複3完パ・倒

יֹאבֵדוּ׃	וְרֵעוֹ	שָׁכֵן
ゥドァヴアエヴ★	ーオレェヴ	ンヘャシ
るび滅とるす	は友の彼と	は人隣
停複3完パ・倒	尾・単男・接	単男

22

יְהֹוָה	אָמַר	כֹּה
イナドア	ルマア	ーコ
は主	たっ言	にうよのこ
固	単男3完パ	副

צָפוֹן	מֵאֶרֶץ	בָּא	עַם	הִנֵּה
ンォファツ	ツレエメ	ーバ	ムア	ーネヒ
の北	らか地	る来	が民	よ見
単女	連単女・前	単男分パ	単男	間

אָרֶץ׃	מִיַּרְכְּתֵי־	יֵעוֹר	גָּדוֹל	וְגוֹי
ツレア	ーテケルヤミ	ルーオエイ	るードガ	イゴェヴ
の地	らかて果	つ立い奮	いき大	が族民てしそ
停単女	連双女・前	単男3未ニ	単男形	単男・接

23

יַחֲזִיקוּ	וְכִידוֹן	קֶשֶׁת
ークーィズはヤ	ンドひエヴ	トッェシケ
む掴はら彼	を槍げ投と	を弓
複男3未ヒ	単男・接	単女

---

21. מִכְשֹׁלִים =√ כשל , cf. כָּשַׁל「躓く」

וְרֵעוֹ < רֵעַ

ⓒ יאבדו , ⓟ וְאָבָדוּ׃

22. יֵעוֹר < נֵעוֹר =√ עור

מִיַּרְכְּתֵי < יְרֵכָה「ⓐ背, ⓑ背後, ⓒ奥, ⓓ果て」

אַכְזָרִי	הוּא	וְלֹא	יְרַחֵמוּ
ーリザふア	ーフ	ーろェヴ	ームーヘラェイ
な酷残	は彼	いなまれ憐はら彼てしそ	
単男形	代	副・接	停複男3未ピ

קוֹלָם	כַּיָּם	יֶהֱמֶה
ムらコ	ムヤカ	ーメヘェイ
は声のら彼	にうよの海	くろどとり鳴
尾・単男	単男・冠前	単男3未パ

וְעַל־	סוּסִים	יִרְכָּבוּ
るアェヴ	ムーィスス	ーヴーカルイ
に上の～てしそ	達馬	る乗はら彼
前・接	複男	停複男3未パ

עָרוּךְ	כְּאִישׁ	לַמִּלְחָמָה
ふールア	ュシーイケ	ーマはるミら
るいてれらえ整	にうよの人	にい戦
単男受分パ	単男・前	単女・冠前

עָלַיִךְ	בַּת־	צִיּוֹן׃
ふイらア	トッバ	ンヨィツ
てし対にたなあ	よ娘	のンオシ
尾・前	連単女	固

24	שָׁמַעְנוּ	אֶת־	שָׁמְעוֹ	רָפוּ	יָדֵינוּ
	ヌーマャシ	トッエ	ーオムョシ	ーフラ	ヌーデヤ
	たい聞は達私	を	判評のそ	たっま弱	は手両の達私
	複1完パ	前	尾・単男	複3完パ	尾・双女

צָרָה	הֶחֱזִיקַתְנוּ	חִיל	כַּיּוֹלֵדָה׃
ーラァツ	ヌゥトカィズヘヘ	るーひ	ーダれヨカ
がみし苦	たえら捕を達私	痛苦	なうよの女む産
単女	尾・単女3完ヒ	単男	単女分パ・冠前

25	אַל־	תֵּצְאִי	הַשָּׂדֶה
	るア	★テツェウー	ーデサハ
	なる出は達たなあ		に野
	副	複男2未パ	単男・冠

海のとどろくような声をあげ、馬を駆り
戦いに備えて武装している。
娘シオンよ、あなたに向かって。」

24 我々はその知らせを聞き、手の力は抜けた。
苦しみに捕らえられ
我々は産婦のようにもだえる。
25 「野に出るな、道を行くな。

---

23. יֶהֱמֶה < הָמָה

24. שָׁמְעוֹ < שֵׁמַע , cf. שָׁמַע 「聞く」

רָפוּ < רָפָה

כַּיּוֹלֵדָה < יָלַד , 分詞の名詞的用法.

25. תצאי (כ) , תֵּצְאוּ (ק) < יָצָא

אַל־תֵּלֵכוּ , אַל־תֵּצְאוּ =アル禁止形.

敵は剣を取り、恐怖が四方から迫る。
26 わが民の娘よ、粗布をまとい
灰を身にかぶれ。
独り子を失ったように喪に服し
苦悩に満ちた嘆きの声をあげよ。
略奪する者が、突如として我々を襲う。」
27 わたしはあなたをわが民の中に

תֵּלֵכִי	אַל־	וּבַדֶּרֶךְ
ーふーれテ★	るア	ふレデァヴウ
なく行は達たなあ		に道てしそ
停複男2未パ	副	単女・冠前・接

מִסָּבִיב׃	מָגוֹר	לְאֹיֵב	חֶרֶב	כִּי
ヴーィヴサミ	ルーゴマ	ヴェイオれ	ヴレヘ	ーキ
らか囲周	が怖恐	に敵	が剣	らか〜らなぜな
副・前	単男	単男・前	単女	接

שָׂק	חִגְרִי־	עַמִּי	בַּת־	
クッサ	ーリグヒ	ーミア	トッバ	26
を布粗	ろび帯はたなあ	の民の私	よ娘	
停単男	単女2命パ	尾・単男	連単女	

בָאֵפֶר	וְהִתְפַּלְּשִׁי
ルェフエァヴ	ーシれパゥトヒェヴ
にちうの灰	れ回げ転はたなあてしそ
単男・冠前	単女命ト・接

לָךְ	עֲשִׂי	יָחִיד	אֵבֶל
ふラ	ーィスア	ドーひヤ	るェヴエ
にたなあ	えな行はたなあ	の一唯	をき嘆
尾・前	単女2命パ	単男形	単男

תַּמְרוּרִים	מִסְפַּד
ムーリルムタ	ドッパスミ
の痛悲	み悼
複男	連単男

עָלֵינוּ׃	הַשֹּׁדֵד	יָבֹא	פִתְאֹם	כִּי
ヌーれア	ドッデョシハ	ーォヴヤ	ムオゥトィフ	ーキ
に上の達私	が者るす奪略	る来	然突	らか〜らなぜな
尾・前	単男分パ・冠	単男3未パ	副	接

מִבְצָר	בְּעַמִּי	נְתַתִּיךָ	בָּחוֹן	
ルァツヴミ	ーミアェヴ	はーィテタネ	ンほバ	27
塞要	にちうの民の私	たしと〜をたなあは私	らぐや見物	
単男	尾・単男・前	尾・単1完パ	単男	

---

25. ⓒ תלכי , ⓠ תֵּלֵכוּ < הָלַךְ

26. אֵבֶל יָחִיד ＝‘唯一の子を失った嘆き’の意か.

מִסְפַּד ＝√ ספד , cf. סָפַד「悼む」

תַּמְרוּרִים ＝√ מרר , cf. מַר「苦しい, 苦い」

הַשֹּׁדֵד ＝分詞の名詞的用法.

27. בָּחוֹן ＝cf. בַּחַן「見張り塔」, 別「試す者」(cf. בָּחַן「試す」)

נְתַתִּיךָ < נָתַן , 原意は「与える」

וְתֵדַע	וּבָחַנְתָּ	אֶת־	דַּרְכָּם׃
ーダテェヴ	タンはァヴウ	トッエ	ムカルダ
る知はたなあてしそ	す試はたなあてしそ	を	道のら彼
単男2未パ・接	単男2完パ・倒	前	尾・単女

金を試す者として立てた。
彼らの道を試し、知るがよい。

28

כֻּלָּם	סָרֵי	סוֹרְרִים
ムらク	ーレサ	ムーリレソ
皆はら彼	達者るれ逸	の達者く背
尾・単男	連複男分パ	複男分パ

הֹלְכֵי	רָכִיל	נְחֹשֶׁת	וּבַרְזֶל
ーヘれホ	るーひラ	トッェシほネ	るゼルァヴウ
達者く歩	の傷中	銅青	鉄てしそ
連複男分パ	単男	単女	単男・接

כֻּלָּם	מַשְׁחִיתִים	הֵמָּה׃
ムらク	ムーィテひュシマ	マーへ
皆はら彼	達者すぼ滅	はら彼
尾・単男	複男分ヒ	代

28 彼らは皆、道を外れ、中傷して歩く。
彼らは皆、青銅や鉄の滓
罠を仕掛けて人を滅ぼす者だ。

29

נָחַר	מַפֻּחַ	מֵאֶשְׁתַּם	עֹפָרֶת
ルはナ	はアプマ	ムタ ユシッエメ★	トッレァフオ
たい吹	はごいふ	たっわ終 らか火	は鉛
単男3完パ	単男	単男3完パ 単女・前	停単女

לַשָּׁוְא	צָרַף	צָרוֹף
ヴァシら	フラァツ	フロァツ
くし虚	に錬精は彼	たし錬精
単男・冠前	単男3完パ	不パ

וְרָעִים	לֹא	נִתָּקוּ׃
ムーイラェヴ	ーろ	ークータニ
は悪てしそ		たっかなれら切ち断
複男・接	副	停複3完ニ

30

כֶּסֶף	נִמְאָס	קָרְאוּ	לָהֶם
フセケ	スアムニ	ーウレカ	ムへら
銀	たれらて捨見	だん呼はら彼	をら彼
単男	単男分ニ	複3完パ	尾・前

29 鉛はふいごで起こした火に溶ける。
彼らも火で試されたが、空しかった。
彼らの悪は取り除かれることがなかった。
30 捨てられた銀の滓、と彼らは呼ばれる。

---

28. מַשְׁחִיתִים , הֹלְכֵי , סוֹרְרִים , סָרֵי ＝分詞の名詞的用法.

רָכִיל ＝√ רכל , cf. רָכַל「取り引きする, 行商する」. הָלַךְ רָכִיל で‘行商人のように家々を回り歩いて悪い噂などを流す’の意になったか.

29. נָחַר ＝別「焦がされた」(√ חרר のニフアル)

מֵאֵשׁ תַּם Ⓠ , מאשתם Ⓚ

מֵאֵשׁ תַּם עֹפָרֶת ＝‘火によって精錬されて鉛が取り除かれた’の意か.

צָרַף צָרוֹף ＝独立不定詞＋完了で強調.

בָּהֶם׃	יְהוָה	מָאַס	כִּי־
ムヘバ	イナドア	スアマ	ーキ
をら彼	が**主**	だん拒	らか〜らなぜな
尾・前	固	単男3完パ	接

מֵאֵת	יִרְמְיָהוּ	אֶל־	הָיָה	אֲשֶׁר	הַדָּבָר	1	7
トッエメ	フヤメルイ	るエ	ーヤハ	ルェシア	ルァヴダハ		
らか	ヤミレエ	に	たっあ	のろこと〜	葉言		
前・前	男固	前	単男3完パ	関	単男・冠		

יְהוָה	בֵּית	בְּשַׁעַר	עֲמֹד	2	לֵאמֹר׃	יְהוָה
イナドア	トーベ	ルアャシベ	ドッモア		ルーモれ	イナドア
の**主**	の家	に門	て立はたなあ		てっ言と〜	**主**
固	連単男	連単男・前	単男2命パ		不パ・前	固

וְאָמַרְתָּ	הַזֶּה	הַדָּבָר	אֶת־	שָּׁם	וְקָרָאתָ
タルマアェヴ	ゼハ	ルァヴダハ	トッエ	ムャシ	ターラカェヴ
え言はたなあてしそ	のこ	葉言	を	でこそ	べ呼はたなあてしそ
単男2完パ・倒	代・冠	単男・冠	前	副	単男2完パ・倒

הַבָּאִים	יְהוּדָה	כָּל־	יְהוָה	דְבַר־	שִׁמְעוּ
ムーイバハ	ーダフェイ	るコ	イナドア	ルァヴデ	ーウムシ
る入	よダユ	のて全	の**主**	を葉言	け聞は達たなあ
複男分パ・冠	男固	連単男	固	連単男	複男2命パ

כֹּה־	3	לַיהוָה׃	לְהִשְׁתַּחֲוֹת	הָאֵלֶּה	בַּשְּׁעָרִים
ーコ		イナドら	トッォヴハタュシヒれ	れーエハ	ムーリアェシバ
にうよのこ		に**主**	にめたす伏れひ	のられこ	に門
副		固・前	不ト・前	代・冠	複男・冠前

הֵיטִיבוּ	יִשְׂרָאֵל	אֱלֹהֵי	צְבָאוֹת	יְהוָה	אָמַר
ーヴーィテヘ	るエラスイ	ーへろエ	トッオァヴェツ	イナドア	ルマア
よせく良は達たなあ	のルエラスイ	神	の軍万	は**主**	たっ言
複男2命ヒ	男固	連複男	複男	固	単男3完パ

אֶתְכֶם	וַאֲשַׁכְּנָה	וּמַעַלְלֵיכֶם	דַּרְכֵיכֶם
ムへゥトエ	ーナケャシアァヴ	ムへれるアマウ	ムへへルダ
を達たなあ	うよせま住は私とるす	をいな行の達たなあと	を道の達たなあ
尾・前	単1願ピ・接	尾・複男・接	尾・複女

7
主が彼らを捨てられたからだ。

神殿での預言

1 主からエレミヤに臨んだ言葉。
2 主の神殿の門に立ち、この言葉をもって呼び
かけよ。そして、言え。
「主を礼拝するために、神殿の門を入って行くユダ
の人々よ、皆、主の言葉を聞け。3 イスラエルの神、
万軍の主はこう言われる。お前たちの道と行いを正
せ。そうすれば、わたしはお前たちをこの所に住まわ

---

2. וְאָמַרְתָּ , וְקָרָאתָ ＝直前の単語 עֲמֹד（命令形）を受けて，ヴァヴ倒置の動詞においては命令の意味が継承される.
לְהִשְׁתַּחֲוֹת < הִשְׁתַּחֲוָה ＝√ שחה

3. הֵיטִיבוּ ＝√ יטב , cf. טוֹב「良い」
וּמַעַלְלֵיכֶם < מַעֲלָלִים ＝√ עלל
וַאֲשַׁכְּנָה < שִׁכֵּן

せる。4 主の神殿、主の神殿、主の神殿という、むなしい言葉に依り頼んではならない。5－6 この所で、お前たちの道と行いを正し、お互いの間に正義を行い、

בַּמָּק֖וֹם	הַזֶּֽה׃	4	אַל־	תִּבְטְח֣וּ	לָכֶ֔ם	אֶל־
ムコマバ	ゼハ		るア	ーふテヴィテ	ムへら	るエ
に所場	のこ			なるす頼信は達たなあ	にめたの達たなあ	に
単男・冠前	代・冠		副	複男2未パ	尾・前	前

דִּבְרֵ֥י	הַשֶּׁ֖קֶר	לֵאמֹ֑ר	הֵיכַ֤ל	יְהוָה֙	הֵיכַ֣ל	יְהוָ֔ה
ーレヴィデ	ルケェシハ	ルーモれ	るはへ	イナドア	るはへ	イナドア
葉言	のり偽	てっ言と〜	殿神	の**主**	殿神	の**主**
連複男	単男・冠	不パ・前	連単男	固	連単男	固

הֵיכַ֥ל	יְהוָ֖ה	הֵֽמָּה׃	5	כִּ֣י	אִם־
るはへ	イナドア	マーへ		ーキ	ムイ
殿神	の**主**	はられそ		にとこま	ばらな〜しも
連単男	固	代		接	接

הֵיטֵיב֙	תֵּיטִ֔יבוּ	אֶת־	דַּרְכֵיכֶ֖ם	וְאֶת־	מַֽעַלְלֵיכֶ֑ם
ヴテへ	ヴーィテテ	トッエ	ムへヘルダ	トッエェヴ	ムへれるアマ
	るすく良にか確が達たなあ	を	道の達たなあ	を〜と	いな行の達たなあ
不ヒ	複男2未ヒ	前	尾・複女	前・接	尾・複男

寄留の外国人、孤児、寡婦を虐げず、無実の人の血を流さず、異教の神々に従うことなく、自ら災いを招い

אִם־	עָשׂ֤וֹ	תַעֲשׂוּ֙	מִשְׁפָּ֔ט	בֵּ֥ין	אִ֖ישׁ	וּבֵ֥ין
ムイ	ーソア	ースアタ	トッパュシミ	ンイべ	ュシーイ	ンイェヴウ
ばらな〜しも		うな行にか確が達たなあ	を正公	間の	人	間の〜と
接	不パ	複男2未パ	単男	前	単男	前・接

רֵעֵֽהוּ׃	6	גֵּ֣ר	יָת֤וֹם	וְאַלְמָנָה֙	לֹ֣א	תַעֲשֹׁ֑קוּ
ーフーエレ		ルゲ	ムトヤ	ーナマるアェヴ	ーろ	ークーョシアタ
人隣の彼		を者留寄	をごしなみ	を婦寡と		にうよいなげ虐は達たなあ
尾・単男		単男	単男	単女・接	副	停複男2未パ

וְדָ֣ם	נָקִ֗י	אַל־	תִּשְׁפְּכ֖וּ	בַּמָּק֣וֹם	הַזֶּ֑ה
ムダェヴ	ーキナ	るア	ーふぺュシィテ	ムコマバ	ゼハ
を血てしそ	い清		なす出ぎ注は達たなあ	で所場	のこ
単男・接	単男形	副	複男2未パ	単男・冠前	代・冠

וְאַחֲרֵ֨י	אֱלֹהִ֧ים	אֲחֵרִ֛ים	לֹ֥א	תֵלְכ֖וּ
ーレはアェヴ	ムーヒろエ	ムーリへア	ーろ	ーふれテ
に後の〜てしそ	々神	の他		にうよいなか行は達たなあ
前・接	複男	複男形	副	複男2未パ

---

4. אַל־תִּבְטְחוּ ＝アル禁止形.

5. הֵיטֵיב תֵּיטִיבוּ ＝√ יטב , 独立不定詞＋未完了で強調.

עָשׂוֹ תַעֲשׂוּ ＝√ עשה , 独立不定詞＋未完了で強調.

6. לֹא תֵלְכוּ , לֹא תַעֲשֹׁקוּ ＝ロー禁止形.

אַל־תִּשְׁפְּכוּ ＝アル禁止形.

הָלַךְ > תֵּלְכוּ

לְרַ֫ע	לָכֶֽם׃	7	וְשִׁכַּנְתִּ֤י	אֶתְכֶם֙	בַּמָּק֣וֹם
ーラれ	ムへら		ィテンカシェヴ	ムへゥトエ	ムコマバ
にい災	てっとに達たなあ		るせま住は私とるす	を達たなあ	に所場
単男・前	尾・前		単1完ピ・倒	尾・前	単男・冠前

הַזֶּה	בָּאָ֫רֶץ	אֲשֶׁר	נָתַתִּי	לַאֲבוֹתֵיכֶם	לְמִן־
ゼハ	ツレアバ	ルェシア	ィテタナ	ムへテォヴアら	ンミれ
のこ	に地	のろこと〜	たえ与が私	に達祖父の達たなあ	らか
代・冠	単女・冠前	関	単1完パ	尾・複男・前	前・前

עוֹלָם	וְעַד־	עוֹלָֽם׃	8	הִנֵּה	אַתֶּם֙	בֹּטְחִים
ムらオ	ドッアェヴ	ムらオ		ネヒ	ムテア	ムーひテボ
遠永	でま〜てしそ	遠永		よ見	は達たなあ	るいてし頼信
単男	前・接	単男		間	代	複男分パ

לָכֶם	עַל־	דִּבְרֵי	הַשָּׁקֶר	לְבִלְתִּי	הוֹעִיל׃
ムへら	るア	ーレヴィデ	ルケャシハ	ィテるィヴれ	るーイホ
にめたの達たなあ	に上の	葉言	のり偽	いなた立に役	
代・前	前	連複男	停単男・冠	前・前	不ヒ

9	הֲגָנֹב	רָצֹחַ֙	וְנָאֹף	וְהִשָּׁבֵעַ	לַשָּׁקֶר
	ヴーノガハ	はアォツラ	フオナェヴ	アェヴャシヒェヴ	ルケェシら
	かの〜む盗	るす人殺	るす淫姦てしそ	う誓てしそ	にり偽
	不パ・疑	不パ	不パ・接	不ニ・接	単男・冠前

וְקַטֵּר	לַבָּעַל	וְהָלֹךְ	אַחֲרֵי	אֱלֹהִים	אֲחֵרִים
ルテカェヴ	るアバら	ふろハェヴ	ーレはア	ムーヒろエ	ムーリへア
くたを香てしそ	にルアバ	く行てしそ	に後の	々神	の他
不ピ・接	単男・冠前	不パ・接	前	複男	複男形

אֲשֶׁר	לֹא־	יְדַעְתֶּֽם׃	10	וּבָאתֶם
ルェシア	ーろ	ムテーダェイ		ムテァヴウ
のろこと〜		たっかなら知が達たなあ		る来は達たなあしかし
関	副	複男2完パ		複男2完パ・倒

וַעֲמַדְתֶּם	לְפָנַי	בַּבַּיִת	הַזֶּה֙	אֲשֶׁר	נִקְרָא־
ムテゥドマアァヴ	イナァフれ	トイババ	ゼハ	ルェシア	ーラクニ
つ立は達たなあてしそ	に前面の私	で家	のこ	のろこと〜	たれば呼
複男2完パ・倒	尾・複女・前	単男・冠前	代・冠	関	単男3完ニ

てはならない。7 そうすれば、わたしはお前たちを先祖に与えたこの地、この所に、とこしえからとこしえまで住まわせる。8 しかし見よ、お前たちはこのむなしい言葉に依り頼んでいるが、それは救う力を持たない。9 盗み、殺し、姦淫し、偽って誓い、バアルに香をたき、知ることのなかった異教の神々に従いながら、10 わたしの名によって呼ばれるこの神殿に来てわ

---

7. נָתַתִּי < נָתַן

8. הוֹעִיל = √ יעל

9. הֲגָנֹב = 疑問辞 הֲ はこの後に続く不定詞の動詞にもかかる.

יְדַעְתֶּם < יָדַע

10. בַּבַּיִת = 神殿を指す.

לְמַעַן	נִצַּלְנוּ	וַאֲמַרְתֶּם	עָלָיו	שְׁמִי
ンアマれ	ヌるァツニ	ムテルマアァヴ	ヴらア	ーミェシ
にめたの	たれさ出い救は達私	う言は達たなあてしそ	ていつにれそ	が名の私
前	複1完ニ	複男2完パ・倒	尾・前	尾・単男

הַמְּעָרַת	11	הָאֵלֶּה׃	הַתּוֹעֵבוֹת	כָּל־	אֵת	עֲשׂוֹת
トッラアムハ		れーエハ	トッォヴエトハ	るコ	トッエ	トッソア
かの〜穴洞		のられこ	々事きべう嫌み忌	のて全	を	とこうな行
連単女・疑		代・冠	複女	連単男	前	不パ

שְׁמִי	נִקְרָא־	אֲשֶׁר־	הַזֶּה	הַבַּיִת	הָיָה	פָּרִצִים
ーミェシ	ーラクニ	ルェシア	ゼハ	トイバハ	ーヤハ	ムーィツリパ
が名の私	たれば呼	のろこと〜	のこ	は家	たっなと〜	のちた盗強
尾・単男	単男3完ニ	関	代・冠	単男・冠	単男3完パ	複男

רָאִיתִי	הִנֵּה	אָנֹכִי	גַּם	בְּעֵינֵיכֶם	עָלָיו
ィテーイラ	ーネヒ	ーひノア	ムガ	ムヘーネーエベ	ヴーらア
た見は私	よ見	私	たまも〜	に目両の達たなあ	ていつにれそ
単1完パ	間	代	接	尾・双女・前	尾・前

たしの前に立ち、『救われた』と言うのか。お前たちはあらゆる忌むべきことをしているではないか。11 わたしの名によって呼ばれるこの神殿は、お前たちの目に強盗の巣窟と見えるのか。そのとおり。わたしにもそう見える、と主は言われる。

מְקוֹמִי	אֶל־	נָא	לְכוּ־	כִּי	12	יְהוָה׃	נְאֻם־
ーミコメ	るエ	ーナ	ーふれ	ーキ		イナドア	ムウネ
所場の私	に	あさ	け行は達たなあ	にとこま		の**主**	げ告み
尾・単男	前	副	複男2命パ	接		固	連単男

שָׁם	שְׁמִי	שִׁכַּנְתִּי	אֲשֶׁר	בְּשִׁילוֹ	אֲשֶׁר
ムャシ	ーミェシ	ィテンカシ	ルェシア	ろシベ	ルェシア
にこそ	を名の私	たせま住が私	のろこと〜	にロシ	のろこと〜
副	尾・単男	単1完ピ	関	固・前	関

לוֹ	עָשִׂיתִי	אֲשֶׁר־	אֵת	וּרְאוּ	בָּרִאשׁוֹנָה
ーろ	ィテーィスア	ルェシア	トッエ	ーウルウ	ーナョシリバ
にれそ	たっな行が私	のろこと〜	を	ろ見は達たなあてしそ	に初最
尾・前	単1完パ	関	前	複男2命パ・接	単女形・冠前

יַעַן	וְעַתָּה	13	יִשְׂרָאֵל׃	עַמִּי	רָעַת	מִפְּנֵי
ンアヤ	ータアエヴ		るエラスイ	ーミア	トッアラ	ーネぺミ
に故の〜	今てしそ		ルエラスイ	の民の私	の悪	に故
副	副・接		固男	尾・単男	連単女	連複女・前

12 シロのわたしの聖所に行ってみよ。かつてわたしはそこにわたしの名を置いたが、わが民イスラエルの悪のゆえに、わたしがそれをどのようにしたかを見るがよい。13 今や、お前たちがこれらのことをしたから

---

10. נִצַּלְנוּ < נִצַּל = √ נצל　　　עָשִׂיתִי < עָשָׂה

הַתּוֹעֵבוֹת = √ תעב , cf. תִּעֵב「忌み嫌う」

11. רָאִיתִי < רָאָה

12. לְכוּ < הָלַךְ

וּרְאוּ < רָאָה

――と主は言われる――そしてわたしが先に繰り返し
語ったのに、その言葉に従わず、呼びかけたのに答え
なかったから、14 わたしの名によって呼ばれ、お前た
ちが依り頼んでいるこの神殿に、そしてお前たちと先
祖に与えたこの所に対して、わたしはシロにしたよう
にする。15 わたしは、お前たちの兄弟である、エフラ

עֲשׂוֹתְכֶם	אֶת־	כָּל־	הַמַּעֲשִׂים	הָאֵלֶּה	נְאֻם־
ムヘテソア	トッエ	るコ	ムーィスアマハ	れーエハ	ムウネ
とこうな行が達たなあ	を	のて全	業	のられこ	げ告み
尾・不パ	前	連単男	複男・冠	代・冠	連単男

יְהוָה	וָאֲדַבֵּר	אֲלֵיכֶם	הַשְׁכֵּם	וְדַבֵּר
イナドア	ルベダアァヴ	ムヘれア	ムケュシハ	ルベダェヴ
の**主**	たっ語は私てしそ	に達たなあ	るす〜も度何	をとこる語てしそ
固	単1未ピ・倒	尾・前	不ヒ	不ピ・接

וְלֹא	שְׁמַעְתֶּם	וָאֶקְרָא	אֶתְכֶם
ーろェヴ	ムテーマェシ	ーラクエァヴ	ムヘゥトエ
しかし	たっかなか聞は達たなあ	だん呼は私てしそ	を達たなあ
副・接	複男2完パ	単1未パ・倒	尾・前

וְלֹא	עֲנִיתֶם׃	14 וְעָשִׂיתִי	לַבַּיִת	אֲשֶׁר
ーろェヴ	ムテニア	ィティスアェヴ	トイバら	ルェシア
しかし	たっかなえ答は達たなあ	うな行は私てしそ	に家	のろこと〜
副・接	複男2完パ	単1完パ・倒	単男・冠前	関

נִקְרָא־	שְׁמִי	עָלָיו	אֲשֶׁר	אַתֶּם	בֹּטְחִים
ーラクニ	ーミェシ	ヴらア	ルェシア	ムテア	ムーひテボ
たれば呼	が名の私	ていつにれそ	のろこと〜	が達たなあ	るいてし頼信
単男3完ニ	尾・単男	尾・前	関	代	複男分パ

בּוֹ	וְלַמָּקוֹם	אֲשֶׁר־	נָתַתִּי	לָכֶם
ーボ	ムコマらェヴ	ルェシア	ィテタナ	ムへら
にれそ	に所場てしそ	のろこと〜	たえ与が私	に達たなあ
尾・前	単男・冠前・接	関	単1完パ	尾・前

וְלַאֲבוֹתֵיכֶם	כַּאֲשֶׁר	עָשִׂיתִי	לְשִׁלוֹ׃
ムヘティォヴアらェヴ	ルェシアカ	ィティスア	ろシれ
に達祖父の達たなあと	にうよ〜	たっな行が私	にロシ
尾・複男・前・接	関・前	単1完パ	固・前

15 וְהִשְׁלַכְתִּי	אֶתְכֶם	מֵעַל	פָּנָי	כַּאֲשֶׁר
ィテふらュシヒェヴ	ムヘゥトエ	るアメ	イナパ	ルェシアカ
るげ投は私てしそ	を達たなあ	らか上の	顔の私	にうよの
単1完ヒ・倒	尾・前	前・前	停尾・複女	関・前

---

13. עֲשׂוֹתְכֶם < עָשָׂה，不定詞に付く人称接尾辞が意味上の主語.

הַשְׁכֵּם ＝原意は「朝早く起きる」

עֲנִיתֶם < עָנָה

14. נָתַתִּי < נָתַן

הִשְׁלַכְתִּי	אֶת־	כָּל־	אֲחֵיכֶם	אֵת	כָּל־	זֶרַע
ィテふらュシヒ	トッエ	るコ	ムヘヘア	トッエ	るコ	ラゼ
たげ投が私	を	のて全	達弟兄の達たなあ	を	のて全	孫子
単1完ヒ	前	連単男	尾・複男	前	連単男	連単男

אֶפְרָיִם׃	16 וְאַתָּה	אַל־	תִּתְפַּלֵּל	בְּעַד־	הָעָם
ムイラフエ	ータアエヴ	るア	るれパゥトィテ	ドッアベ	ムアハ
のムイラフエ	はたなあてしそ		なる祈はたなあ	にめたの	民
停男固	代・接	副	単男2未ト	前・前	単男・冠

הַזֶּה	וְאַל־	תִּשָּׂא	בַעֲדָם	רִנָּה	וּתְפִלָּה
ゼハ	るアェヴ	ーサィテ	ムダアァヴ	ーナリ	ーらィフゥトウ
のこ		なるげ上はたなあてしそ	にめたのら彼	を声び叫	をり祈と
代・冠	副・接	単男2未パ	尾・前	単女	単女・接

וְאַל־	תִּפְגַּע־	בִּי	כִּי־	אֵינֶנִּי	שֹׁמֵעַ
るアェヴ	ーガフィテ	ービ	ーキ	ニーネーエ	アメョシ
	なるす願嘆はたなあてしそ	に私	らか～らなぜな	いなか聞は私	
副・接	単男2未パ	尾・前	接	尾・副	単男分パ

אֹתָךְ׃	17 הַאֵינְךָ	רֹאֶה	מָה	הֵמָּה	עֹשִׂים
フタオ	ーはンエハ	ーエロ	ーマ	マーヘ	ムーィスオ
をたなあ	かのいな見はたなあ		を何	がら彼	るいてっな行
停尾・前	尾・副・疑	単男分パ	疑	代	複男分パ

בְּעָרֵי	יְהוּדָה	וּבְחֻצוֹת	יְרוּשָׁלָםִ׃	18 הַבָּנִים
ーレアベ	ーダフェイ	トッオツふヴウ	ムイらャシルェイ	ムーニバハ
で々町	のダユ	で路街と	のムレサルエ	は達子息
連複女・前	男固	連複男・前・接	停固	複男・冠

מְלַקְּטִים	עֵצִים	וְהָאָבוֹת	מְבַעֲרִים	אֶת־	הָאֵשׁ
ムーィテケらメ	ムーィツエ	トッオヴアハェヴ	ムーリアァヴメ	トッエ	ュシエハ
るいてめ集い拾	を々木	は達父てしそ	るいてしや燃	を	火
複男分ピ	複男	複男・冠・前	複男分ピ	前	単女・冠

וְהַנָּשִׁים	לָשׁוֹת	בָּצֵק	לַעֲשׂוֹת	כַּוָּנִים	לִמְלֶכֶת
ムーシナハェヴ	トッョシら	クッェツバ	トッソアら	ムーニァヴカ	トッヘれムり
は達女てしそ	るいてねこ	を粉り練	にめたる作	を子菓の物げ捧	にめたの王女
複女・冠・接	単女分パ	単男	不パ・前	複男	連単女・前

イムの子孫をすべて投げ捨てたように、お前たちをわ
たしの前から投げ捨てる。」
16あなたはこの民のために祈ってはならない。彼ら
のために嘆きと祈りの声をあげてわたしを煩わすな。

わたしはあなたに耳を傾けない。17ユダの町々、エル
サレムの巷で彼らがどのようなことをしているか、あ
なたには見えないのか。18子らは薪を集め、父は火を
燃やし、女たちは粉を練り、天の女王のために献げ物
の菓子を作り、異教の神々に献げ物のぶどう酒を注い

---

15. זֶרַע ＝原意は「種」

16. וְאַל־תִּפְגַּע , וְאַל־תִּשָּׂא , אַל־תִּתְפַּלֵּל ＝アル禁止形.

וְאַל־תִּפְגַּע־בִּי ＝別「あなたは私に執り成すな」

17. וּבְחֻצוֹת < חוּץ , 原意は「外」

18. לָשׁוֹת ＝√ לוש

כַּוָּנִים < כַּוָּן , 異教の神に捧げるための菓子か.

לִמְלֶכֶת < מְלֶכֶת , מְלֶכֶת , cf. מֶלֶךְ「王」

לִמְלֶכֶת הַשָּׁמַיִם ＝「天の女王」とは異教の女神を指す.

ヘブライ語	読み	意味	文法
הַשָּׁמַיִם	ハシャマイム	天の	双男・冠
וְהַסֵּךְ	ヴェハセフ	そして注ぐために	不ヒ・接
נְסָכִים	ネサヒーム	注ぎ献げ物を	複男
לֵאלֹהִים	レロヒーム	神々に	複男・前
אֲחֵרִים	アヘリーム	他の	複男形

ヘブライ語	読み	意味	文法
לְמַעַן	レマアン	ために	前
הַכְעִסֵנִי׃	ハふイセーニ	私を怒らせる	尾・不ヒ
19 הַאֹתִי	ハオティ	私を～か	尾・前・疑
הֵם	ヘム	彼らは	代
מַכְעִסִים	マふイスィーム	怒らせている	複男分ヒ
נְאֻם־	ネウム	み告げ	連単男

ヘブライ語	読み	意味	文法
יְהוָה	アドナイ	主の	固
הֲלוֹא	ハロー	～ではないか	副・疑
אֹתָם	オタム	彼らを	尾・前
לְמַעַן	レマアン	ための	前
בֹּשֶׁת	ボシェット	恥	連単女
פְּנֵיהֶם׃	ペネヘム	彼らの顔の	尾・複女

ヘブライ語	読み	意味	文法
20 לָכֵן	らヘン	それ故に	副・前
כֹּה־	コー	このように	副
אָמַר	アマル	言った	単男3完パ
אֲדֹנָי	アドナイ	わが主は	尾・複男
יְהוִֹה	エロヒーム	神	固
הִנֵּה	ヒネ	見よ	間
אַפִּי	アピー	私の怒り	尾・単男

ヘブライ語	読み	意味	文法
וַחֲמָתִי	ヴァハマティ	そして私の憤りは	尾・単女・接
נִתֶּכֶת	ニテヘット	注がれる	単女分ニ
אֶל־	エル	に	前
הַמָּקוֹם	ハマコム	場所	単男・冠
הַזֶּה	ハゼ	この	代・冠
עַל־	アル	の上に	前
הָאָדָם	ハアダム	人間	単男・冠

ヘブライ語	読み	意味	文法
וְעַל־	ヴェアル	そして～の上に	前・接
הַבְּהֵמָה	ハベヘマー	家畜	単女・冠
וְעַל־	ヴェアル	そして～の上に	前・接
עֵץ	エツ	木	連単男
הַשָּׂדֶה	ハサデー	野の	単男・冠

ヘブライ語	読み	意味	文法
וְעַל־	ヴェアル	そして～の上に	前・接
פְּרִי	ペリー	実	連単男
הָאֲדָמָה	ハアダマー	土地の	単女・冠
וּבָעֲרָה	ウヴァアラー	そしてそれは燃える	単女3完パ・倒
וְלֹא	ヴェロー	そしてそれは	副・接
תִכְבֶּה׃	ティふベー	消えない	単女3未パ

ヘブライ語	読み	意味	文法
21 כֹּה	コー	このように	副
אָמַר	アマル	言った	単男3完パ
יְהוָה	アドナイ	主は	固
צְבָאוֹת	ツェヴァオット	万軍の	複男
אֱלֹהֵי	エロヘー	神	連複男
יִשְׂרָאֵל	イスラエル	イスラエルの	男固

で、わたしを怒らせている。
19 彼らはわたしを怒らせているのか——と主は言われる——むしろ、自らの恥によって自らを怒らせているのではないか。
20 それゆえ、主なる神はこう言われる。見よ、わたしの怒りと憤りが、この所で、人間、家畜、野の木、地の実りに注がれる。それは燃え上がり、消えることはない。
21 イスラエルの神、万軍の主はこう言われる。お前た

---

18. וְהַסֵּךְ < הִסִּיךְ = √ נסכ

נְסָכִים < נֶסֶךְ

הַכְעִסֵנִי < הִכְעִיס = √ כעס

20. יְהוִֹה = אֲדֹנָי の直後に来た場合は אֱלֹהִים (エろヒーム)と読む.

אַפִּי < אַף , 原意は「鼻」

נִתֶּכֶת < נִתַּךְ

ちの焼き尽くす献げ物の肉を、いけにえの肉に加えて食べるがよい。22 わたしはお前たちの先祖をエジプトの地から導き出したとき、わたしは焼き尽くす献げ物

זִבְחֵיכֶם	עַל־	סְפוּ	עֹלוֹתֵיכֶם
ムヘヘヴィズ	るア	ーフセ	ムヘテろオ
えにけいの達たなあ	に上の	ろえ加は達たなあ	を祭燔の達たなあ
尾・複男	前	複男2命パ	尾・複女

דִּבַּרְתִּי	לֹא־	כִּי	22	בָשָׂר׃	וְאִכְלוּ
イテルバィデ	ーろ	ーキ		ルサァヴ	ーるふイェヴ
たっかなら語は私		らか〜らなぜな		を肉	ろべ食は達たなあてしそ
単1完ピ	副	接		単男	複男2命パ・接

הוֹצִיאִ	בְּיוֹם	צִוִּיתִים	וְלֹא	אֲבוֹתֵיכֶם	אֶת־
ーイィツホ★	ムヨベ	ムーィティヴィツ	ーろェヴ	ムヘテォヴア	トッエ
たし出が私	に日	たっかなじ命にら彼は私てしそ		達祖父の達たなあ	に
尾・不ヒ	単男・前	尾・単1完ピ	副・接	尾・複男	前

וָזָבַח׃	עוֹלָה	דִּבְרֵי	עַל־	מִצְרָיִם	מֵאֶרֶץ	אוֹתָם
ふァヴザァヴ	ーらオ	ーレヴィデ	るア	ムイラツミ	ツレエメ	ムタオ
えにけいと	の祭燔	々事	ていつに	のトプジエ	らか地	をら彼
停単男・接	単女	連複男	前	停固	連単女・前	尾・前

やいけにえについて、語ったことも命じたこともない。23 むしろ、わたしは次のことを彼らに命じた。「わたしの声に聞き従え。そうすれば、わたしはあなたたちの神となり、あなたたちはわたしの民となる。わたしが命じる道にのみ歩むならば、あなたたちは幸いを

אוֹתָם	צִוִּיתִי	הַזֶּה	הַדָּבָר	אֶת־	אִם־	כִּי	23
ムタオ	ィティヴィツ	ゼハ	ルァヴダハ	トッエ	ムイ	ーキ	
にら彼	たじ命は私	のこ	事	を	くなはでうそ		
尾・前	単1完ピ	代・冠	単男・冠	前	接	接	

לָכֶם	וְהָיִיתִי	בְּקוֹלִי	שִׁמְעוּ	לֵאמֹר
ムへら	ィテーイハェヴ	ーりコェヴ	ーウムシ	ルーモれ
の達たなあ	るなは私てしそ	に声の私	け聞は達たなあ	てっ言と〜
尾・前	単1完パ・倒	尾・単男・前	複男2命パ	不パ・前

לְעָם	לִי	תִּהְיוּ־	וְאַתֶּם	לֵאלֹהִים
ムアれ	ーり	ーユフィテ	ムテアェヴ	ムーヒろれ
に民	の私	るな	は達たなあてしそ	に神
単男・前	尾・前	複男2未パ	代・接	複男・前

אֲצַוֶּה	אֲשֶׁר	הַדֶּרֶךְ	בְּכָל־	וַהֲלַכְתֶּם
ーェヴァツア	ルェシア	ふレデハ	るほべ	ムテふらハァヴ
るじ命が私	のろこと〜	道	に〜のて全	む歩は達たなあてしそ
単1未ピ	関	単女・冠	連単男・前	複男2完パ・倒

---

21. עֹלוֹתֵיכֶם < עוֹלָה , cf. עָלָה「上る」

סְפוּ < יָסַף

זִבְחֵיכֶם < זֶבַח , cf. זָבַח「屠る」

22. צִוִּיתִים < צָוָה

הוֹצִיאִי Ⓟ , הוֹצִיא Ⓒ

23. צִוִּיתִי , אֲצַוֶּה < צָוָה

וְהָיִיתִי , תִּהְיוּ < הָיָה

וַהֲלַכְתֶּם < הָלַךְ

「得る。」24しかし、彼らは聞き従わず、耳を傾けず、彼らのかたくなで悪い心のたくらみに従って歩み、わたしに背を向け、顔を向けなかった。25お前たちの先祖がエジプトの地から出たその日から、今日に至るまで、わたしの僕である預言者らを、常に繰り返しお前たちに遣わした。26それでも、わたしに聞き従わず、耳を傾けず、かえって、うなじを固くし、先祖よりも

אֶתְכֶם	לְמַעַן	יִיטַב	לָכֶם׃	24 וְלֹא	שָׁמְעוּ
エトゥヘム	レマアン	イタヴ	ラヘム	ヴェロー	シャメウー
あなた達に	ために	良くなる	あなた達に	しかし彼らは聞かなかった	
尾・前	前	単男3未パ	尾・前	副・接	複3完パ

וְלֹא־	הִטּוּ	אֶת־	אָזְנָם	וַיֵּלְכוּ	בְּמֹעֵצוֹת
ヴェロー	ヒトゥ	エトゥ	オズナム	ヴァイェルフー	ベモエツォトゥ
そして傾けなかった		を	彼らの耳	そして彼らは歩んだ	計りごとに
副・接	複3完ヒ	前	尾・単女	複男3未パ・倒	複女・前

בִּשְׁרִרוּת	לִבָּם	הָרָע	וַיִּהְיוּ	לְאָחוֹר
ビシュリルートゥ	リバム	ハラー	ヴァイフユー	レアホール
頑なさに	彼らの心の	悪い	そして彼らはなった	後ろに
連単女・前	尾・単男	単男形・冠	複男3未パ・倒	単男・前

וְלֹא	לְפָנִים׃	25 לְמִן־	הַיּוֹם	אֲשֶׁר
ヴェロー	レファニーム	レミン	ハヨム	アシェル
そして〜ではない	前に	から	日	〜ところの
副・接	複女・前	前・前	単男・冠	関

יָצְאוּ	אֲבוֹתֵיכֶם	מֵאֶרֶץ	מִצְרַיִם	עַד	הַיּוֹם	הַזֶּה
ヤツェウー	アヴォテヘム	メエレツ	ミツライム	アドゥ	ハヨム	ハゼ
出た	あなた達の先祖達が	地から	エジプトの	まで	日	この
複3完パ	尾・複男	連単女・前	固	前	単男・冠	代・冠

וָאֶשְׁלַח	אֲלֵיכֶם	אֶת־	כָּל־	עֲבָדַי	הַנְּבִיאִים
ヴァエシュラフ	アレヘム	エトゥ	コル	アヴァダイ	ハネヴィイーム
そして私は遣わした	あなた達に	を	全ての	私の奴隷達	預言者達
単1未パ・倒	尾・前	前	連単男	尾・複男	複男・冠

יוֹם	הַשְׁכֵּם	וְשָׁלֹחַ׃	26 וְלוֹא	שָׁמְעוּ
ヨム	ハシュケム	ヴェシャロアハ	ヴェロー	シャメウー
日	何度も〜する	そして遣わすことを	しかし彼らは聞かなかった	
単男	不ヒ	不パ・接	副・接	複3完パ

אֵלַי	וְלֹא	הִטּוּ	אֶת־	אָזְנָם	וַיַּקְשׁוּ	אֶת־
エライ	ヴェロー	ヒトゥ	エトゥ	オズナム	ヴァヤクシュー	エトゥ
私に	そして傾けなかった		を	彼らの耳	そして彼らは固くした	を
尾・前	副・接	複3完ヒ	前	尾・単女	複男3未ヒ・倒	前

---

23. יִיטַב < יָטַב , cf. טוֹב「良い」

24. הִטּוּ < הִטָּה =√ נטה

בְּמֹעֵצוֹת < מוֹעֵצָה =√ יעצ , cf. יָעַץ「計画する」

לְפָנִים < פָּנִים , 原意は「顔」

25. יוֹם הַשְׁכֵּם וְשָׁלֹחַ =‘日々繰り返し遣わした’の意.

הַשְׁכֵּם =原意は「朝早く起きる」

悪い者となった。
27 あなたが彼らにこれらすべての言葉を語っても、
彼らはあなたに聞き従わず、呼びかけても答えないで
あろう。28 それゆえあなたは彼らに言うがよい。「これ
は、その神、主の声に聞き従わず、懲らしめを受け入
れず、その口から真実が失われ、断たれている民だ。」
29「お前の長い髪を切り、それを捨てよ。
裸の山々で哀歌をうたえ。

עָרְפָּם	הֵרֵעוּ	מֵאֲבוֹתָם׃	27 וְדִבַּרְתָּ
オルパム	ヘレーウー	メアヴォタム	ヴェディバルター
彼らのうなじ	彼らは悪を行なった	彼らの父祖達より	そしてあなたは語る
前・男単	ヒ完3複	前・男複・尾	倒・ピ完2男単

אֲלֵיהֶם֙	אֵת־	כָּל־	הַדְּבָרִים	הָאֵלֶּה	וְלֹא	יִשְׁמְעוּ
アレヘム	エット	コル	ハデヴァーリーム	ハエレ	ヴェロー	イシュメウー
彼らに	を	全ての	言葉	これらの	しかし彼らは	聞かない
前・尾	前	男単連	冠・男複	冠・代	接・副	パ未3男複

אֵלֶיךָ	וְקָרָאתָ	אֲלֵיהֶם	וְלֹא	יַעֲנוּכָה׃
エーレーハ	ヴェカーラーター	アレヘム	ヴェロー	ヤアヌーハ
あなたに	そしてあなたは呼ぶ	彼らを	しかし彼らは	あなたに答えない
前・尾	倒・パ完2男単	前・尾	接・副	パ未3男複・尾

28 וְאָמַרְתָּ	אֲלֵיהֶם	זֶה	הַגּוֹי	אֲשֶׁר
ヴェアーマルター	アレヘム	ゼ	ハゴイ	アシェル
そしてあなたは言う	彼らに	これは	民族	〜ところの
倒・パ完2男単	前・尾	代	冠・男単	関

לוֹא־	שָׁמְעוּ	בְּקוֹל	יְהוָה	אֱלֹהָיו	וְלֹא	לָקְחוּ
ロー	シャーメウー	ベコール	アドナイ	エロハーヴ	ヴェロー	ラーケフー
	聞かなかった	声に	**主**の	彼らの神	そして彼らは	受け取らなかった
副	パ完3複	前・男単連	固	男複・尾	接・副	パ完3複

מוּסָר	אָבְדָה	הָאֱמוּנָה	וְנִכְרְתָה	מִפִּיהֶם׃
ムサール	アーヴェダー	ハエムナー	ヴェニフレター	ミピーヘム
諭しを	滅びた	真実は	そして断たれた	彼らの口から
男単	パ完3女単	冠・女単	接・ニ完3女単	前・男単・尾

29 גָּזִּי	נִזְרֵךְ	וְהַשְׁלִיכִי	וּשְׂאִי
ガズィ	ニズレフ	ヴェハシュリーヒー	ウセイー
あなたは刈れ	あなたの長い髪を	そしてあなたは投げろ	そしてあなたは上げろ
パ命2女単	男単・尾	接・ヒ命2女単	接・パ命2女単

עַל־	שְׁפָיִם	קִינָה	כִּי	מָאַס	יְהוָה
アル	シェファイム	キナー	キー	マアス	アドナイ
の上に	裸の丘々	哀歌を	なぜなら〜から	拒んだ	**主**は
前	男複	女単	接	パ完3男単	固

---

26. הֵרֵעוּ < הֵרַע =√ רעע , cf. רַע「悪い」

27. יַעֲנוּכָה < עָנָה

28. מוּסָר =名「懲らしめを」

וְנִכְרְתָה < נִכְרַת

מִפִּיהֶם < פֶּה

29. גָּזִּי < גָּזַז

נִזְרֵךְ < נֵזֶר , ナジル人が誓願を立てる際に伸ばした髪(cf.民6章).

וּשְׂאִי < נָשָׂא

שְׁפָיִם < שְׁפִי =√ שפה , cf. נִשְׁפֶּה「はげる」

主を怒らせたこの世代を
主は退け、見捨てられた。」
30 まことに、ユダの人々はわたしの目の前で悪を
行った、と主は言われる。わたしの名によって呼ばれ
るこの神殿に、彼らは憎むべき物を置いてこれを汚し
た。31 彼らはベン・ヒノムの谷にトフェトの聖なる高
台を築いて息子、娘を火で焼いた。このようなことを
わたしは命じたこともなく、心に思い浮かべたことも
ない。32 それゆえ、見よ、もはやトフェトとかベン・
ヒノムの谷とか呼ばれることなく、殺戮の谷と呼ばれ

וַיִּטֹּשׁ	אֶת־	דּוֹר	עֶבְרָתוֹ׃	30	כִּי־	עָשׂוּ
ュシトイアヴ	トッエ	ルド	ートラヴエ		ーキ	ースア
たし放見てしそ	を	代世	の激憤の彼		らか〜らなぜな	たっな行
単男3未パ・倒	前	連単男	尾・単女		接	複3完パ

בְנֵי־	יְהוּדָה	הָרַע	בְּעֵינַי	נְאֻום־	יְהוָה	שָׂמוּ
ーネェヴ	ーダフェイ	ーラハ	イナーエベ	ムウネ	イナドア	ームーサ
は達子息	のダユ	を悪	に目の私	げ告み	の**主**	たい置はら彼
連複男	男固	単男・冠	尾・双女・前	連単男	固	複3完パ

שִׁקּוּצֵיהֶם	בַּבַּיִת	אֲשֶׁר־	נִקְרָא־	שְׁמִי	עָלָיו
ムヘェツクシ	トイババ	ルェシア	ーラクニ	ーミェシ	ヴラア
をのもいしわま忌のら彼	に家	のろこと〜	たれば呼	が名の私	に上のそ
尾・複男	単男・冠前	関	単男3完ニ	尾・単男	尾・前

לְטַמְּאוֹ׃	31	וּבָנוּ	בָּמוֹת	הַתֹּפֶת	אֲשֶׁר
ーオメタれ		ーヌァヴウ	トッモバ	トッェフトハ	ルェシア
にめたす汚をれそ		たて建はら彼てしそ	を所き高	のトェフト	のろこと〜
尾・不ピ・前		複3完パ・接	連複女	固・冠	関

בְּגֵיא	בֶן־	הִנֹּם	לִשְׂרֹף	אֶת־	בְּנֵיהֶם	וְאֶת־
ーゲベ	ンェヴ	ムノヒ	フロスり	トッエ	ムヘネベ	トッエェヴ
に谷	のムノヒ・ンベ		にめたく焼	を	達子息のら彼	を〜と
連単男・前	固		不パ・前	前	尾・複男	前・接

בְּנֹתֵיהֶם	בָּאֵשׁ	אֲשֶׁר	לֹא	צִוִּיתִי	וְלֹא	עָלְתָה
ムヘテノベ	ュシエバ	ルェシア	ーろ	ィテーィヴィツ	ーろェヴ	ータれア
達娘のら彼	で火	のろこと〜		たっかなじ命が私		たっかなら上てしそ
尾・複女	単女・冠前	関	副	単1完ピ	副・接	単女3完パ

עַל־	לִבִּי׃	32	לָכֵן	הִנֵּה־	יָמִים	בָּאִים	נְאֻם־
るア	ーびり		ンへら	ネヒ	ームーミヤ	ムーイバ	ムウネ
に上の	心の私		に故れそ	よ見	が々日	るいて来	げ告み
前	尾・単男		副・前	間	複男	複男分パ	連単男

יְהוָה	וְלֹא־	יֵאָמֵר	עוֹד	הַתֹּפֶת	וְגֵיא	בֶן־	הִנֹּם
イナドア	ーろェヴ	ルメアェイ	ドッオ	トッェフトハ	ーゲェヴ	ンェヴ	ムノヒ
の**主**	いなれわ言てしそ		にらさ	トェフト	谷てしそ	のムノヒ・ンベ	
固	副・接	単男3未ニ	副	固・冠	連単男・接		固

---

30. נְאֻום־ ＝レニングラード写本のみこの綴り. 他の写本では נְאֻם .

שִׁקּוּצֵיהֶם < שִׁקּוּץ ＝√ שקץ , cf. שָׁקַץ「忌み嫌う」

31. וּבָנוּ < בָּנָה

הַתֹּפֶת ＝モレク礼拝に関する言葉. ヒンノムの谷にある場所を指すのか, 礼拝の特定の方法を指すのかは不明(cf.列下23:10).

צִוִּיתִי < צָוָה

עָלְתָה < עָלָה

ヘブライ語	読み	訳	文法
כִּֽי־	キー	そうではなく	接
אִם־	イム		接
גֵּ֣יא	ゲー	谷	連単男
הַהֲרֵגָ֗ה	ハハレガー	殺害の	単女・冠
וְקָבְר֛וּ	ヴェカヴェルー	そして彼らは葬る	複3完パ・倒
בְתֹ֖פֶת	ヴェトフェット	トフェトに	固・前
מֵאֵ֥ין	メエン	ないために	副・前
מָקֽוֹם׃	マコーム	場所が	単男

ヘブライ語	読み	訳	文法
33 וְהָ֨יְתָ֜ה	ヴェハイェター	そしてなる	単女3完パ・倒
נִבְלַ֨ת	ニヴラット	死体は	連単女
הָעָ֥ם	ハアム	民の	単男・冠
הַזֶּה֙	ハゼ	この	代・冠
לְמַֽאֲכָ֔ל	レマアハル	食物に	単男・前

ヘブライ語	読み	訳	文法
לְע֣וֹף	レオフ	鳥のために	連単男・前
הַשָּׁמַ֔יִם	ハシャマイム	天の	双男・冠
וּלְבֶהֱמַ֖ת	ウレヴェヘマット	と家畜のために	連単女・前・接
הָאָ֑רֶץ	ハアレツ	地の	単女・冠
וְאֵ֖ין	ヴェエン	そしていない	副・接
מַחֲרִֽיד׃	マハリード	脅かす者は	単男分ヒ

ヘブライ語	読み	訳	文法
34 וְהִשְׁבַּתִּ֣י	ヴェヒシュバティ	そして私は絶やす	単1完ヒ・倒
מֵעָרֵ֤י	メアレー	町々から	連複女・前
יְהוּדָה֙	イェフダー	ユダの	男固
וּמֵֽחֻצוֹת֙	ウメフツォット	と街路から	連複男・前・接
יְר֣וּשָׁלִָ֔ם	イェルシャライム	エルサレムの	固

ヘブライ語	読み	訳	文法
ק֣וֹל	コール	声を	連単男
שָׂשׂוֹן֙	ササン	歓喜の	単男
וְק֣וֹל	ヴェコール	と声を	連単男・接
שִׂמְחָ֔ה	シムハー	喜びの	単女
ק֥וֹל	コール	声を	連単男
חָתָ֖ן	ハタン	花婿の	単男
וְק֣וֹל	ヴェコール	と声を	連単男・接
כַּלָּ֑ה	カラー	花嫁の	単女

ヘブライ語	読み	訳	文法
כִּ֧י	キー	まことに	接
לְחָרְבָּ֛ה	レホルバー	廃墟に	単女・前
תִּהְיֶ֖ה	ティフイェー	なる	単女3未パ
הָאָֽרֶץ׃	ハアレツ	地は	単女・冠

8

ヘブライ語	読み	訳	文法
1 בָּעֵ֣ת	バエット	時に	単女・冠前
הַהִ֣יא	ハヒー	その	代・冠
נְאֻם־	ネウム	み告げ	連単男
יְהוָ֡ה	アドナイ	**主**の	固
ויציאו	★ヨツィウー	彼らは出す	複男3未ヒ
אֶת־	エット	を	前

ヘブライ語	読み	訳	文法
עַצְמ֣וֹת	アツモット	骨々	連複女
מַלְכֵֽי־	マルヘー	王達の	連複男
יְהוּדָ֡ה	イェフダー	ユダの	男固
וְאֶת־	ヴェエット	と～を	前・接
עַצְמוֹת־	アツモット	骨々	連複女
שָׂרָיו֩	サラヴ	その長達の	尾・複男

る日が来る、と主は言われる。そのとき、人々はもはや余地を残さぬまで、トフェトに人を葬る。33 この民の死体は空の鳥、野の獣の餌食となる。それを追い払う者もない。34 わたしはユダの町々とエルサレムの巷から、喜びの声と祝いの声、花婿の声と花嫁の声を絶つ。この地は廃虚となる。

8

1 そのとき、と主は言われる。ユダのもろもろの王の骨、高官の骨、祭司の骨、預言者の骨、

---

32. מֵאֵין ＝前置詞 מֵ は理由を表す.

33. לְמַֽאֲכָל ＝√ אכל , cf. אָכַל「食べる」

מַחֲרִיד < הֶחֱרִיד ＝√ חרד , 分詞の名詞的用法.

34. וְהִשְׁבַּתִּי < הִשְׁבִּית ＝√ שבת

1. ויציאו (כ) , יוֹצִיאוּ (ק)

そしてエルサレムの住民の骨が、墓から掘り出され
る。2 それは、彼らが愛し、仕え、その後に従い、尋
ね求め、伏し拝んだ太陽や月、天の万象の前にさらさ
れ、集められることも葬られることもなく、地の面に
まき散らされて肥やしとなる。3 わたしが他のさまざ

הַנְּבִיאִים	עַצְמוֹת	וְאֵת	הַכֹּהֲנִים	עַצְמוֹת	וְאֶת־
ムーイィヴネハ	トッモツア	トッエヴ	ムーニハコハ	トッモツア	トッエヴ
の達者言預	々骨	を〜と	の達司祭	々骨	を〜と
複男・冠	連複女	前・接	複男・冠	連複女	前・接

מִקִּבְרֵיהֶם׃	יְרוּשָׁלִָם	יוֹשְׁבֵי־	עַצְמוֹת	וְאֵת
ムヘレヴキミ	ムイらャシルェイ	ーェヴェシヨ	トッモツア	トッエヴ
らか墓のら彼	にムレサルエ	達者るいでん住	々骨	を〜と
尾・複男・前	停固	連複男分パ	連複女	前・接

וּלְכֹל	וְלַיָּרֵחַ	לַשֶּׁמֶשׁ	וּשְׁטָחוּם	2
るほるウ	はアレヤらェヴ	ュシッメェシら	ムふタュシウ	
にめたの〜のて全と	にめたの月と	にめたの陽太	るげ広をられそはら彼てしそ	
連単男・前・接	単男・冠前・接	単男・冠前	尾・複3完パ・倒	

וַאֲשֶׁר	אֲהֵבוּם	אֲשֶׁר	הַשָּׁמַיִם	צְבָא
ルェシアァヴ	ムヴヘア	ルェシア	ムイマャシハ	ーァヴェツ
のろこと〜てしそ	たし愛をら彼がら彼	のろこと〜	の天	勢軍
関・接	尾・複3完パ	関	双男・冠	連単男

אַחֲרֵיהֶם	הָלְכוּ	וַאֲשֶׁר	עֲבָדוּם
ムヘレはア	ーふれハ	ルェシアァヴ	ムゥドァヴア
に後のら彼	たい歩がら彼	のろこと〜てしそ	たえ仕にら彼がら彼
尾・前	複3完パ	関・接	尾・複3完パ

הִשְׁתַּחֲווּ	וַאֲשֶׁר	דְּרָשׁוּם	וַאֲשֶׁר
ーヴはタュシヒ	ルェシアァヴ	ムュシラデ	ルェシアァヴ
たし伏れひがら彼	のろこと〜てしそ	ため求ね尋をら彼がら彼	のろこと〜てしそ
複3完ト	関・接	尾・複3完パ	関・接

עַל־	לְדֹמֶן	יִקָּבֵרוּ	וְלֹא	יֵאָסְפוּ	לֹא	לָהֶם
るア	ンメドれ	ールーェヴカイ	ーろェヴ	ーフセアェイ	ーろ	ムへら
に上の	にしや肥	いなれら葬はら彼てしそ		いなれらめ集はら彼		にら彼
前	単男・前	停複男3未ニ	副・接	複男3未ニ	副	尾・前

מֵחַיִּים	מָוֶת	וְנִבְחַר	3	יִהְיוּ׃	הָאֲדָמָה	פְּנֵי
ムーイはメ	トッェヴーマ	ルはヴニェヴ		ーュフイ	ーマダアハ	ーネペ
りよ生	が死	るれま望てしそ		るなはら彼	の地土	面
複男・前	単男	単男3完ニ・倒		複男3未パ	単女・冠	連複女

---

1. יוֹשְׁבֵי < יָשַׁב , 分詞の名詞的用法.
2. וּשְׁטָחוּם < שָׁטַח

אֲהֵבוּם < אָהַב

עֲבָדוּם < עָבַד

הָלְכוּ אַחֲרֵיהֶם =「後に歩く」で'従う'の意.

הִשְׁתַּחֲווּ < הִשְׁתַּחֲוָה = √ שחה

יֵאָסְפוּ < נֶאֱסַף

לְכֹל	הַשְּׁאֵרִית	הַנִּשְׁאָרִים	מִן־	הַמִּשְׁפָּחָה	הָרָעָה
るほれ	トーリエェシハ	ムーリアュシニハ	ンミ	ーはパュシミハ	ーアラハ
に～のて全	者のり残	るいてっ残	らか	族氏	い悪
連単男・前	単女・冠	複男分ニ・冠	前	単女・冠	単女形・冠

הַזֹּאת	בְּכָל־	הַמְּקֹמוֹת	הַנִּשְׁאָרִים	אֲשֶׁר
トッゾハ	るほべ	トッモコメハ	ムーリアュシニハ	ルェシア
のこ	で～のて全	所場	るいてっ残	のろこと～
代・冠	連単男・前	複男・冠	複男分ニ・冠	関

הִדַּחְתִּים	שָׁם	נְאֻם	יְהוָה	צְבָאוֹת׃
ムーィテふダヒ	ムャシ	ムウネ	イナドア	トッオァヴェツ
たっやい追をら彼が私	にこそ	げ告み	の**主**	の軍万
尾・単1完ヒ	副	連単男	固	複男

4

וְאָמַרְתָּ	אֲלֵיהֶם
ータルマアェヴ	ムヘれア
う言はたなあてしそ	にら彼
単男2完パ・倒	尾・前

כֹּה	אָמַר	יְהוָה
ーコ	ルマア	イナドア
にうよのこ	たっ言	は**主**
副	単男3完パ	固

הֲיִפְּלוּ	וְלֹא	יָקוּמוּ
ーるペイハ	ーろェヴ	ームークヤ
かの～るれ倒はら彼	はら彼てしそ	いならが上ち立
複男3未パ・疑	副・接	複男3未パ

אִם־	יָשׁוּב	וְלֹא	יָשׁוּב׃
ムイ	ヴーュシヤ	ーろェヴ	ヴーュシヤ
かの～	る帰は彼	は彼てしそ	いなら帰
接	単男3未パ	副・接	単男3未パ

5

מַדּוּעַ	שׁוֹבְבָה	הָעָם	הַזֶּה	יְרוּשָׁלִַם
アゥドマ	ーァヴェヴョシ	ムアハ	ゼハ	ムイらャシルェイ
かの～ぜな	たし信背	民	のこ	はムレサルエ
副	単女3完ピ	単男・冠	代・冠	固

まな場所に追いやった、この悪を行う民族の残りの者すべてにとって、死は生よりも望ましいものになる、と万軍の主は言われる。

民の背信

4 彼らに言いなさい。
主はこう言われる。
倒れて、起き上がらない者があろうか。
離れて、立ち帰らない者があろうか。
5 どうして、この民エルサレムは背く者となり

---

3. הַשְּׁאֵרִית =√ שאר , cf. נִשְׁאַר「残る」

הִדַּחְתִּים < הִדִּיחַ =√ נדח

4. הֲיִפְּלוּ < נָפַל

אִם =疑問辞 הֲ と併用される二重疑問(Ges § 150-c).

אִם־יָשׁוּב וְלֹא יָשׁוּב =‘彼は(悪い道に)戻り,(神に)立ち帰らないだろうか’の意か.

5. שׁוֹבְבָה , מְשֻׁבָה =√ שוב

いつまでも背いているのか。
偽りに固執して
立ち帰ることを拒む。
6 耳を傾けて聞いてみたが
正直に語ろうとしない。

מְשֻׁבָה	נִצַּחַת
メシュヴァー	ニツァはット
背信が	永続している
女単	ニ分女単

הֶחֱזִיקוּ	בַּתַּרְמִית
ヘヘズィークー	バタルミート
彼らは握った	欺きを
ヒ完3複	前冠・女単

מֵאֲנוּ	לָשׁוּב׃
メアヌー	らシューヴ
彼らは拒否した	帰ることを
ピ完3複	前・パ不

6

הִקְשַׁבְתִּי	וָאֶשְׁמָע
ヒクシャヴティ	ヴァエシュマー
私は耳を傾けた	そして私は聞いた
ヒ完1単	倒・パ未1単停

לוֹא־	כֵן	יְדַבֵּרוּ
ろー	ヘン	イェダベル
このようにではなく		彼らは語る
副	副	ピ未3男複

אֵין	אִישׁ	נִחָם	עַל־	רָעָתוֹ
エン	イーシュ	ニはム	アる	ラアトー
いない	人は	悔やんでいる	について	彼の悪を
副	男単	ニ分男単	前	女単・尾

לֵאמֹר	מֶה	עָשִׂיתִי
れモール	メー	アスィーティ
～と言って	何を～のか	私は行なった
前・パ不	疑	パ完1単

כֻּלֹּה	שָׁב	בִּמְרֻצוֹתָם
クろー	シャヴ	★ビムルツァタム
その全ては	帰っている	彼らの走路に
男単・尾	パ分男単	前・女単・尾

自分の悪を悔いる者もなく
わたしは何ということをしたのかと
言う者もない。
馬が戦場に突進するように

---

5. בַּתַּרְמִית =√ רמה , cf. רִמָּה「欺く」

6. לוֹא־כֵן =別「正しくない事を」

(כ) במרצותם , (ק) בִּמְרוּצָתָם , cf. רָץ「走る」

בַּמִּלְחָמָֽה׃	שׁוֹטֵף	כְּסוּס	
ーマはるミバ	フテョシ	スースケ	
にい戦	るいてれ溢	にうよの馬	
単女・冠前	単男分パ	単男・前	

בַּשָּׁמַיִם	חֲסִידָה	גַּם־	7
ムイマャシァヴ	ーダィスは	ムガ	
の天	りとのうこ	たまも	
双男・冠前	単女	接	

מוֹעֲדֶיהָ	יָדְעָה֙
ハーデアモ	ーアデヤ
を時のめ定のそ	るいてっ知
尾・複男	単女3完パ

וְעָגוּר	וְסוּס֙	וְתֹר
ルーグアェヴ	スィスェヴ★	ルートェヴ
は鶴と	はめばつと	は鳩山てしそ
単男・接	単男・接	単女・接

בֹּאָנָה	עֵת	אֶת־	שָׁמְרוּ֙
ナーアボ	トッエ	トッエ	ールメャシ
る来がられそ	時	を	たっ守
尾・不パ	単女	前	複3完パ

יָדְעוּ	לֹא	וְעַמִּי
ーウデヤ	ーろ	ーミアェヴ
いなら知		は民の私しかし
複3完パ	副	尾・単男・接

יְהוָה׃	מִשְׁפַּט	אֵת
イナドア	トッパュシミ	トッエ
の**主**	法	を
固	連単男	前

אֲנַחְנוּ	חֲכָמִים	תֹּאמְרוּ	אֵיכָה	8
ヌふナア	ムーミはは	ールメト	ーはエ	
は達私	い賢	う言は達たなあ	かの～てしうど	
代	複男形	複男2未パ	疑	

それぞれ自分の道を去って行く。
7 空を飛ぶこうのとりもその季節を知っている。
山鳩もつばめも鶴も、渡るときを守る。
しかし、わが民は主の定めを知ろうとしない。
8 どうしてお前たちは言えようか。
「我々は賢者といわれる者で

---

7. (כ) וסוס , (ק) וְסִיס

בוא =√ בָּא < בֹּאָנָה

וְעַמִּי < עַם , 集合名詞.

「主の律法を持っている」と。
まことに見よ、書記が偽る筆をもって書き
それを偽りとした。
9 賢者は恥を受け、打ちのめされ、捕らえられる。

見よ、主の言葉を侮っていながら
どんな知恵を持っているというのか。
10 それゆえ、わたしは彼らの妻を他人に渡し
彼らの畑を征服する者に渡す。

וְתוֹרַת	יְהוָה	אִתָּנוּ
トッラトェヴ	イナドア	ヌータイ
がえ教てしそ	の**主**	に共と達私
連単女・接	固	尾・前

אָכֵן	הִנֵּה	לַשֶּׁקֶר	עָשָׂה
ンヘア	ーネヒ	ルケェシら	ーサア
にか確	よ見	にり偽	たっな行
副	間	単男・冠前	単男3完パ

עֵט	שֶׁקֶר	סֹפְרִים׃
トッエ	ルケェシ	ムーリェフソ
が筆	のり偽	の達官記書
連単男	連単男	複男

9

הֹבִישׁוּ	חֲכָמִים	חַתּוּ	וַיִּלָּכֵדוּ
ーュシーィヴホ	ムーミはは	ゥトーは	ゥドーへらイァヴ
たいかを恥	はい賢	たれか砕	たれらえ捕てしそ
複3完ヒ	複男形	複3完パ	停複男3未ニ・倒

הִנֵּה	בִדְבַר־	יְהוָה	מָאָסוּ
ーネヒ	ルァヴゥドィヴ	イナドア	ースーアマ
よ見	を葉言	の**主**	だん拒はら彼
間	連単男・前	固	停複3完パ

וְחָכְמַת־	מֶה	לָהֶם׃
トッマふほェヴ	ーメ	ムへら
が恵智てしそ	の何	にら彼
連単女・接	疑	尾・前

10

לָכֵן	אֶתֵּן	אֶת־	נְשֵׁיהֶם	לַאֲחֵרִים
ンへら	ンテエ	トッエ	ムヘェシネ	ムーリヘアら
に故れそ	るえ与は私	を	達妻のら彼	にの他
副・前	単1未パ	前	尾・複女	複男形・前

שְׂדוֹתֵיהֶם	לְיוֹרְשִׁים
ムヘテドセ	ムーシレヨれ
を畑のら彼	に達者るれ入に手
尾・複男	複男分パ・前

---

8. וְתוֹרַת < תּוֹרָה =√ ירה , cf. הוֹרָה「教える」

9. הֹבִישׁוּ =√ בוש

חֲכָמִים ＝‘賢い者達は’の意.

חַתּוּ =√ חתת , 別「おののいた」

10. נָתַן < אֶתֵּן

לַאֲחֵרִים ＝‘他の者達に’の意.

לְיוֹרְשִׁים ＝分詞の名詞的用法.

身分の低い者から高い者に至るまで皆、利をむさぼり預言者から祭司に至るまで皆、欺く。

כִּ֤י	מִקָּטֹן֙	וְעַד־	גָּד֔וֹל
ーキ	ントカミ	ドッアエヴ	ルードガ
らか〜らなぜな	らかいさ小	でま〜てしそ	いき大
接	単男形・前	前・接	単男形

כֻּלֹּ֖ה	בּוֹצֵ֣עַ	בָּ֑צַע
ーろク	アェツボ	ァツーバ
がて全のそ	るいてっぼさむ	を益利な正不
尾・単男	単男分パ	停単男

מִנָּבִיא֙	וְעַד־	כֹּהֵ֔ן
ーィヴナミ	ドッアエヴ	ンヘコ
らか者言預	でま〜てしそ	司祭
単男・前	前・接	単男

כֻּלֹּ֖ה	עֹ֥שֶׂה	שָּֽׁקֶר׃
ーろク	ーセオ	ルケャシ
がて全のそ	るいてっな行	をり偽
尾・単男	単男分パ	停単男

11 彼らは、おとめなるわが民の破滅を手軽に治療して平和がないのに「平和、平和」と言う。

12 彼らは忌むべきことをして恥をさらした。

11

וַיְרַפּ֞וּ	אֶת־	שֶׁ֤בֶר	בַּת־	עַמִּי֙
ープラェイァヴ	トッエ	ルェヴェシ	トッバ	ーミア
たし癒はら彼てしそ	を	壊破	の娘	の民の私
複男3未ピ・倒	前	連単男	連単女	尾・単男

עַל־	נְקַלָּ֔ה	לֵאמֹ֖ר
るア	ーらカネ	ルーモれ
に上の	いすやた	てっ言と〜
前	単女分ニ	不パ・前

שָׁל֣וֹם	שָׁל֑וֹם	וְאֵ֖ין	שָׁלֽוֹם׃
ムーろャシ	ムーろャシ	ンエェヴ	ムーろャシ
安平	安平	いなしかし	が安平
単男	単男	副・接	単男

12

הֹבִ֕שׁוּ	כִּ֥י	תוֹעֵבָ֖ה	עָשׂ֑וּ
ーュシーィヴホ	ーキ	ーァヴエト	ースア
たいかを恥はら彼	らか〜らなぜな	を事う嫌み忌	たっな行はら彼
複3完ヒ	接	単女	複3完パ

---

10. מִקָּטֹן֙ וְעַד־גָּד֔וֹל ＝'小さい者から大きい者まで'の意.

11. וַיְרַפּ֞וּ < רִפֵּא

עַל־נְקַלָּ֔ה ＝'手軽に'の意.

נְקַלָּ֔ה ＝√ קלל

12. הֹבִ֕שׁוּ ＝√ בוש

תוֹעֵבָ֖ה ＝√ תעב , cf. תִּעֵב「忌み嫌う」

גַּם־ בּוֹשׁ לֹא־ יֵבֹשׁוּ
ーュシーォヴェイ　ーろ　ュシボ　ムガ
いなら入じ恥く全はら彼　たまも〜
複男3未パ　副　不パ　接

וְהִכָּלֵם לֹא יָדָעוּ
ウーダヤ　ーろ　ムれカヒェヴ
いなら知はら彼　をとこるれらめ辱てしそ
停複3完パ　副　不ニ・接

לָכֵן יִפְּלוּ בַנֹּפְלִים
ムーりェフノァヴ　ーるペイ　ンへら
にちうの達者るいてれ倒　るれ倒はら彼　に故れそ
複男分パ・冠前　複男3未パ　副・前

בְּעֵת פְּקֻדָּתָם יִכָּשְׁלוּ אָמַר יְהוָה׃
イナドア　ルマア　ーるェシカイ　ムタダクペ　トッエベ
は**主**　たっ言　く躓はら彼　の罰のら彼　に時
固　単男3完パ　複男3未ニ　尾・単女　単女・前

しかも、恥ずかしいとは思わず
嘲られていることに気づかない。
それゆえ、人々が倒れるとき、彼らも倒れ
彼らが罰せられるとき、彼らはつまずくと
主は言われる。

13 אָסֹף אֲסִיפֵם נְאֻם־ יְהוָה
イナドア　ムウネ　ムェフィスア　フソア
の**主**　げ告み　るめ集にめ集をら彼は私
固　連単男　尾・単1未ヒ　不パ

אֵין עֲנָבִים בַּגֶּפֶן
ンェフゲバ　ムーィヴナア　ンエ
に木のうどぶ　はうどぶ　いな
単女・冠前　複男　副

וְאֵין תְּאֵנִים בַּתְּאֵנָה
ーナエテバ　ムーニエテ　ンエェヴ
に木のくじちい　はくじちい　いなてしそ
単女・冠前　複女　副・接

וְהֶעָלֶה נָבֵל
るェヴナ　ーれアヘェヴ
だんぼし　は葉てしそ
単男3完パ　単男・冠・接

13 わたしは彼らを集めようとしたがと
主は言われる。
ぶどうの木にぶどうはなく
いちじくの木にいちじくはない。
葉はしおれ、わたしが与えたものは

---

12. בּוֹשׁ לֹא־יֵבֹשׁוּ ＝√ בוש , 独立不定詞＋未完了で強調.

וְהִכָּלֵם ＝√ כלמ

יִפְּלוּ ＜ נָפַל

בַנֹּפְלִים ＝分詞の名詞的用法.

13. אָסֹף ＝√ אספ

אֲסִיפֵם ＝√ סופ , 語根は違うが直前の אָסֹף を強調している(Ges § 113-wN).

彼らから失われていた。

敵の攻撃

14 何のために我々は座っているのか。
集まって、城塞に逃れ、黙ってそこにいよう。

我々の神、主が我々を黙らせ
毒の水を飲ませられる。
我々が主に罪を犯したからだ。
15 平和を望んでも、幸いはなく

יַעַבְרוּם׃	לָהֶם	וָאֶתֵּן
ムルヴアヤ	ムへら	ンテエァヴ
るぎ過をら彼はられそ	にら彼	たえ与は私てしそ
尾・複男3未パ	尾・前	単1未パ・倒

הֵאָסְפוּ	יֹשְׁבִים	אֲנַחְנוּ	מָה	עַל־	14
ーフセアヘ	ムーィヴェシヨ	ヌふナア	ーマ	るア	
れま集は達たなあ	るいてっ座	は達私	何	に上の	
複男2命ニ	複男分パ	代	疑	前	

הַמִּבְצָר	עָרֵי	אֶל־	וְנָבוֹא
ルァツヴミハ	ーレア	るエ	ーォヴナェヴ
の塞要	々町	に	る入は達私てしそ
単男・冠	連複女	前	複1未パ・接

שָּׁם	וְנִדְּמָה־
ムャシ	ーマデニェヴ
でこそ	うろ黙は達私てしそ
副	複1願パ・接

הֲדִמָּנוּ	אֱלֹהֵינוּ	יְהוָה	כִּי
ヌーマィデハ	ヌーへろエ	イナドア	ーキ
たせら黙を達私	神の達私	が**主**	らか〜らなぜな
尾・単男3完ヒ	尾・複男	固	接

רֹאשׁ	מֵי־	וַיַּשְׁקֵנוּ
ュシーロ	ーメ	ヌーケュシヤァヴ
の毒	を水	たせま飲に達私てしそ
単男	連双男	尾・単男3未ヒ・倒

לַיהוָה׃	חָטָאנוּ	כִּי
イナドら	ヌータは	ーキ
に**主**	たし犯を罪はちた私	らか〜らなぜな
固・前	複1完パ	接

טוֹב	וְאֵין	לְשָׁלוֹם	קַוֵּה	15
ヴート	ンエェヴ	ムーろャシれ	ーェヴカ	
はとこい良	いなしかし	を安平	め望ち待	
単男	副・接	単男・前	不ピ	

---

13. נָתַן < וָאֶתֵּן

עָבַר < יַעַבְרוּם

14. עַל־מָה ＝'何のために'の意.

דָּמַם < וְנִדְּמָה

הֲדִמָּנוּ < הֵדַם ＝√ דממ

השְׁקָה < וַיַּשְׁקֵנוּ

רֹאשׁ ＝別「毒草」(cf.哀3:5)

15. קַוֵּה ＝独立不定詞が単独で用いられると，強い命令の意を表す．

לְעֵת	מַרְפֵּה	וְהִנֵּה	בְעָתָה׃
トッエれ	ーぺルマ	ーネヒェヴ	ータアェヴ
に時	のし癒	よ見てしそ	怖恐
連単男・前	単男	間・接	単女

16

מִדָּן	נִשְׁמַע	נַחְרַת	סוּסָיו
ンダミ	ーマュシニ	トッラふナ	ヴサス
らかンダ	たれか聞	が息鼻	のちた馬の彼
男固・前	単男3完ニ	連単女	尾・複男

מִקּוֹל	מִצְהֲלוֹת	אַבִּירָיו
るーコミ	トッろハツミ	ヴラビア
らか声	のきなない	い強力の彼
連単男・前	複女	尾・複男形

רָעֲשָׁה	כָּל־	הָאָרֶץ
ーャシアラ	るコ	ツレアハ
たえ震	のて全	は地
単女3完パ	連単男	単女・冠

וַיָּבוֹאוּ	וַיֹּאכְלוּ	אֶרֶץ	וּמְלוֹאָהּ
ウーォヴヤァヴ	ーるヘヨァヴ	ツレエ	ハアろムウ
た来はら彼てしそ	たべ食はら彼てしそ	を地	をのもるち満にれそと
複男3未パ・倒	複男3未パ・倒	単女	尾・単男・接

עִיר	וְיֹשְׁבֵי	בָהּ׃
ルーイ	ーエヴェシヨェヴ	ハァヴ
を町	を達者るいでん住と	にちうのそ
単女	連複男分パ・接	尾・前

17

כִּי	הִנְנִי	מְשַׁלֵּחַ	בָּכֶם
ーキ	ーニンヒ	はアれャシメ	ムヘバ
らか〜らなぜな	は私よ見	るいてしわ遣	にちうの達たなあ
接	尾・間	単男分ピ	尾・前

נְחָשִׁים	צִפְעֹנִים
ムーシはネ	ムーニオフィツ
を達蛇	を達蝮
複男	複男

いやしのときを望んでも、見よ、恐怖のみ。
16 ダンから敵の軍馬のいななきが聞こえる。
強い馬の鋭いいななきで、大地はすべて揺れ動く。
彼らは来て、地とそこに満ちるもの
都とそこに住むものを食い尽くす。
17 わたしはお前たちの中に蛇や蝮を送る。

15. מַרְפֵּה ＝ מַרְפֵּא の א が ה に変化した形.
בְעָתָה ＝√ בעת , cf. נִבְעַת「恐怖を感じる」
16. נִשְׁמַע ＝主語 נַחְרַת と文法的性が不一致.
נַחְרַת ＝cf. נָחַר「吹く」
מִצְהֲלוֹת ＝cf. צָהַל「いななく」
וּמְלוֹאָהּ < מְלוֹא , cf. מָלֵא「満ちる」
וְיֹשְׁבֵי ＝分詞の名詞的用法.
17. כִּי ＝別「まことに」
צִפְעֹנִים ＝別「毒蛇」

אֲשֶׁר	אֵין־	לָהֶם	לָחַשׁ
ルェシア	ンエ	ムへら	ュシはら
のろこと～	いな	にら彼	がいなじま
関	副	尾・前	停単男

וְנִשְּׁכוּ	אֶתְכֶם	נְאֻם־	יְהוָה׃
ーふェシニェヴ	ムへゥトエ	ムウネ	イナドア
む噛はられそてしそ	を達たなあ	げ告み	の**主**
複3完ピ・倒	尾・前	連単男	固

18

מַבְלִיגִיתִי	עֲלֵי	יָגוֹן
ィテギりヴマ	ーれア	ンゴヤ
は元の気元の私	に上の	みし悲
尾・単女	前	単男

עָלַי	לִבִּי	דַוָּי׃
イらア	ービリ	イァヴダ
に上の私	は心の私	るいでん痛
尾・前	尾・単男	停単男形

19

הִנֵּה־	קוֹל	שַׁוְעַת	בַּת־	עַמִּי
ーネヒ	るーコ	トッアヴァシ	トッバ	ーミア
よ見	声	のび叫	の娘	の民の私
間	連単男	連単女	連単女	尾・単男

מֵאֶרֶץ	מַרְחַקִּים
ツレエメ	ムーキはルマ
らか地	のく遠
連単女・前	複男

הַיהוָה	אֵין	בְּצִיּוֹן
イナドアハ	ンエ	ンョィツベ
かの～は**主**	いない	にちうのンオシ
固・疑	副	固・前

אִם־	מַלְכָּהּ	אֵין	בָּהּ
ムイ	ハカるマ	ンエ	ハバ
かの～	は王のそ	いない	にちうのそ
接	尾・単男	副	尾・前

彼らにはどのような呪文も役に立たない。
彼らはお前たちをかむ、と主は言われる。

18 わたしの嘆きはつのり
わたしの心は弱り果てる。

19 見よ、遠い地から娘なるわが民の
叫ぶ声がする。
「主はシオンにおられないのか
シオンの王はそこにおられないのか。」

---

18. מַבְלִיגִיתִי =√ בלג , cf. הִבְלִיג「元気になる」
דַּוָּי =別「衰えている」

19. שַׁוְעַת < שַׁוְעָה =√ שׁוע , cf. שִׁוַּע「叫ぶ」
מַרְחַקִּים =√ רחק , cf. רָחוֹק「遠い」

אִם =疑問辞 הֲ と併用される二重疑問 (Ges § 150–c).

בִּפְסִלֵיהֶם	הִכְעִסוּנִי	מַדּוּעַ
ムへれィスフビ	ニースイふヒ	アゥドマ
で達像偶のら彼	たせら怒を私	かの～ぜな
尾・複男・前	尾・複3完ヒ	副

נֵכָר׃	בְּהַבְלֵי
ルはネ	ーれヴハベ
の国異	でさし空
単男	連複男・前

קָיִץ	כָּלָה	קָצִיר	עָבַר	20
ツイカ	らーカ	ルーィツカ	ルァヴア	
は夏	たっわ終	は時のれ入り刈	たぎ過	
停単男	単男3完パ	単男	単男3完パ	

נוֹשָׁעְנוּ׃	לוֹא	וַאֲנַחְנוּ
ヌーャシノ	ーろ	ヌふナアァヴ
たっかなれわ救は達私		は達私しかし
停複1完ニ	副	代・接

הָשְׁבָּרְתִּי	עַמִּי	בַּת־	שֶׁבֶר	עַל־	21
ィテルバュシホ	ーミア	トッバ	ルェヴェシ	るア	
たれか砕ち打は私	の民の私	の娘	け砕	に故の	
停単1完フ	尾・単男	連単女	連単男	前	

הֶחֱזִקָתְנִי׃	שַׁמָּה	קָדַרְתִּי
ニテカィズヘヘ	ーマャシ	ィテルダカ
たえら捕を私	が墟廃	たえ憂は私
尾・単女3完ヒ	単女	単1完パ

בְּגִלְעָד	אֵין	הַצֳרִי	22
ドッアるギベ	ンエ	ーリォツハ	
にドアレギ	いな	かの～は香乳	
固・前	副	単男・疑	

שָׁם	אֵין	רֹפֵא	אִם־
ムャシ	ンエ	ーェフロ	ムイ
にこそ	いない	が者す癒	かの～
副	副	単男分パ	接

なぜ、彼らは偶像によって
異教の空しいものによって
わたしを怒らせるのか。
20 刈り入れの時は過ぎ、夏は終わった。
しかし、我々は救われなかった。

21 娘なるわが民の破滅のゆえに
わたしは打ち砕かれ、嘆き、恐怖に襲われる。
22 ギレアドに乳香がないというのか
そこには医者がいないのか。

---

20. נוֹשָׁעְנוּ < נוֹשַׁע = √ ישע

21. שַׁמָּה = 別「恐怖が」

22. אִם = 疑問辞 הֲ と併用される二重疑問 (Ges § 150-c).

רֹפֵא = 分詞の名詞的用法.

כִּי	מַדּוּעַ	לֹא	עָלְתָה
ーキ	アゥドマ	ーろ	ータれア
にとこま	かの〜ぜな		たっかなら上
接	副	副	単女3完パ

אֲרֻכַת	בַּת־	עַמִּי׃
トッはルア	トッバ	ーミア
が膜被う覆を傷	の娘	の民の私
連単女	連単女	尾・単男

23	מִי־	יִתֵּן	רֹאשִׁי	מַיִם
	ーミ	ンテイ	ーシロ	ムイマ
		にのいいばれあで〜	が頭の私	水
	疑	単男3未パ	尾・単男	双男

וְעֵינִי	מְקוֹר	דִּמְעָה
ーニーエェヴ	ルーコメ	ーアムィデ
が目の私てしそ	泉	の涙
尾・単女・接	連単男	単女

וְאֶבְכֶּה	יוֹמָם	וָלַיְלָה
ーケヴエェヴ	ムマヨ	らイらァヴ
く泣は私とるす	に昼	夜と
単1未パ・接	副	単男・接

אֵת	חַלְלֵי	בַת־	עַמִּי׃
トッエ	ーれれは	トッァヴ	ーミア
を	達者たれさ殺し刺	の娘	の民の私
前	連複男	連単女	尾・単男

なぜ、娘なるわが民の傷はいえないのか。
23 わたしの頭が大水の源となり
わたしの目が涙の源となればよいのに。
そうすれば、昼も夜もわたしは泣こう
娘なるわが民の倒れた者のために。

9	1	מִי־	יִתְּנֵנִי	בַמִּדְבָּר
		ーミ	ニーネテイ	ルバゥドミァヴ
			にのいいらたっあが〜に私	に野荒
		疑	尾・単男3未パ	単男・冠前

מְלוֹן	אֹרְחִים
ンろメ	ムーひレオ
が宿	の達人旅
連単男	複男分パ

9

ユダの堕落

1 荒れ野に旅人の宿を見いだせるものなら

---

22. לֹא עָלְתָה אֲרֻכַת ＝‘傷は癒されなかった’の意.

23. מִי־יִתֵּן ＝願望を表す慣用表現.

1. מִי־יִתְּנֵנִי ＝願望を表す慣用表現.

אֹרְחִים ＝分詞の名詞的用法.

וְאֶעֶזְבָה֙	אֶת־	עַמִּ֔י
ーァヴズエエェヴ	トッエ	ーミア
いたれ離は私てしそ	を	民の私
単1願パ・接	前	尾・単男

וְאֵלְכָ֖ה	מֵאִתָּ֑ם
ーはれエェヴ	ムタイメ
いたき行は私てしそ	らから彼
単1願パ・接	尾・前・前

כִּ֤י	כֻלָּם֙	מְנָ֣אֲפִ֔ים
ーキ	ムらク	ムーィフアナメ
らか〜らなぜな	皆はら彼	達者るす淫姦
接	尾・単男	複男分ピ

עֲצֶ֖רֶת	בֹּגְדִֽים׃
トッレェツア	ムーィデゲボ
会集	の達者る切裏
連単女	複男分パ

わたしはこの民を捨て
彼らを離れ去るであろう。
すべて、姦淫する者であり、裏切る者の集まりだ。

2

וַיַּדְרְכ֤וּ	אֶת־	לְשׁוֹנָם֙	קַשְׁתָּ֣ם	שֶׁ֔קֶר
ーふレゥドヤァヴ	トッエ	ムナョシれ	ムタュシカ	ルケェシ
たい導はら彼てしそ	を	舌のら彼	弓のら彼	のり偽
複男3未ヒ・倒	前	尾・単女	連尾・単男	単男

וְלֹ֥א	לֶאֱמוּנָ֖ה	גָּבְר֣וּ	בָאָ֑רֶץ
ーろェヴ	ーナムエれ	ールェヴガ	ツレアァヴ
いなはで〜てしそ	にめたの実真	たっなく強はら彼	で地
副・接	単女・前	複3完パ	単女・冠前

כִּי֩	מֵרָעָ֨ה	אֶל־	רָעָ֧ה	יָצָ֛אוּ
ーキ	ーアラメ	るエ	ーアラ	ウーァツヤ
らか〜らなぜな	らか悪	に	悪	た出はら彼
接	単女・前	前	単女	停複3完パ

וְאֹתִ֥י	לֹא־	יָדָ֖עוּ	נְאֻם־	יְהוָֽה׃
ィテオェヴ	ーろ	ウーダヤ	ムウネ	イナドア
を私てしそ		いなら知はら彼	げ告み	の**主**
尾・前・接	副	停複3完パ	連単男	固

2 彼らは舌を弓のように引き絞り
真実ではなく偽りをもってこの地にはびこる。
彼らは悪から悪へと進み
わたしを知ろうとしない、と主は言われる。

---

1. מְנָאֲפִים ＝分詞の名詞的用法.
2. קַשְׁתָּם < קֶשֶׁת , 接尾辞が付いた連語形 (cf.Ges § 128-d).

3 人はその隣人を警戒せよ。兄弟ですら信用してはならない。
兄弟といっても
「押しのける者（ヤコブ）」であり
隣人はことごとく中傷して歩く。

4 人はその隣人を惑わし、まことを語らない。
舌に偽りを語ることを教え
疲れるまで悪事を働く。

3 אִישׁ מֵרֵעֵהוּ הִשָּׁמֵרוּ
ールーメャシヒ　フーエレメ　ュシーイ
ろけつを気は達たなあ　らか人隣の彼　は人
停複男2命ニ　尾・単男・前　単男

וְעַל־ כָּל־ אָח אַל־ תִּבְטָחוּ
ーふータヴィテ　るア　ふア　るコ　るアェヴ
なむ頼り寄は達たなあ　弟兄　のて全　ていつに〜てしそ
停複男2未パ　副　単男　連単男　前・接

כִּי כָל־ אָח עָקוֹב יַעְקֹב
ヴコーヤ　ヴーコア　ふア　るほ　ーキ
る張っ引にり張っ引を足　は弟兄　のて全　らか〜らなぜな
単男3未パ　不パ　単男　連単男　接

וְכָל־ רֵעַ רָכִיל יַהֲלֹךְ׃
ふろハヤ　るーひラ　アレ　るほェヴ
く歩　傷中　は人隣　のて全てしそ
単男3未パ　単男　単男　連単男・接

4 וְאִישׁ בְּרֵעֵהוּ יְהָתֵלּוּ
ーるーテハェイ　フーエレベ　ュシーイェヴ
す騙はら彼　を人隣の彼　は人てしそ
複男3未ヒ　尾・単男・前　単男・接

וֶאֱמֶת לֹא יְדַבֵּרוּ
ルベダェイ　ーろ　トッメエェヴ
いなら語はら彼　を実真てしそ
停複男3未ピ　副　単女・接

לִמְּדוּ לְשׁוֹנָם דַּבֶּר־ שֶׁקֶר
ルケェシ　ルベダ　ムナョシれ　ーゥドメり
をり偽　をとこる語　に舌のら彼　たえ教はら彼
単男　不ピ　尾・単女　複3完ピ

הַעֲוֵה נִלְאוּ׃
ーウるニ　ーェヴアハ
たて果れ疲はら彼　をとこす犯を罪
複3完ニ　不ヒ

---

3. אִישׁ מֵרֵעֵהוּ ＝‘互いに’の意.

אַל־תִּבְטָחוּ ＝アル禁止形.

עָקוֹב יַעְקֹב ＝√ עקב ，独立不定詞＋未完了で強調. cf. עָקֵב「かかと」

רָכִיל ＝√ רכל , cf. רָכַל「取り引きする，行商する」. הָלַךְ רָכִיל で‘行商人のように家々を回り歩いて悪い噂などを流す’の意になったか.

יַהֲלֹךְ ＝ יֵלֵךְ の詩形

4. וְאִישׁ בְּרֵעֵהוּ ＝‘互いに’の意.

יְהָתֵלּוּ ＜ הֵתֵל ＝√ תלל

5

מִרְמָה	בְּתוֹךְ	שִׁבְתְּךָ
ーマルミ	ふトベ	ーはテヴシ
のき欺	に中	む住はたなあ
単女	連単男・前	尾・不パ

יְהוָה׃	נְאֻם־	אוֹתִי	דַעַת־	מֵאֲנוּ	בְּמִרְמָה
イナドア	ムウネ	ィテオ	トッアダ	ーヌアメ	ーマルミベ
の**主**	げ告み	を私	をとこる知	たし否拒はら彼	でき欺
固	連単男	尾・前	不パ	複3完ピ	単女・前

6

צְבָאוֹת	יְהוָה	אָמַר	כֹּה	לָכֵן
トッオァヴェツ	イナドア	ルマア	ーコ	ンへら
の軍万	は**主**	たっ言	にうよのこ	に故れそ
複男	固	単男3完パ	副	副・前

וּבְחַנְתִּים	צוֹרְפָם	הִנְנִי
ムーィテンはヴウ	ムァフレォツ	ーニンヒ
す試をら彼は私てしそ	るす錬精をら彼	は私よ見
尾・単1完パ・倒	尾・単男分パ	尾・間

עַמִּי׃	בַּת־	מִפְּנֵי	אֶעֱשֶׂה	אֵיךְ	כִּי־
ーミア	トッバ	ーネペミ	ーセエエ	ふエ	ーキ
の民の私	の娘	に故	うな行は私	か〜にうよのど	にとこま
尾・単男	連単女	連複女・前	単1未パ	疑	接

7

לְשׁוֹנָם	שׁוֹחֵט	חֵץ
ムナョシれ	トッふャシ★	ツッへ
は舌のら彼	たれさ磨研	矢
尾・単男	単男受分パ	単男

בְּפִיו	דִּבֵּר	מִרְמָה
ヴィフベ	ルベィデ	ーマルミ
で口の彼	たっ語	をき欺
尾・単男・前	単男3完ピ	単女

יְדַבֵּר	רֵעֵהוּ	אֶת־	שָׁלוֹם
ルベダェイ	フーエレ	トッエ	ムーろャシ
る語は彼	人隣の彼	に	を安平
単男3未ピ	尾・単男	前	単男

5 欺きに欺きを重ね
わたしを知ることを拒む、と主は言われる。
6 それゆえ、万軍の主はこう言われる。
見よ、わたしは娘なるわが民を
火をもって溶かし、試す。
まことに、彼らに対して何をすべきか。
7 彼らの舌は人を殺す矢
その口は欺いて語る。
隣人に平和を約束していても

---

5. שִׁבְתְּךָ < יָשַׁב
מֵאֲנוּ < מֵאֵן
דַעַת < יָדַע
6. צוֹרְפָם < צָרַף
וּבְחַנְתִּים < בָּחַן

מִפְּנֵי =別「に対して」

7. שָׁחוּט Ⓟ, שוחט Ⓒ

その心の中では、陥れようとたくらんでいる。
8 これらのことをわたしは罰せずにいられようかと
主は言われる。
このような民に対し、わたしは必ずその悪に報いる。
9 山々で、悲しみ嘆く声をあげ
荒れ野の牧草地で、哀歌をうたえ。
そこは焼き払われて、通り過ぎる人もなくなり

וּבְקִרְבּוֹ	יָשִׂים	אָרְבּוֹ׃
ーボルキヴウ	ムィスヤ	ーボルオ
に中の彼しかし	く置は彼	をせ伏ち待の彼
尾・単男・前・接	単男3未パ	尾・単男

8

הַעַל־	אֵלֶּה	לֹא־	אֶפְקָד־	בָּהֶם
るアハ	れーエ	ーろ	ドッコフエ	ムバ
か〜ていつに	られこ	いなし罰は私		をら彼
前・疑	代	副	単1未パ	尾・前

נְאֻם־	יְהוָה
ムウネ	イナドア
げ告み	の**主**
連単男	固

אִם	בְּגוֹי	אֲשֶׁר־	כָּזֶה
ムイ	イゴベ	ルェシア	ゼカ
かの〜	を族民	のろこと〜	なうよのれこ
接	単男・前	関	代・前

לֹא	תִתְנַקֵּם	נַפְשִׁי׃
ーろ	ムケナゥトィテ	ーシフナ
いなし讐復		は魂の私
副	単女3未ト	尾・単女

9

עַל־	הֶהָרִים	אֶשָּׂא	בְכִי	וָנֶהִי
るア	ムーリハへ	ーサエ	ーひェヴ	ヒーネァヴ
に上の	々山	るげ上は私	をき泣	をき嘆と
前	複男・冠	単1未パ	単男	停単男・接

וְעַל־	נְאוֹת	מִדְבָּר	קִינָה
るアェヴ	トッオネ	ルバゥドミ	ーナキ
に上の〜てしそ	場牧	の野荒	を歌哀
前・接	連複女	単男	単女

כִּי	נִצְּתוּ	מִבְּלִי־	אִישׁ	עֹבֵר
ーキ	ーゥトェツニ	ーりベミ	ュシーイ	ルェヴオ
らか〜らなぜな	たれさや燃はられそ	にしな〜	人	るぎ過り通
接	複3完ニ	副・前	単男	単男分パ

---

7. וּבְקִרְבּוֹ < קֶרֶב，原意は「はらわた，内臓」

יָשִׂים < שָׂם =√ שׂים

8. אִם =疑問辞 הֲ と併用される二重疑問 (Ges §150-c).

9. אֶשָּׂא < נָשָׂא

בְכִי =√ בכה, cf. בָּכָה「泣く」

וָנֶהִי =√ נהה, cf. נָהָה「嘆く」

נִצְּתוּ < נִצַּת =√ יצת

家畜の鳴く声も聞こえなくなる。空の鳥も家畜も、ことごとく逃れ去った。
10 わたしはエルサレムを瓦礫の山 山犬の住みかとし
ユダの町々を荒廃させる。そこに住む者はいなくなる。
11 知恵ある人はこれを悟れ。

וְלֹא	שָׁמְעוּ	קוֹל	מִקְנֶה
ーろエヴ	ーウメャシ	るーコ	ーネクミ
てしそ	たっかなか聞はら彼	を声	の畜家
副・接	複3完パ	連単男	単男

מֵעוֹף	הַשָּׁמַיִם	וְעַד־	בְּהֵמָה
フオメ	ムイマャシハ	ドッアエヴ	ーマヘベ
らか鳥	の天	でま〜てしそ	畜家
連単男・前	双男・冠	前・接	単女

נָדְדוּ	הָלָכוּ׃
ーゥドデナ	ーふーらハ
たげ逃はら彼	たっ行はら彼
複3完パ	停複3完パ

10

וְנָתַתִּי	אֶת־	יְרוּשָׁלַםִ	לְגַלִּים
ィテタナエヴ	トッエ	ムイらャシルェイ	ムーりガれ
るすに〜は私てしそ	を	ムレサルエ	に塚石
単1完パ・倒	前	固	複男・前

מְעוֹן	תַּנִּים
ンオメ	ムーニタ
巣	の犬山
連単男	複女

וְאֶת־	עָרֵי	יְהוּדָה	אֶתֵּן	שְׁמָמָה
トッエエヴ	ーレア	ーダフェイ	ンテエ	ーママェシ
を〜てしそ	々町	のダユ	るすに〜は私	廃荒
前・接	連複女	男固	単1未パ	単女

מִבְּלִי	יוֹשֵׁב׃
ーりベミ	ヴェシヨ
にしな〜	者む住
副・前	単男分パ

11

מִי־	הָאִישׁ	הֶחָכָם
ーミ	ュシーイハ	ムははヘ
もで誰	は人	い賢
疑	単男・冠	単男形・冠

---

10. וְנָתַתִּי , אֶתֵּן < נָתַן , 原意は「与える」

לְגַלִּים < גַּל =√ גלל

יוֹשֵׁב ＝分詞の名詞的用法.

וְיָבֵן	אֶת־	זֹאת
ンェヴヤェヴ	トッエ	トッゾ
にうよるす解理	を	れこ
単男3指パ・接	前	代

וַאֲשֶׁר	דִּבֶּר	פִּי־	יְהוָה	אֵלָיו	וְיַגִּדָהּ
ルェシアァヴ	ルベィデ	ーピ	イナドア	ヴらエ	ハダギヤェヴ
をろこと〜てしそ	たっ語	が口	の**主**	に彼	るげ告をれそは彼とるす
関・接	単男3完ピ	連単男	固	尾・前	尾・単男3未ヒ・接

עַל־	מָה	אָבְדָה	הָאָרֶץ
るア	ーマ	ーダェヴア	ツレアハ
に故の	何	たび滅	は地
前	疑	単女3完パ	単女・冠

נִצְּתָה	כַמִּדְבָּר	מִבְּלִי	עֹבֵר׃
ータェツニ	ルバｩドミは	ーりベミ	ルェヴオ
たれさや燃	にうよの野荒	にしな〜	者るぎ過り通
単女3完ニ	単男・冠前	副・前	単男分パ

主の口が語られることを告げよ。何故、この地は滅びたのか。焼き払われて荒れ野となり通り過ぎる人もいない。

12 וַיֹּאמֶר	יְהוָה	עַל־	עָזְבָם	אֶת־	תּוֹרָתִי
ルメヨァヴ	イナドア	るア	ムァヴズオ	トッエ	ィテラト
たっ言てしそ	は**主**	に故の	とこたて捨がら彼	を	え教の私
単男3未パ・倒	固	前	尾・不パ	前	尾・単女

אֲשֶׁר	נָתַתִּי	לִפְנֵיהֶם	וְלֹא־	שָׁמְעוּ	בְקוֹלִי
ルェシア	ィテータナ	ムヘネフリ	ーろェヴ	ーウメャシ	ーりコェヴ
のろこと〜	たえ与が私	に前面のら彼	てしそ	たっかなか聞はら彼	に声の私
関	単1完パ	尾・複女・前	副・接	複3完パ	尾・単男・前

וְלֹא־	הָלְכוּ	בָהּ׃	13 וַיֵּלְכוּ	אַחֲרֵי
ーろェヴ	ーふれハ	ハァヴ	ーふれェイァヴ	ーレはア
てしそ	たっかなか歩はら彼	にちうのそ	たっ行はら彼てしそ	に後の
副・接	複3完パ	尾・前	複男3未パ・倒	前

שְׁרִרוּת	לִבָּם	וְאַחֲרֵי	הַבְּעָלִים	אֲשֶׁר	לִמְּדוּם
トッルリェシ	ムバり	ーレはアェヴ	ムーりアベハ	ルェシア	ムｩドメり
さな頑	の心のら彼	に後の〜てしそ	達ルアバ	のろこと〜	たえ教をられそ
連単女	尾・単男	前・接	複男・冠	関	尾・複3完ピ

12 主は言われる。「それは、彼らに与えたわたしの教えを彼らが捨て、わたしの声に聞き従わず、それによって歩むことをしなかったからだ。」
13 彼らは、そのかたくなな心に従い、また、先祖が

---

11. וְיָבֵן ＝√ בין

וְיַגִּדָהּ < הִגִּיד ＝√ נגד

נִצְּתָה < נִצַּת ＝√ יצת

עֹבֵר ＝分詞の名詞的用法.

12. תּוֹרָתִי < תּוֹרָה ＝√ ירה , cf. הוֹרָה「教える」

נָתַתִּי < נָתַן

13. וַיֵּלְכוּ < הָלַךְ

לִמְּדוּם < לִמֵּד

יְהוָה	אָמַר	כֹּה־	לָכֵן	14	אֲבֹתָם׃
イナドア	ルマア	ーコ	ンへら		ムタォヴア
は主	たっ言	にうよのこ	に故れそ		が達祖父のら彼
固	単男3完パ	副	副・前		尾・複男

אֶת־	מַאֲכִילָם	הִנְנִי	יִשְׂרָאֵל	אֱלֹהֵי	צְבָאוֹת
トッエ	ムらひアマ	ーニンヒ	るエラスイ	ーへろエ	トッオァヴェツ
に	るせさべ食をられそ	は私よ見	のルエラスイ	神	の軍万
前	尾・複男分ヒ	尾・間	男固	連複男	複男

רֹאשׁ׃	מֵי־	וְהִשְׁקִיתִים	לַעֲנָה	הַזֶּה	הָעָם
ュシーロ	ーメ	ムィテキュシヒェヴ	ーナアら	ゼハ	ムアハ
の毒	水	るせま飲をられそてしそ	ぎもよ苦	のこ	民
単男	連双男	尾・単1完ヒ・倒	単女	代・冠	単男・冠

הֵמָּה	יָדְעוּ	לֹא	אֲשֶׁר	בַּגּוֹיִם	וַהֲפִצוֹתִים	15
マーへ	ーウデヤ	ーろ	ルェシア	ムーイゴバ	ムィテォツィフハァヴ	
がら彼		たっかなら知	のろこと～	に族民諸	たしら散をら彼は私てしそ	
代	複男3完パ	副	関	複男・冠前	尾・単1完ヒ	

עַד	הַחֶרֶב	אֶת־	אַחֲרֵיהֶם	וְשִׁלַּחְתִּי	וַאֲבוֹתָם
ドッア	ヴレヘハ	トッエ	ムヘレはア	ィテふらシェヴ	ムタォヴアァヴ
でま～	剣	を	に後のら彼	る送は私てしそ	が達祖父のら彼と
前	単女・冠	前	尾・前	単1完ピ・倒	尾・複男・接

אוֹתָם׃	כַּלּוֹתִי
ムタオ	ィテろカ
をら彼	すぼ滅ち絶が私
尾・前	尾・不ピ

צְבָאוֹת	יְהוָה	אָמַר	כֹּה	16
トッオァヴェツ	イナドア	ルマア	ーコ	
の軍万	は主	たっ言	にうよのこ	
複男	固	単男3完パ	副	

וּתְבוֹאֶינָה	לַמְקוֹנְנוֹת	וְקִרְאוּ	הִתְבּוֹנְנוּ
ナーエォヴゥトウ	トッノネコムら	ーウルキェヴ	ーヌネボゥトヒ
る来は達女彼とるす	を達女き泣	べ呼は達たなあてしそ	れ悟は達たなあ
複女3未パ・接	複女分ピ・冠前	複男2命パ・接	複男2命ト

彼らに教え込んだようにバアルに従って歩んだ。14 そ
れゆえ、イスラエルの神、万軍の主は言われる。「見
よ、わたしはこの民に苦よもぎを食べさせ、毒の水を
飲ませる。15 彼らを、彼ら自身も先祖も知らなかった
国々の中に散らし、その後から剣を送って彼らを滅ぼ
し尽くす。」
16 万軍の主はこう言われる。
事態を見極め、泣き女を招いて、ここに来させよ。

---

14. מַאֲכִילָם < הֶאֱכִיל = √ אכל

רֹאשׁ =別「毒草」(cf.哀3:5)

15. וַהֲפִצוֹתִים < הֵפִיץ = √ פוץ

כַּלּוֹתִי < כִּלָּה , 不定詞に付く人称接尾辞が意味上の主語.

16. הִתְבּוֹנְנוּ = √ בין

לַמְקוֹנְנוֹת < קוֹנֵן = √ קין , cf. קִינָה「哀歌」, 分詞の名詞的用法.

וּתְבוֹאֶינָה < בָּא = √ בוא

וְתָבוֹאנָה׃	שַׁלְחוּ	הַחֲכָמוֹת	וְאֶל־
ナーオヴタエヴ	ーふるシ	トッモははハ	るエェヴ
る来は達女彼とるす	れ送は達たなあ	い賢	に～てしそ
複女3未パ・接	複男2命パ	単女形・冠	前・接

נֶהִי	עָלֵינוּ	וְתִשֶּׂנָה	וּתְמַהֵרְנָה	17
ヒーネ	ヌーれア	ナーセィテエヴ	ナレーヘマゥトウ	
をき嘆	に上の達私	るげ上は達女彼てしそ	ぐ急は達女彼てしそ	
停単男	尾・前	複女3未パ・接	複女3未ピ・接	

דִּמְעָה	עֵינֵינוּ	וְתֵרַדְנָה
ーアムィデ	ヌーネーエ	ナゥドラテェヴ
を涙	は目両の達私	す流てしそ
単女	尾・双女	複女3未パ・接

מָיִם׃	יִזְּלוּ־	וְעַפְעַפֵּינוּ
ムイマ	ーるゼイ	ヌーペアフアェヴ
を水	すら滴	はたぶま両の達私てしそ
停双男	複男3未パ	尾・双男・接

17 巧みな泣き女を迎えにやり、ここに来させよ。
急がせよ、我々のために嘆きの歌をうたわせよ。
我々の目は涙を流し
まぶたは水を滴らせる。

מִצִּיּוֹן	נִשְׁמַע	נְהִי	קוֹל	כִּי	18
ンヨィツミ	ーマュシニ	ーヒネ	るーコ	ーキ	
らかンオシ	たれか聞	のき嘆	が声	らか～らなぜな	
固・前	単男3完ニ	単男	連単男	接	

שֻׁדָּדְנוּ	אֵיךְ
ヌゥドダュシ	ふエ
たれさ奪略は達私	か～にうよのど
停複1完プ	疑

אָרֶץ	עָזַבְנוּ	כִּי־	מְאֹד	בֹּשְׁנוּ
ツレア	ヌヴザア	ーキ	ドッオメ	ヌエシボ
を地	たて捨は達私	らか～らなぜな	に常非	たっ入じ恥は達私
停単女	複1完パ	接	副	複1完パ

מִשְׁכְּנוֹתֵינוּ׃	הִשְׁלִיכוּ	כִּי
ヌーテノケュシミ	ーふーりュシヒ	ーキ
をいま住の達私	たて捨げ投はら彼	らか～らなぜな
尾・複男	複3完ヒ	接

18 嘆きの声がシオンから聞こえる。
いかに、我々は荒らし尽くされたことか。
甚だしく恥を受けたことか。
まことに、我々はこの地を捨て
自分の住まいを捨て去った。

---

16. הַחֲכָמוֹת ＝'賢い女達'の意.

17. מִהֵר < וּתְמַהֵרְנָה

נָשָׂא < וְתִשֶּׂנָה

נֶהִי ＝√ נהה , cf. נָהָה「嘆く」

יָרַד < וְתֵרַדְנָה

נָזַל < יִזְּלוּ

18. בּוֹשׁ < בֹּשְׁנוּ

מִשְׁכְּנוֹתֵינוּ < מִשְׁכָּן ＝√ שכן , cf. שָׁכַן「住む」

19

כִּֽי־	שְׁמַ֤עְנָה	נָשִׁים֙	דְּבַר־	יְהוָ֔ה
ーキ	ナーマェシ	ムーシナ	ルァヴデ	イナドア
にか確	け聞は達たなあ	よ達女	を葉言	の**主**
接	複女2命パ	複女	連単男	固

וְתִקַּ֥ח	אָזְנְכֶ֖ם	דְּבַר־	פִּ֑יו
ふカィテェヴ	ムヘネズオ	ルァヴデ	ヴピ
る取てしそ	は耳の達たなあ	を葉言	の口の彼
単女3未パ・接	尾・単女	連単男	尾・単男

וְלַמֵּ֤דְנָה	בְנֽוֹתֵיכֶם֙	נֶ֔הִי
ナデメらェヴ	ムヘテノェヴ	ヒーネ
ろえ教は達たなあてしそ	に達娘の達たなあ	をき嘆
複女2命ピ・接	尾・複女	停単男

וְאִשָּׁ֥ה	רְעוּתָ֖הּ	קִינָֽה׃
ーャシイェヴ	ハターウレ	ーナキ
に女てしそ	人隣の女彼	を歌哀
単女・接	尾・単女	単女

19 女たちよ、主の言葉を聞け。
耳を傾けて、主の口の言葉を受け入れよ。
あなたたちの仲間に、嘆きの歌を教え
互いに哀歌を学べ。

20

כִּֽי־	עָ֤לָה	מָ֙וֶת֙	בְּחַלּוֹנֵ֔ינוּ
ーキ	らーア	トッェヴマ	ヌーネろはベ
らか〜らなぜな	たっ上	が死	に窓の達私
接	単男3完パ	単男	尾・複男・前

בָּ֖א	בְּאַרְמְנוֹתֵ֑ינוּ
ーバ	ヌーテノメルアベ
た来	に殿宮の達私
単男3完パ	尾・複男・前

לְהַכְרִ֤ית	עוֹלָל֙	מִח֔וּץ
トーリふハれ	るらオ	ツーふミ
にめたつ絶	を子幼	らか外
不ヒ・前	単男	単男・前

בַּחוּרִ֖ים	מֵרְחֹבֽוֹת׃
ムーリふバ	トッォヴほレメ
を達男い若	らか場広
複男	複男・前

20 死は窓に這い上がり
城郭の中に入り込む。
通りでは幼子を、広場では若者を滅ぼす。

---

19. אָזְנְכֶם < אֹזֶן

20. בְּאַרְמְנוֹתֵינוּ < אַרְמוֹן

יְהוָה	נְאֻם־	כֹּה	דַּבֵּר	21
イナドア	ムウネ	一コ	ルベダ	
の主	げ告み	にうよのこ	れ語はたなあ	
固	連単男	副	単男2命ピ	

הָאָדָם	נִבְלַת	וְנָפְלָה
ムダアハ	トッらヴニ	ーらェフナェヴ
の間人	は体死	るち落てしそ
単男・冠	連単女	単女3完パ・倒

הַשָּׂדֶה	פְּנֵי	עַל־	כְּדֹמֶן
ーデサハ	ーネペ	るア	ンメドケ
の野	面	に上の	にうよのしや肥
単男・冠	連複女	前	単男・前

הַקֹּצֵר	מֵאַחֲרֵי	וּכְעָמִיר
ルェツコハ	ーレはアメ	ルーミアふウ
者るれ入り刈	らかろ後の	にうよの束てしそ
単男分パ・冠	前・前	単男・前・接

מְאַסֵּף׃	וְאֵין
フセアメ	ンエェヴ
は者るめ集	いないてしそ
単男分ピ	副・接

21 このように告げよ、と主は言われる。
人間のしかばねが野の面を
糞土のように覆っている。
刈り入れる者の後ろに落ちて
集める者もない束のように。

יְהוָה	אָמַר	כֹּה	22
イナドア	ルマア	一コ	
は主	たっ言	にうよのこ	
固	単男3完パ	副	

בְּחָכְמָתוֹ	חָכָם	יִתְהַלֵּל	אַל־
ートマふほベ	ムはは	るれハゥトイ	るア
を恵知の彼	はるあの恵知	なる誇	
尾・単女・前	単男形	単男3未ト	副

בִּגְבוּרָתוֹ	הַגִּבּוֹר	יִתְהַלֵּל	וְאַל־
ートラヴグビ	ルーボギハ	るれハゥトイ	るアェヴ
をさしま勇の彼	はいしま勇	なる誇てしそ	
尾・単女・前	単男形・冠	単男3未ト	副・接

22 主はこう言われる。
知恵ある者は、その知恵を誇るな。
力ある者は、その力を誇るな。

---

21. מְאַסֵּף , הַקֹּצֵר =分詞の名詞的用法.

22. אַל־יִתְהַלֵּל =アル禁止形.

חָכָם =‘知恵のある者は’の意.

הַגִּבּוֹר =‘勇ましい者は’の意.

בְּעָשְׁרוֹ׃	עָשִׁיר	יִתְהַלֵּל	אַל־
ーロュシオベ	ルーシア	るれハゥトイ	るア
を富の彼	はるいでん富		なる誇
尾・単男・前	単男形	単男3未ト	副

הַמִּתְהַלֵּל	יִתְהַלֵּל	בְּזֹאת	אִם־	כִּי	23
るれハゥトミハ	るれハゥトイ	トッゾベ	ムイ	ーキ	
は者る誇	る誇	をれこ		くなはでうそ	
単男分ト・冠	単男3未ト	代・前	接	接	

אוֹתִי	וְיָדֹעַ	הַשְׂכֵּל
ィテオ	アドヤェヴ	るケスハ
を私	をとこる知てしそ	をとこるす解理
尾・前	不パ・接	不ヒ

יְהוָה	אֲנִי	כִּי
イナドア	ーニア	ーキ
主	は私	らか〜らなぜな
固	代	接

בָּאָרֶץ	וּצְדָקָה	מִשְׁפָּט	חֶסֶד	עֹשֶׂה
ツレアバ	ーカダツウ	トッパュシミ	ドッセヘ	ーセオ
に地	を義正と	を正公	をみし慈	うな行
単女・冠前	単女・接	単男	単男	単男分パ

יְהוָה׃	נְאֻם־	חָפַצְתִּי	בְאֵלֶּה	כִּי־
イナドア	ムウネ	ィテツァフは	れーエェヴ	ーキ
の**主**	げ告み	ぶ喜は私	をられこ	らか〜らなぜな
固	連単男	単1完パ	代・前	接

יְהוָה	נְאֻם־	בָּאִים	יָמִים	הִנֵּה	24
イナドア	ムウネ	ムーイバ	ムーミヤ	ーネヒ	
の**主**	げ告み	るいて来	が々日	よ見	
固	連単男	複男分パ	複男	間	

בְּעָרְלָה׃	מוּל	כָּל־	עַל־	וּפָקַדְתִּי
ーらルオベ	るーム	るコ	るア	ィテゥドカァフウ
に皮包	者たれさ礼割	のて全	ていつに	るす罰は私てしそ
単女・前	単男受分パ	連単男	前	単1完パ・倒

富ある者は、その富を誇るな。
23むしろ、誇る者は、この事を誇るがよい
目覚めてわたしを知ることを。
わたしこそ主。
この地に慈しみと正義と恵みの業を行う事
その事をわたしは喜ぶ、と主は言われる。
24見よ、時が来る、と主は言われる。
そのとき、わたしは包皮に割礼を受けた者を
ことごとく罰する。

---

22. עָשִׁיר ＝'富んでいる者は'の意.

23. הַמִּתְהַלֵּל ＝分詞の名詞的用法.

כִּי ＝別「まことに」

24. מוּל ＝分詞の名詞的用法.

25 エジプト、ユダ、エドム
アンモンの人々、モアブ
すべて荒れ野に住み
もみ上げの毛を切っている人々
すなわち割礼のない諸民族をことごとく罰し
また、心に割礼のないイスラエルの家を
すべて罰する。

25

עַל־	מִצְרַיִם	וְעַל־	יְהוּדָה	וְעַל־	אֱדוֹם
るア	ムイラツミ	るアェヴ	ーダフェイ	るアェヴ	ムドエ
ていつに	トプジエ	ていつに〜と	ダユ	ていつに〜と	ムドエ
前	固	前・接	男固	前・接	固

וְעַל־	בְּנֵי	עַמּוֹן	וְעַל־	מוֹאָב
るアェヴ	ーネベ	ンモア	るアェヴ	ヴアモ
ていつに〜と	達子息	のンモンア	ていつに〜と	ブアモ
前・接	連複男	固	前・接	固

וְעַל	כָּל־	קְצוּצֵי	פֵאָה
るアェヴ	るコ	ーェツツケ	ーアェフ
ていつに〜と	のて全	達者たれさと落り切	の端
前・接	連単男	連複男受分パ	単女

הַיֹּשְׁבִים	בַּמִּדְבָּר
ムーィヴェシヨハ	ルバウドミバ
るいでん住	に野荒
複男分パ・冠	単男・冠前

כִּי	כָל־	הַגּוֹיִם	עֲרֵלִים
ーキ	るほ	ムーイゴハ	ムーりレア
らか〜らなぜな	のて全	は族民諸	だ礼割無
接	連単男	複男・冠	複男形

וְכָל־	בֵּית	יִשְׂרָאֵל	עַרְלֵי־	לֵב׃
るほェヴ	トーベ	るエラスイ	ーれルア	ヴれ
のて全てしそ	は家	のルエラスイ	礼割無	の心
連単男・接	連単男	男固	連複男形	単男

10 偶像とまことの神

1 イスラエルの家よ、主があなたたちに語られた言葉を聞け。 2 主はこう言われる。

10 1

שִׁמְעוּ	אֶת־	הַדָּבָר	אֲשֶׁר	דִּבֶּר
ーウムシ	トッエ	ルァヴダハ	ルェシア	ルベィデ
け聞は達たなあ	を	葉言	のろこと〜	たっ語
複男2命パ	前	単男・冠	関	単男3完ピ

יְהוָה	עֲלֵיכֶם	בֵּית	יִשְׂרָאֵל׃
イナドア	ムへれア	トーベ	るエラスイ
が**主**	に上の達たなあ	よ家	のルエラスイ
固	尾・前	連単男	男固

---

25. 本節に6回出てくる前置詞 עַל は，前節の וּפָקַדְתִּי「私は罰する」にかかる．

קְצוּצֵי < קְצוּצִים =√ קצץ，分詞の名詞的用法．

פֵאָה =「端(の毛)」で‘もみあげ’の意 (cf.レビ19:27)．

2 異国(いこく)の民(たみ)の道(みち)に倣(なら)うな。天(てん)に現(あらわ)れるしるしを恐(おそ)れるな。それらを恐(おそ)れるのは異国(いこく)の民(たみ)のすることだ。

2	כֹּה	אָמַר	יְהוָה
	ーコ	ルマア	イナドア
	にうよのこ	たっ言	は主
	副	単男3完パ	固

אֶל־	דֶּרֶךְ	הַגּוֹיִם	אַל־	תִּלְמָדוּ
るエ	ふレデ	ムーイゴハ	るア	ゥドーマるィテ
に	道	の族民諸		なぶ学は達たなあ
前	連単女	複男・冠	副	停複男2未パ

וּמֵאֹתוֹת	הַשָּׁמַיִם	אַל־	תֵּחָתּוּ
トットオメウ	ムイマャシハ	るア	ゥトーはテ
らかしるしてしそ	の天		なくののおは達たなあ
連複女・前・接	双男・冠	副	停複男2未パ

כִּי־	יֵחַתּוּ	הַגּוֹיִם	מֵהֵמָּה׃
ーキ	ゥトはエイ	ムーイゴハ	マーヘメ
らか〜らなぜな	くののお	が族民諸	らかられそ
接	複男3未パ	複男・冠	代・前

3 もろもろの民(たみ)が恐(おそ)れるものは空(むな)しいもの 森(もり)から切(き)り出(だ)された木片(もくへん) 木工(もっこう)がのみを振(ふ)るって造(つく)ったもの。

3	כִּי־	חֻקּוֹת	הָעַמִּים	הֶבֶל	הוּא
	ーキ	トッコふ	ムーミアハ	るェヴヘ	ーフ
	らか〜らなぜな	はめ定	の民国諸	さし空	はれそ
	接	連複女	複男・冠	単男	代

כִּי־	עֵץ	מִיַּעַר	כְּרָתוֹ
ーキ	ツエ	ルアヤミ	ートラケ
らか〜らなぜな	木	らか森	たっ切をれそは彼
接	単男	単男・前	尾・単男3完パ

מַעֲשֵׂה	יְדֵי־	חָרָשׁ	בַּמַּעֲצָד׃
ーセアマ	ーデェイ	ュシラは	ドッァツアマバ
業	の手両	の人職	で斧
連単女	連双女	単男	単男・冠前

4 金銀(きんぎん)で飾(かざ)られ

4	בְּכֶסֶף	וּבְזָהָב	יְיַפֵּהוּ
	フセヘベ	ヴハザヴウ	フーペヤェイ
	で銀	で金と	る飾をれそは彼
	単男・前	単男・前・接	尾・単男3未ピ

---

2. אַל־תֵּחָתּוּ , אַל־תִּלְמָדוּ =アル禁止形.

וּמֵאֹתוֹת < אוֹת

תֵּחָתּוּ , יֵחַתּוּ < חָתַת

3. חֻקּוֹת < חֻקָּה =√ חקק , cf. חָקַק「刻みつける」

כִּי =副「まことに」

כְּרָתוֹ < כָּרַת

4. יְיַפֵּהוּ < יִפָּה , cf. יָפֶה「美しい」

留め金をもって固定され、身動きもしない。
5 きゅうり畑のかかしのようで、口も利けず
歩けないので、運ばれて行く。
そのようなものを恐れるな。

בְּמַסְמְרוֹת	וּבְמַקָּבוֹת	יְחַזְּקוּם
トッロメスマベ	トッォヴカマヴウ	ムクゼはエイ
で釘	で槌と	るす定固をれそはら彼
複男・前	複女・前・接	尾・複男3未ピ

וְלוֹא	יָפִיק׃
ーろェヴ	クーィフヤ
いなか動はれそてしそ	
副・接	単男3未ヒ

5

כְּתֹמֶר	מִקְשָׁה	הֵמָּה
ルメトケ	ーャシクミ	マーへ
うよのしかか	の畑りうゅき	はられそ
連単男・前	単女	代

וְלֹא	יְדַבֵּרוּ
ーろェヴ	ールーベダェイ
いなら語はられそてしそ	
副・接	停複男3未ピ

彼らは災いをくだすことも
幸いをもたらすこともできない。
6 主よ、あなたに並ぶものはありません。

נָשׂוֹא	יִנָּשׂוּא	כִּי	לֹא	יִצְעָדוּ
ーソナ	ースナイ	ーキ	ーろ	ゥドーアツイ
るれば運ず必はられそ		らか〜らなぜな	いなか行み進はられそ	
不パ	複男3未ニ	接	副	停複男3未パ

אַל־	תִּירְאוּ	מֵהֶם	כִּי־	לֹא	יָרֵעוּ
るア	ーウレィテ	ムへメ	ーキ	ーろ	ウーレヤ
なるれ恐は達たなあ		をられそ	らか〜らなぜな	いなしく悪はられそ	
前	複男2未パ	代・前	接	副	複男3未ヒ

וְגַם־	הֵיטֵיב	אֵין	אוֹתָם׃
ムガェヴ	ヴテへ	ンエ	ムタオ
たまも〜てしそ	とこるすく良	いな	をら彼
接・接	不ヒ	副	尾・前

6

מֵאֵין	כָּמוֹךָ	יְהוָה
ンエメ	はーモカ	イナドア
いない	なうよのたなあ	よ主
副・前	尾・前	固

---

4. וּבְמַקָּבוֹת < מַקֶּבֶת ＝√ נקב , cf. נָקַב「突き通す, 穴をあける」

יְחַזְּקוּם < חִזֵּק , cf. חָזָק「強い」

5. כְּתֹמֶר ＝別「なつめやしのよう」

נָשׂוֹא יִנָּשׂוּא ＝√ נשא , 独立不定詞＋未完了で強調.

אַל־תִּירְאוּ ＝アル禁止形.

יָרֵעוּ < הֵרַע ＝√ רעע , cf. רַע「悪い」

6. מֵאֵין ＝否定の意味の מֵ「〜ない」＋ אֵין「いない」で否定を強調.

בִּגְבוּרָה׃	שִׁמְךָ	וְגָדוֹל	אַתָּה	גָּדוֹל	
ーラヴグビ	ーはムシ	るードガェヴ	ータア	るードガ	
にちうの力	は名のたなあ	いき大てしそ	はたなあ	いき大	
単女・前	尾・単男	単男形・接	代	単男形	

הַגּוֹיִם	מֶלֶךְ	יִרָאֲךָ	לֹא	מִי	7
ムーイゴハ	ふれメ	ーはアライ	ーろ	ーミ	
の族民諸	よ王	いなれ恐をたなあ		か〜が誰	
複男・冠	単男	尾・単男3未パ	副	疑	

יָאָתָה	לְךָ	כִּי
ターアヤ	ーはれ	ーキ
いしわさふ	にたなあ	にとこま
停単女3完パ	尾・前	接

הַגּוֹיִם	חַכְמֵי	בְכָל־	כִּי
ムーイゴハ	ーメふは	るほェヴ	ーキ
の族民諸	い賢	にちうの〜のて全	らか〜らなぜな
複男・冠	連複男形	連単男・前	接

כָּמוֹךָ׃	מֵאֵין	מַלְכוּתָם	וּבְכָל־
はーモカ	ンエメ	ムタふるマ	るほヴウ
なうよのたなあ	いない	国王のら彼	にちうの〜のて全てしそ
尾・前	副・前	尾・単男	連単男・前・接

וְיִכְסָלוּ	יִבְעֲרוּ	וּבְאַחַת	8
ーるーサふイェヴ	ールアヴイ	トッはアヴウ	
るあで鹿馬はら彼てしそ	るあでか愚はら彼	につ一てしそ	
停複男3未パ・接	複男3未パ	数・前・接	

הוּא׃	עֵץ	הֲבָלִים	מוּסַר
ーフ	ツエ	ムーりァヴハ	ルサム
はれそ	木	のさし空	し諭
代	単男	複男	連単男

יוּבָא	מִתַּרְשִׁישׁ	מְרֻקָּע	כֶּסֶף	9
ーァヴユ	ュシーシルタミ	ーカルメ	フセケ	
るれら来てっ持	らかシシルタ	たれさば伸ち打	は銀	
単男3未フ	固・前	単男分プ	単男	

あなたは大いなる方
御名には大いなる力があります。
7 諸国民の王なる主よ
あなたを恐れないものはありません。
それはあなたにふさわしいことです。

諸国民、諸王国の賢者の間でも
あなたに並ぶものはありません。
8 彼らは等しく無知で愚かです。
木片にすぎない空しいものを戒めとしています。
9 それはタルシシュからもたらされた銀箔

---

7. יִרָאֲךָ < יָרֵא

יָאָתָה < יָאָה

חַכְמֵי ＝‘賢い者達’の意.

מֵאֵין ＝cf.6節.

8. וּבְאַחַת ＝「一つに」で‘等しく’の意.

9. מִתַּרְשִׁישׁ ＝ⓐスペインの一地方, ⓑ小アジアの一地方.

ウファズの金、青や紫を衣として
木工や金細工人が造ったもの
いずれも、巧みな職人の造ったものです。

וְזָהָב֙	מֵאוּפָ֔ז
ヴハザェヴ	ズァフウメ
は金てしそ	らかズァフウ
単男・接	固・前

מַעֲשֵׂ֥ה	חָרָ֖שׁ	וִידֵ֣י	צוֹרֵ֑ף
ーセアマ	ュシラは	ーディヴ	フレォツ
業	の人職	手両てしそ	の者るす錬精
連単男	単男	連双女・接	単男分パ

תְּכֵ֤לֶת	וְאַרְגָּמָן֙	לְבוּשָׁ֔ם
トッれヘテ	ンマガルアェヴ	ムャシヴれ
色青	色紫と	はい装のら彼
単女	単男・接	尾・単男

מַעֲשֵׂ֥ה	חֲכָמִ֖ים	כֻּלָּֽם׃
ーセアマ	ムーミはは	ムらク
業	のい賢	皆はられそ
連単男	単男形	尾・単男

10 主は真理の神、命の神、永遠を支配する王。
その怒りに大地は震え
その憤りに諸国の民は耐ええない。

10	וַיהוָ֤ה	אֱלֹהִים֙	אֱמֶ֔ת
	イナドァヴ	ムーヒろエ	トッメエ
	は**主**しかし	神	実真
	固・接	複男	単女

הֽוּא־	אֱלֹהִ֥ים	חַיִּ֖ים	וּמֶ֣לֶךְ	עוֹלָ֑ם
ーフ	ムーヒろエ	ムーイは	ふれメウ	ムらオ
は彼	神	るいてき生	王てしそ	の遠永
代	複男	複男形	連単男・接	単男

מִקִּצְפּוֹ֙	תִּרְעַ֣שׁ	הָאָ֔רֶץ
ーポツキミ	ュシアルィテ	ツレアハ
らか怒激の彼	るえ震	は地
尾・単男・前	単女3未パ	単女・冠

וְלֹא־	יָכִ֥לוּ	גוֹיִ֖ם	זַעְמֽוֹ׃
ーろェヴ	ーるーひヤ	ムーイゴ	ーモーザ
いなれらえ耐てしそ		は族民諸	に慨憤の彼
副・接	複男3未ヒ	複男	尾・単男

---

9. מֵאוּפָ֔ז =どの地域かは不明.

לְבוּשָׁם =cf. לָבַשׁ「着る」

חֲכָמִים =‘賢い者達の’の意.

10. מִקִּצְפּוֹ֙ < קֶצֶף

יָכִלוּ < הֵכִיל =√ כול , 原意は「収容する, 溜める」

זַעְמוֹ < זַעַם

11 このように彼らに言え。天と地を造らなかった神々は地の上、天の下から滅び去る、と。

12 御力をもって大地を造り知恵をもって世界を固く据え英知をもって天を広げられた方。

13 主が御声を発せられると、天の大水はどよめく。

11

כִּדְנָה	תֵּאמְרוּן	לְהוֹם	אֱלָהַיָּא
ーナゥドキ	ンルメテ	ムホれ	ーヤハらエ
にうよのこ	う言は達たなあ	にら彼	は々神
代・前	複男2未ぺ	尾・前	冠・複男

דִּי־	שְׁמַיָּא	וְאַרְקָא	לָא	עֲבַדוּ
ィデ	ーヤマェシ	ーカルアェヴ	ーら	ゥドーァヴア
のろこと	を天	を地てしそ		たっかなら作
関	冠・複男	冠・単女・接	副	複3完ぺ

יֵאבַדוּ	מֵאַרְעָא
ゥドーァヴアェイ	ーアルアメ
るび滅	らか地
複男3未ぺ	冠・単女・前

וּמִן־	תְּחוֹת	שְׁמַיָּא	אֵלֶּה׃
ンミウ	トッほテ	ーヤマェシ	れーエ
らか〜てしそ	下の〜	天	のこ
前・接	前	冠・複男	代

12

עֹשֵׂה	אֶרֶץ	בְּכֹחוֹ
ーセオ	ツレエ	ーほほべ
者る作	を地	で力の彼
連単男分パ	単女	尾・単男・前

מֵכִין	תֵּבֵל	בְּחָכְמָתוֹ
ンひメ	るェヴテ	ートマふほべ
者るえ据く固	を界世	で恵知の彼
単男分ヒ	単女	尾・単女・前

וּבִתְבוּנָתוֹ	נָטָה	שָׁמָיִם׃
ートナヴゥトィヴウ	ータナ	ムイマャシ
で知英の彼てしそ	たっ張	を天
尾・単女・前・接	単男3完パ	停双男

13

לְקוֹל	תִּתּוֹ	הֲמוֹן	מַיִם	בַּשָּׁמַיִם
るーコれ	ートィテ	ンモハ	ムイマ	ムイマャシバ
に声	るえ与が彼	きめよど	の水	で天
単男・前	尾・不パ	連単男	双男	双男・冠前

---

11. この節はすべてアラム語. 動詞「ぺ(ぺアル)」はヘブライ語の「パアル」と同等.

12. עֹשֵׂה , מֵכִין ＝分詞の名詞的用法.

מֵכִין < הֵכִין ＝√ כון「ⓐ固く立てる, 据える, ⓑ備える」

וּבִתְבוּנָתוֹ < תְּבוּנָה ＝√ בין

13. תִּתּוֹ < נָתַן , 不定詞に付く人称接尾辞が意味上の主語.

וַיַּעֲלֶה	נְשִׂאִים	מִקְצֵה	אָרֶץ
ーれアヤァヴ	ムーイィスネ	ーェツクミ	ツレアハ★
たせら上は彼てしそ	を雲雨	らか端	の地
単男3未ヒ・倒	複男	連単男・前	単女・冠

בְּרָקִים	לַמָּטָר	עָשָׂה
ムーキラベ	ルタマら	ーサア
を妻稲	にめたの雨	たっ作は彼
複男	単男・冠前	単男3完パ

וַיּוֹצֵא	רוּחַ	מֵאֹצְרֹתָיו׃
ーェツヨァヴ	はアール	ヴタロェツオメ
たし出は彼てしそ	を風	らか倉の彼
単男3未ヒ・倒	単女	尾・複男・前

14

נִבְעַר	כָּל־	אָדָם	מִדַּעַת
ルアヴニ	るコ	ムダア	トッアダミ
るあでか愚	のて全	は間人	識知無
単男3完ニ	連単男	単男	単女・前

הֹבִישׁ	כָּל־	צוֹרֵף	מִפָּסֶל
ユシッィヴホ	るコ	フレォツ	るセーパミ
たいかを恥	のて全	は師工細金	に故の像偶
単男3完ヒ	連単男	単男分パ	停単男・前

כִּי	שֶׁקֶר	נִסְכּוֹ
ーキ	ルケェシ	ーコスニ
らか〜らなぜな	り偽	は物げ献のぎ注のそ
接	単男	尾・単男

וְלֹא־	רוּחַ	בָּם׃
ーろェヴ	はアール	ムバ
いなてしそ	が霊	にちうのられそ
副・接	単女	尾・前

15

הֶבֶל	הֵמָּה	מַעֲשֵׂה	תַּעְתֻּעִים
るェヴへ	マーへ	ーセアマ	ムーイゥトータ
さし空	はられそ	業	のり嘲
単男	代	連単男	複男

地の果てから雨雲を湧き上がらせ
稲妻を放って雨を降らせ
風を倉から送り出される。
14 人は皆、愚かで知識に達しえない。

金細工人は皆、偶像のゆえに辱められる。
鋳て造った像は欺瞞にすぎず
霊を持っていない。
15 彼らは空しく、また嘲られるもの

---

13. (כ) ארץ , (ק) הָאָרֶץ

וַיּוֹצֵא < הוֹצִיא = √ יצא

מֵאֹצְרֹתָיו < אוֹצָר = √ אצר , cf. אָצַר「蓄える」

14. מִדַּעַת = 否定の מ (Ges § 119-y).

הֹבִישׁ = √ בוש

צוֹרֵף = 分詞の名詞的用法.

נִסְכּוֹ < נֶסֶךְ

בְּעֵת	פְּקֻדָּתָם	יֹאבֵדוּ׃
トッエベ	ムタダクペ	ゥドーェヴヨ
に時	の罰のられそ	ぶ滅はられそ
単女・前	尾・単女	停複男3未パ

16	לֹא־	כְאֵלֶּה	חֵלֶק	יַעֲקֹב
	ーろ	れーエヘ	クれヘ	ヴコアヤ
	いなはで〜	うよのられこ	は前け分	のブコヤ
	副	代・前	連単男	男固

כִּי־	יוֹצֵר	הַכֹּל	הוּא
ーキ	ルェツヨ	るコハ	ーフ
らか〜らなぜな	者る造	をて全	は彼
接	単男分パ	単男・冠	代

וְיִשְׂרָאֵל	שֵׁבֶט	נַחֲלָתוֹ
るエラスイェヴ	トッェヴェシ	ートらはナ
はルエラスイてしそ	族部	の業嗣のそ
男固・接	連単男	尾・単女

יְהוָה	צְבָאוֹת	שְׁמוֹ׃
イナドア	トッオァヴェツ	ーモェシ
主	の軍万	は名の彼
固	複男	尾・単男

17	אִסְפִּי	מֵאֶרֶץ	כִּנְעָתֵךְ
	ーピスイ	ツレエメ	ふテアンキ
	ろめ集はたなあ	らか地	を物荷のたなあ
	単女2命パ	単女・前	尾・単女

יֹשֶׁבֶת	בַּמָּצוֹר׃
トッェヴェシヨ★	ルーォツマバ
よ者るいてっ座	にちうの囲包
単女分パ	単男・冠前

18	כִּי־	כֹה	אָמַר	יְהוָה
	ーキ	ーほ	ルマア	イナドア
	らか〜らなぜな	にうよのこ	たっ言	は**主**
	接	副	単男3完パ	固

裁きの時が来れば滅びてしまう。
16 ヤコブの分である神はこのような方ではない。
万物の創造者であり
イスラエルはその方の嗣業の民である。
その御名は万軍の主。
17 包囲されて座っている女よ
地からお前の荷物を集めよ。
18 主はこう言われる。

---

16. יוֹצֵר ＝分詞の名詞的用法.

17. ⓚ ישבתי , ⓠ יֹשֶׁבֶת , 分詞の名詞的用法.
別「座っている女よ」

ヘブライ語	読み	逐語訳	文法
הִנְנִי	ヒンニー	見よ私は	間・尾
קוֹלֵעַ	コレア	投げ出す	パ分男単
אֶת־	エット	を	前
יוֹשְׁבֵי	ヨシェヴェー	住んでいる者達	パ分男複連
הָאָרֶץ	ハアレツ	地に	冠・女単
בַּפַּעַם	バパアム	今回で	前冠・女単
הַזֹּאת	ハゾット	この	冠・代
וַהֲצֵרוֹתִי	ヴァハツェローティ	そして私は攻め囲む	倒・ヒ完1単
לָהֶם	ラヘム	彼らを	前・代
לְמַעַן	レマアン	ために	前
יִמְצָאוּ׃	イムツァーウ	彼らが見つける	パ未3男複停

19

ヘブライ語	読み	逐語訳	文法
אוֹי	オイ	ああ	間
לִי	リー	私に	前・尾
עַל־	アル	の上に	前
שִׁבְרִי	シヴリー	私の砕け	男単・尾
נַחְלָה	ナフラー	癒しがたい	ニ分女単
מַכָּתִי	マカティ	私の打撃	女単・尾
וַאֲנִי	ヴァアニー	しかし私は	接・代
אָמַרְתִּי	アマルティ	私は言った	パ完1単
אַךְ	アフ	確かに	副
זֶה	ゼ	これは	代
חֳלִי	ホリー	病気	男単
וְאֶשָּׂאֶנּוּ׃	ヴェエサエーヌ	そして私はそれを負う	接・パ未1単・尾・強

20

ヘブライ語	読み	逐語訳	文法
אָהֳלִי	オホリー	私の天幕は	男単・尾
שֻׁדָּד	シュダッド	略奪された	プ完3男単
וְכָל־	ヴェホル	そして全ての	接・男単連
מֵיתָרַי	メタライ	私の綱は	男複・尾
נִתָּקוּ	ニタクー	断ち切られた	ニ完3複停

見よ、今度こそ
　わたしはこの地の住民を投げ出す。
わたしは彼らを苦しめる
　彼らが思い知るように。

19 ああ、災いだ。わたしは傷を負い
　わたしの打ち傷は痛む。
しかし、わたしは思った。
「これはわたしの病
　わたしはこれに耐えよう。」

20 わたしの天幕は略奪に遭い
天幕の綱はことごとく断ち切られ

---

18. יוֹשְׁבֵי ＝分詞の名詞的用法.

וַהֲצֵרוֹתִי < הֵצֵר ＝√ צרר ,「ⓐ包囲する, ⓑ苦しめる」

19. נַחְלָה ＝√ חלה

מַכָּתִי < מַכָּה ＝√ נכה , cf. הִכָּה「打つ」

נָשָׂא < וְאֶשָּׂאֶנּוּ

וְאֵינָם	יְצָאֻנִי	בָּנַי
ヴェエナム	イェツァウーニ	バナイ
そして彼らはいない	私を出た	私の息子達は
接・副・尾	パ完3複・尾	男複・尾

אָהֳלִי	עוֹד	נֹטֶה	אֵין־
オホりー	オッド	ノテー	エン
私の天幕を	再び	張る者は	いない
男単・尾	前	パ分男単	副

יְרִיעוֹתָי׃	וּמֵקִים
イェリオタイ	ウメキーム
私の幕を	そして立てる者は
女複・尾停	接・ヒ分男単

21

הָרֹעִים	נִבְעֲרוּ	כִּי
ハロイーム	ニヴアルー	キー
牧者達は	愚かになった	なぜなら〜から
冠・パ分男複	ニ完3複	接

דָרָשׁוּ	לֹא	יְהוָה	וְאֶת־
ダラーシュー	ろー	アドナイ	ヴェエット
求めなかった		**主**	そして〜を
パ完3複停	副	固	接・前

הִשְׂכִּילוּ	לֹא	כֵּן	עַל־
ヒスキーるー	ろー	ケン	アる
彼らは悟らなかった		この故に	
ヒ完3複	副	副	前

נָפוֹצָה׃	מַרְעִיתָם	וְכָל־
ナフォーツァ	マルイタム	ヴェほる
散らされた	彼らの牧場は	そして全ての
ニ完3女単	女単・尾	接・男単連

22

בָאָה	הִנֵּה	שְׁמוּעָה	קוֹל
ヴァアー	ヒネ	シェムアー	コーる
来ている	見よ	知らせが	声
パ分女単	間	女単	男単

息子らはわたしのもとから連れ去られて
ひとりもいなくなった。
わたしの天幕を張ってくれる者も
その幕を広げてくれる者もいない。

21 群れを養う者は愚かになり
主を尋ね求めることをしない。
それゆえ、彼らはよく見守ることをせず
群れはことごとく散らされる。

22 声がする。見よ、知らせが来る。

---

20. יְצָאֻנִי < יָצָא

וּמֵקִים , נֹטֶה =分詞の名詞的用法.

יְרִיעוֹתָי < יְרִיעָה

21. מַרְעִיתָם < מַרְעִית =√ רעה , cf. רָעָה「(群れを)養う」

נָפוֹצָה < נָפוֹץ =√ פוץ

22. שְׁמוּעָה =√ שמע , cf. שָׁמַע「聞く」

北の国から大いなる地響きが聞こえる。
それはユダの町々を荒廃させ
山犬の住みかとする。

וְרַעַשׁ	גָּדוֹל	מֵאֶרֶץ	צָפוֹן
ュシアラェヴ	る―ドガ	ツレエメ	ンォファツ
ぎ騒てしそ	いき大	らか地	の北
単男・接	単男形	連単女・前	単女

לָשׂוּם	אֶת־	עָרֵי	יְהוּדָה
ムスら	トッエ	―レア	―ダフェイ
のめたるすと〜	を	々町	のダユ
不パ・前	前	連複女	男固

שְׁמָמָה	מְעוֹן	תַּנִּים׃
―ママェシ	ンオメ	ム―ニタ
廃荒	巣	の犬山
単女	連単男	複女

23 主よ、わたしは知っています。

23

יָדַעְתִּי	יְהוָה
ィテーダヤ	イナドア
るいてっ知は私	よ主
単1完パ	固

24 人はその道を定めえず
歩みながら、足取りを確かめることもできません。
主よ、わたしを懲らしめてください
しかし、正しい裁きによって。

כִּי	לֹא	לָאָדָם	דַּרְכּוֹ
―キ	―ろ	ムダアら	―コルダ
をとこ〜	いな	はに間人	が道の彼
接	副	単男・前	尾・単女

לֹא־	לְאִישׁ	הֹלֵךְ
―ろ	ュシ―イれ	ふれホ
いな	はに人	く歩
副	単男・前	単男分パ

וְהָכִין	אֶת־	צַעֲדוֹ׃
ンひハェヴ	トッエ	―ドアァツ
がとこるえ据く堅てしそ	を	み歩の彼
不ヒ・接	前	尾・単男

24

יַסְּרֵנִי	יְהוָה	אַךְ־	בְּמִשְׁפָּט
ニ―レセヤ	イナドア	ふア	トッパュシミベ
ろめしら懲を私はたなあ	よ主	だた	てっよに正公
尾・単男2命ピ	固	副	単男・前

---

22. וְרַעַשׁ =cf. רָעַשׁ「揺れる, 振動する」

23. וְהָכִין =√ כון

24. יַסְּרֵנִי < יִסַּר

אַךְ =副「しかし」

אַל־	בְּאַפְּךָ	פֶּן־	תַּמְעִטֵנִי׃
アる	ベアペはー	ペン	タムイテーニー
～ではなく	あなたの怒りによって	～ことのないように	あなたが私を減らす
副	前・男単・尾	接	ヒ未2男単・尾

25

שְׁפֹךְ	חֲמָתְךָ	עַל־	הַגּוֹיִם
シェフォㇷ	はマテはー	アる	ハゴイーム
あなたは注ぎ出せ	あなたの憤りを	の上に	諸民族
パ命2男単	女単・尾	前	冠・男複

אֲשֶׁר	לֹא־	יְדָעוּךָ
アシェル	ろー	イェダウーは
～ところの	あなたを知らない	
関	副	パ完3複・尾

וְעַל	מִשְׁפָּחוֹת
ヴェアる	ミシュパほット
そして～の上に	諸氏族
接・前	女複

אֲשֶׁר	בְּשִׁמְךָ	לֹא	קָרָאוּ
アシェル	ベシムはー	ろー	カラーウ
～ところの	あなたの名を	呼ばなかった	
関	前・男単・尾	副	パ完3複停

כִּי־	אָכְלוּ	אֶת־	יַעֲקֹב
キー	アヘるー	エット	ヤアコヴ
なぜなら～から	彼らは食べた	を	ヤコブ
接	パ完3複	前	固男

וַאֲכָלֻהוּ	וַיְכַלֻּהוּ
ヴェアはるーフ	ヴァイはるーフ
そして彼を食べた	そして彼を絶ち滅ぼした
接・パ完3複・尾	倒・ピ未3男複・尾

וְאֶת־	נָוֵהוּ	הֵשַׁמּוּ׃
ヴェエット	ナヴェーフ	ヘシャムー
そして～を	彼の住みか	荒廃させた
接・前	男単・尾	ヒ完3複

怒りによらず
わたしが無に帰することのないように。
25 あなたの憤りを注いでください
あなたを知らない諸国民の上に。

あなたの御名を呼ぶことのない諸民族の上に。
彼らはヤコブを食い物にし
彼を食い尽くし
その住みかを荒廃させました。

---

24. בְּאַפְּךָ < אַף，原意は「鼻」

תַּמְעִטֵנִי < הִמְעִיט =√ מעט，'民の数を減らす' の意か(cf.レビ26:22)

25. חֲמָתְךָ < חֵמָה

כִּי =別「まことに」

11

破られた契約

1 主からエレミヤに臨んだ言葉。
2「この契約の言葉を聞け。それをユダの人、エ
ルサレムの住民に告げよ。3 彼らに向かって言え。イ
スラエルの神、主はこう言われる。この契約の言葉に
聞き従わない者は呪われる。4 これらの言葉はわたし
があなたたちの先祖を、鉄の炉であるエジプトの地か

11 1

מֵאֵת	יִרְמְיָהוּ	אֶל־	הָיָה	אֲשֶׁר	הַדָּבָר
トッエメ	フヤメルイ	るエ	ーヤハ	ルェシア	ルァヴダハ
らか	ヤミレエ	に	たっあ	のろこと〜	葉言
前・前	男固	前	単男3完パ	関	単男・冠

הַבְּרִית	דִּבְרֵי	אֶת־	שִׁמְעוּ 2	לֵאמֹר׃	יְהוָה
トーリベハ	ーレヴィデ	トッエ	ーウムシ	ルーモれ	イナドア
の約契	葉言	を	け聞は達たなあ	てっ言と〜	主
単女・冠	連複男	前	複男2命パ	不パ・前	固

יְהוּדָה	אִישׁ	אֶל־	וְדִבַּרְתֶּם	הַזֹּאת
ーダフェイ	ュシーイ	るエ	ムタルァヴィデェヴ	トッゾハ
のダユ	人	に	れ語をられそはたなあてしそ	のこ
男固	連単男	前	尾・単男2完ピ・倒	代・冠

וְאָמַרְתָּ 3	יְרוּשָׁלִָם׃	יֹשְׁבֵי	וְעַל־
ータルマアェヴ	ムイらャシルェイ	ーェヴェシヨ	るアェヴ
え言はたなあてしそ	にムレサルエ	達者るいでん住	に上の〜てしそ
単男2完パ・倒	停固	連複男分パ	前・接

יִשְׂרָאֵל	אֱלֹהֵי	יְהוָה	אָמַר	כֹּה־	אֲלֵיהֶם
るエラスイ	ーへろエ	イナドア	ルマア	ーコ	ムへれア
のルエラスイ	神	は主	たっ言	にうよのこ	にら彼
男固	連複男	固	単男3完パ	副	尾・前

דִּבְרֵי	אֶת־	יִשְׁמַע	לֹא	אֲשֶׁר	הָאִישׁ	אָרוּר
ーレヴィデ	トッエ	ーマュシイ	ーろ	ルェシア	ュシーイハ	ルールア
葉言	を	いなか聞		のろこと〜	は人	るれわ呪
連複男	前	単男3未パ	副	関	単男・冠	単男受分パ

אֶת־	צִוִּיתִי	אֲשֶׁר 4	הַזֹּאת׃	הַבְּרִית
トッエ	ィテーィヴィツ	ルェシア	トッゾハ	トーリベハ
に	たじ命が私	のろこと〜	のこ	の約契
前	単1完ピ	関	代・冠	単女・冠

מִצְרַיִם	מֵאֶרֶץ־	אוֹתָם	הוֹצִיאִי־	בְּיוֹם	אֲבוֹתֵיכֶם
ムイラツミ	ツレエメ	ムタオ	ーィイツホ	ムヨベ	ムへテォヴア
のトプジエ	らか地	をら彼	たし出が私	に日	達祖父の達たなあ
固	連単女・前	尾・前	尾・不ヒ	単男・前	尾・複男

---

2. וְדִבַּרְתֶּם < דִּבֵּר, 直前の動詞 שִׁמְעוּ (命令形) を受けて, ヴァヴ倒置の動詞においては命令の意味が継承される.

יֹשְׁבֵי =分詞の名詞的用法.

3. וְאָמַרְתָּ =命令の意味が継承されている(cf.2節).

4. הוֹצִיאִי =不定詞に付く人称接尾辞が意味上の主語.

מִכּוּר	הַבַּרְזֶל	לֵאמֹר	שִׁמְעוּ	בְּקוֹלִי
ルークミ	るゼルバハ	ルーモれ	ーウムシ	ーりコェヴ
らか炉	の鉄	てっ言と〜	け聞は達たなあ	に声の私
連単男・前	単男・冠	不パ・前	複男2命パ	尾・単男・前

וַעֲשִׂיתֶם	אוֹתָם	כְּכֹל	אֲשֶׁר־	אֲצַוֶּה
ムティスアァヴ	ムタオ	るほケ	ルェシア	ーェヴァツア
えな行は達たなあてしそ	をられそ	にうよ〜てべす	のろこと〜	るじ命が私
複男2完パ・倒	尾・前	単男・前	関	単1未ピ

אֶתְכֶם	וִהְיִיתֶם	לִי	לְעָם	וְאָנֹכִי	אֶהְיֶה
ムヘトッエ	ムテーイフィヴ	ーり	ムアれ	ーひノアェヴ	ーェイフエ
に達たなあ	るなは達たなあてしそ	の私	に民	は私てしそ	るなは私
尾・前	複男2完パ・倒	尾・前	単男・前	代・接	単1未パ

לָכֶם	לֵאלֹהִים׃	5	לְמַעַן	הָקִים	אֶת־	הַשְּׁבוּעָה
ムへら	ムーヒロれ		ンアマれ	ムーキハ	トッエ	ーアヴェシハ
の達たなあ	に神		にめた	るて立	を	い誓
尾・前	複男・前		前	不ヒ	前	単女・冠

אֲשֶׁר־	נִשְׁבַּעְתִּי	לַאֲבוֹתֵיכֶם	לָתֵת	לָהֶם	אֶרֶץ
ルェシア	ィテーバュシニ	ムヘテォヴアら	トッテら	ムへら	ツレエ
のろこと〜	たっ誓が私	に達祖父の達たなあ	にめたるえ与	にら彼	を地
関	単1完ニ	尾・複男・前	不パ・前	尾・前	単女

זָבַת	חָלָב	וּדְבָשׁ	כַּיּוֹם	הַזֶּה	וָאַעַן
トァアヴザ	ヴらは	ュシァヴゥドウ	ムヨカ	ゼハ	ンアアァヴ
るいて出れ流	の乳	の蜜と	にうよの日	のこ	たえ答は私てしそ
連単女分パ	単男	単男・接	単男・冠前	代・冠	単1未パ・倒

וָאֹמַר	אָמֵן	יְהוָה׃	6	וַיֹּאמֶר	יְהוָה	אֵלַי
ルマオァヴ	ンメア	イナドア		ルメヨァヴ	イナドア	イらエ
たっ言は私てしそ	ンメーア	よ**主**		たっ言てしそ	は**主**	に私
単1未パ・倒	副	固		単男3未パ・倒	固	尾・前

קְרָא	אֶת־	כָּל־	הַדְּבָרִים	הָאֵלֶּה	בְּעָרֵי
ーラケ	トッエ	るコ	ムーリァヴデハ	れーエハ	ーレアベ
ろけかび呼はたなあ	を	のて全	葉言	のられこ	で々町
単男2命パ	前	連単男	複男・冠	代・冠	連複女・前

ら導き出したとき、命令として与えたものである。わたしは言った。わたしの声に聞き従い、あなたたちに命じるところをすべて行えば、あなたたちはわたしの民となり、わたしはあなたたちの神となる。
5それは、わたしがあなたたちの先祖に誓った誓いを果たし、今

日見るように、乳と蜜の流れる地を彼らに与えるためであった。」
わたしは答えて言った。「アーメン、主よ」と。
6主はわたしに言われた。
「ユダの町々とエルサレムの通りで、これらの言葉

---

4. וַעֲשִׂיתֶם < עָשָׂה , 直前の動詞 שִׁמְעוּ (命令形) を受けて, ヴァヴ倒置の動詞においては命令の意味が継承される.

הָיָה < אֶהְיֶה , וִהְיִיתֶם

5. הָקִים =√ קום

נָתַן < לָתֵת

אֶרֶץ זָבַת חָלָב וּדְבָשׁ =「乳と密の流れる地」(cf.出3:8)

זָבַת < זָב =√ זוב「流れる」

עָנָה < וָאַעַן

יְהוּדָה	וּבְחֻצוֹת	יְרוּשָׁלִָם	לֵאמֹר	שִׁמְעוּ	אֶת־
イェフダー	ウヴフツォット	イェルシャライム	レモール	シムウー	エット
ユダの	と街路で	エルサレムの	～と言って	あなた達は聞け	を
男固	連複男・前・接	固	不パ・前	複男2命パ	前

דִּבְרֵי	הַבְּרִית	הַזֹּאת	וַעֲשִׂיתֶם	אוֹתָם׃
ディヴレー	ハベリート	ハゾット	ヴァアシテム	オターム
言葉	契約の	この	そしてあなた達は行なえ	それらを
連複男	単女・冠	代・冠	複男2完パ・倒	尾・前

7

כִּי	הָעֵד	הַעִדֹתִי	בַּאֲבוֹתֵיכֶם	בְּיוֹם	הַעֲלוֹתִי
キー	ハエード	ハイデーティ	バアヴォテーヘム	ベヨーム	ハアロティ
まことに	私は厳しく警告した		あなた達の父祖達に	日に	私が上げた
接	不ヒ	単1完ヒ	尾・複男・前	単男・前	尾・不ヒ

אוֹתָם	מֵאֶרֶץ	מִצְרַיִם	וְעַד־	הַיּוֹם	הַזֶּה	הַשְׁכֵּם
オターム	メエレツ	ミツライム	ヴェアッド	ハヨーム	ハゼ	ハシュケーム
彼らを	地から	エジプトの	そして～まで	日	この	何度も～する
尾・前	連単女・前	固	前・接	単男・冠	代・冠	不ヒ

וְהָעֵד	לֵאמֹר	שִׁמְעוּ	בְּקוֹלִי׃
ヴェハエード	レモール	シムウー	ベコリー
そして警告するところを	～と言って	あなた達は聞け	私の声に
不ヒ・接	不パ・前	複男2命パ	尾・単男・前

8

וְלֹא	שָׁמְעוּ	וְלֹא־	הִטּוּ	אֶת־	אָזְנָם
ヴェロー	シャメウー	ヴェロー	ヒットゥー	エット	オズナム
しかし彼らは聞かなかった		そして傾けなかった		を	彼らの耳
副・接	複3完パ	副・接	複3完ヒ	前	尾・単女

וַיֵּלְכוּ	אִישׁ	בִּשְׁרִירוּת	לִבָּם	הָרָע
ヴァイェルフー	イーシュ	ビシュリルート	リバム	ハラー
そして彼らは歩いた	各々	頑なさで	彼らの心の	悪い
複男3未パ・倒	単男	連単女・前	尾・単男	単男形・冠

וָאָבִיא	עֲלֵיהֶם	אֶת־	כָּל־	דִּבְרֵי	הַבְּרִית־
ヴァアヴィ	アレーヘム	エット	コル	ディヴレー	ハベリート
そして私は連れて来た	彼らの上に	を	全ての	言葉	契約の
単1未ヒ・倒	尾・前	前	連単男	連複男	単女・冠

をすべて呼ばわって言え。この契約の言葉を聞き、これを行え。7わたしは、あなたたちの先祖をエジプトの地から導き上ったとき、彼らに厳しく戒め、また今日に至るまで、繰り返し戒めて、わたしの声に聞き従え、と言ってきた。8しかし、彼らはわたしに耳を傾けず、聞き従わず、おのおのその悪い心のかたくなさのままに歩んだ。今、わたしは、この契約の言葉をことごとく彼らの上に臨ませる。それを行うことを命じ

---

6. וּבְחֻצוֹת < חוּץ, 原意は「外」

וַעֲשִׂיתֶם < עָשָׂה, 直前の動詞 שִׁמְעוּ (命令形) を受けて, ヴァヴ倒置の動詞においては命令の意味が継承される.

7. הָעֵד הַעִדֹתִי =√ עוד, 独立不定詞＋完了で強調.

הַעֲלוֹתִי < הֶעֱלָה =√ עלה

הַשְׁכֵּם =原意は「朝早く起きる」

8. הִטּוּ < הִטָּה =√ נטה

וַיֵּלְכוּ < הָלַךְ

אִישׁ =原意は「男, 人」

たが、彼らが行わなかったからだ。」
9 主はわたしに言われた。
「ユダの人とエルサレムの住民が共謀しているのが
見える。10 彼らは昔、先祖が犯した罪に戻り、わたし
の言葉に聞き従うことを拒み、他の神々に従ってそれ
らを礼拝している。こうしてイスラエルの家とユダの
家は、わたしが彼らの先祖と結んだ契約を破った。」
11 それゆえ、主はこう言われる。

הַזֹּאת	אֲשֶׁר־	צִוִּיתִי	לַעֲשׂוֹת	וְלֹא	עָשׂוּ׃
トッゾハ	ルェシア	ィテーィヴィツ	トッソアら	ーろェヴ	ースア
のこ	のろこと〜	たじ命が私	をとこうな行	たっかなわな行はら彼しかし	
代・冠	関	単1完ピ	不パ・前	副・接	複3完パ

9 וַיֹּאמֶר	יְהוָה	אֵלַי	נִמְצָא־	קֶשֶׁר	בְּאִישׁ
ルメヨァヴ	イナドア	イらエ	ーァツムニ	ルェシケ	ュシーイベ
たっ言てしそ	は主	に私	たれさだ出見	が謀陰	に人
単男3未パ・倒	固	停尾・前	単男3完ニ	単男	連単男・前

יְהוּדָה	וּבְיֹשְׁבֵי	יְרוּשָׁלָ͏ִם׃	10 שָׁבוּ	עַל־
ーダフェイ	ーェヴェシヨヴウ	ムイらャシルェイ	ーヴーャシ	るア
のダユ	に達者む住てしそ	にムレサルエ	たっ戻はら彼	に上の
男固	連複男分パ・前・接	停固	複3完パ	前

עֲוֹנֹת	אֲבוֹתָם	הָרִאשֹׁנִים	אֲשֶׁר	מֵאֲנוּ	לִשְׁמוֹעַ
トッノオヴア	ムタォヴア	ムーニョシリハ	ルェシア	ーヌアメ	アモュシり
がと	の達祖父のら彼	の初最	のろこと〜	たし否拒	をとこく聞
連複女	尾・複男	複男形・冠	関	複3完ピ	不パ・前

אֶת־	דְּבָרָי	וְהֵמָּה	הָלְכוּ	אַחֲרֵי	אֱלֹהִים	אֲחֵרִים
トッエ	イラァヴデ	マーヘェヴ	ーふれハ	ーレはア	ムーヒろエ	ムーリヘア
を	葉言の私	はら彼てしそ	たい歩	に後の	々神	の他
前	尾・複男	代・接	複3完パ	前	複男	複男形

לְעָבְדָם	הֵפֵרוּ	בֵית־	יִשְׂרָאֵל	וּבֵית	יְהוּדָה
ムダヴオれ	ールーェフヘ	トーェヴ	るエラスイ	トーェヴウ	ーダフェイ
にめたるえ仕がら彼	たっ破	は家	のルエラスイ	は家と	のダユ
尾・不パ・前	複3完ヒ	連単男	男固	連単男・接	男固

אֶת־	בְּרִיתִי	אֲשֶׁר	כָּרַתִּי	אֶת־	אֲבוֹתָם׃
トッエ	ィテリベ	ルェシア	ィテラカ	トッエ	ムタォヴア
を	約契の私	のろこと〜	だん結が私	に共と	達祖父のら彼
前	尾・単女	関	単1完パ	前	尾・複男

11 לָכֵן	כֹּה	אָמַר	יְהוָה	הִנְנִי	מֵבִיא
ンへら	ーコ	ルマア	イナドア	ーニンヒ	ーィヴメ
に故れそ	にうよのこ	たっ言	は主	は私よ見	る来てれ連
副・前	副	単男3完パ	固	尾・間	単男分ヒ

---

9. קֶשֶׁר =cf. קָשַׁר「結ぶ」

וּבְיֹשְׁבֵי < יָשַׁב, 分詞の名詞的用法.

10. שָׁבוּ < שָׁב =√ שוב

לְעָבְדָם < עָבַד, 不定詞に付く人称接尾辞が意味上の主語.

הֵפֵרוּ < הֵפֵר =√ פרר

כָּרַתִּי < כָּרַת, 原意は「切る」. 契約を交わす際に, 捧げ物の肉を切って契約者同士で配分したことから, ‘(契約を)結ぶ’の意.

11. מֵבִיא < הֵבִיא =√ בוא

אֲלֵיהֶם֙ רָעָ֔ה אֲשֶׁ֥ר לֹא־ יוּכְל֖וּ לָצֵ֣את מִמֶּ֑נָּה

ナーメミ　トッェツら　ーるへユ　ーろ　ルェシア　ーアラ　ムへれア
らかれそ　がとこる出　いなきでがら彼　のろこと～　をい災　にら彼
尾・前　不パ・前　複男3未パ　副　関　単女　尾・前

וְזָעֲק֣וּ אֵלַ֔י וְלֹ֥א אֶשְׁמַ֖ע אֲלֵיהֶֽם׃

ムへれア　ーマュシエ　ーろェヴ　イらエ　ークアザェヴ
にら彼　いなか聞は私しかし　に私　ぶ叫はら彼てしそ
尾・前　単1未パ　副・接　尾・.前　複3完パ・倒

12 וְהָלְכ֡וּ עָרֵי֩ יְהוּדָ֨ה וְיֹשְׁבֵ֜י יְרוּשָׁלִַ֗ם

ムイらャシルェイ　ーェヴェシヨェヴ　ーダフェイ　ーレア　ーふれハェヴ
にムレサルエ　は達者む住と　のダユ　は々町　く行てしそ
固　連複男分パ・接　男固　連複女　複3完パ・倒

וְזָֽעֲקוּ֙ אֶל־ הָ֣אֱלֹהִ֔ים אֲשֶׁ֛ר הֵ֥ם מְקַטְּרִ֖ים

ムーリテカメ　ムへ　ルェシア　ムーヒろエハ　るエ　ークアザェヴ
るいていたを香　がら彼　のろこと～　々神　に　ぶ叫はら彼てしそ
複男分ピ　代　関　複男・冠　前　複3完パ・倒

לָהֶ֑ם וְהוֹשֵׁ֛עַ לֹא־ יוֹשִׁ֥יעוּ לָהֶ֖ם בְּעֵ֥ת רָעָתָֽם׃

ムタアラ　トッエベ　ムへら　ウーシヨ　ーろ　アェシホェヴ　ムへら
のい災のら彼　に時　をら彼　いなわ救てし決はられそしかし　にられそ
尾・単女　連単女・前　尾・前　複男3未ヒ　副　不ヒ・接　尾・前

13 כִּ֚י מִסְפַּ֣ר עָרֶ֔יךָ הָי֥וּ אֱלֹהֶ֖יךָ

はーへろエ　ーユハ　はーレア　ルパスミ　ーキ
は々神のたなあ　たっあ　の々町のたなあ　数　らか～らなぜな
尾・複男　複3完パ　尾・複女　連単男　接

יְהוּדָ֑ה וּמִסְפַּ֞ר חֻצ֣וֹת יְרוּשָׁלִַ֗ם שַׂמְתֶּ֤ם

ムテムサ　ムイらャシルェイ　トッオツふ　ルパスミウ　ーダフェイ
たい置は達たなあ　のムレサルエ　の路街　数てしそ　よダユ
複男2完パ　固　連複男　連単男・接　男固

מִזְבְּחוֹת֙ לַבֹּ֔שֶׁת מִזְבְּח֖וֹת לְקַטֵּ֥ר לַבָּֽעַל׃

るアバら　ルテカれ　トッほベズミ　トッェシボら　トッほベズミ
にルアバ　のめたくたを香　を壇祭　の恥　を壇祭
停単男・冠前　不ピ・前　複男　単女・冠前　複男

「見よ、わたしは彼らに災いをくだす。彼らはこれを逃れることはできない。わたしに助けを求めて叫んでも、わたしはそれを聞き入れない。
12ユダの町々とエルサレムの住民は、彼らが香をたいていた神々のところに行って助けを求めるが、災いがふりかかるとき、神々は彼らを救うことができない。
13ユダよ、お前の町の数ほど神々があり、お前たちはエルサレムの通りの数ほど、恥ずべきものへの祭壇とバアルに香をたく

---

12. וְהוֹשֵׁעַ לֹא־יוֹשִׁיעוּ ＝√ ישע，独立不定詞＋未完了で強調.

13. חֻצוֹת ＜ חוּץ，原意は「外」

שַׂמְתֶּם ＜ שָׂם ＝√ שׂים

לַבֹּשֶׁת ＝バアル神を喩える言葉(cf.エレ3:24).

14

וְאַתָּה	אַל־	תִּתְפַּלֵּל֙	בְּעַד־	הָעָם	הַזֶּ֔ה
ータアァヴ	るア	るれパゥトィテ	ドッアベ	ムアハ	ゼハ
はたなあてしそ	なる祈はたなあ		にめたの〜	民	のこ
代・接	副	単男2未ト	前	単男・冠	代・冠

וְאַל־	תִּשָּׂ֧א	בַעֲדָ֛ם	רִנָּ֥ה	וּתְפִלָּ֖ה	כִּ֣י
るアェヴ	ーサィテ	ムダアァヴ	ーナリ	ーらィフゥトウ	ーキ
しそてあなたは上げるな		彼らのために	叫び声を	と祈りを	なぜなら〜から
副・接	単男2未パ	尾・前	単女	単女・接	接

אֵינֶ֣נִּי	שֹׁמֵ֔עַ	בְּעֵ֛ת	קָרְאָ֥ם	אֵלַ֖י	בְּעַ֥ד	רָעָתָֽם׃
ニーネエ	アメョシ	トッエベ	ムアルコ	イらエ	ドッアベ	ムタアラ
いなか聞は私		に時	ぶ呼がら彼	に私	にめたの〜	い災のら彼
尾・副	単男分パ	単女・前	尾・不パ	尾・前	前	尾・単女

15

מֶ֣ה	לִֽידִידִ֞י	בְּבֵיתִ֗י
ーメ	ィディデり	ィテェヴベ
が何	に者るす愛の私	で家の私
疑	尾・単男形・前	尾・単男・前

עֲשׂוֹתָ֤הּ	הַֽמְזִמָּ֙תָה֙	הָֽרַבִּ֔ים
ハタソア	ターマィズメハ	ムービラハ
うな行をれそ	をみ巧悪	がい多
尾・不パ	強・単女・冠	複男形・冠

וּבְשַׂר־	קֹ֖דֶשׁ	יַעַבְר֣וּ	מֵעָלָ֑יִךְ
ルサヴウ	ュシデコ	ールヴアヤ	ふイらアメ
肉てしそ	の聖	るぎ過	らか上のたなあ
連単男・接	単男	複男3未パ	停尾・前・前

כִּ֥י	רָעָתֵ֖כִי	אָ֥ז	תַּעֲלֹֽזִי׃
ーキ	ひーテアラ	ズア	ィズーろアタ
時の〜	い災のたなあ	時のそ	ぶ喜はたなあ
接	尾・単女	副	停単女2未パ

16

זַ֤יִת	רַעֲנָן֙	יְפֵ֣ה	פְרִי־	תֹ֔אַר
トイザ	ンナアラ	ーェフェイ	ーリェフ	ルアト
ブーリオ	たしと々青	いし美	の実	の姿容
単男	単男形	連単男形	連単男	単男

ための祭壇を設けた。14あなたは、この民のために
祈ってはならない。彼らのために嘆きと祈りの声をあ
げてはならない。災いのゆえに、彼らがわたしを呼び
求めてもわたしは聞き入れない。」

15 わたしの家で
わたしの愛する者はどうなったのか。
多くの者が悪だくみを行い
献げ物の肉を彼女から取り上げている。
16 あなたに災いがふりかかるとき、むしろ喜べ。
主はあなたを、美しい実の豊かになる

---

14. אַל־תִּתְפַּלֵּל֙ , וְאַל־תִּשָּׂא =アル禁止形.

רָעָתָם < רָעָה

15. עֲשׂוֹתָהּ < עָשָׂה

הַמְזִמָּתָה֙ < מְזִמָּה =√ זממ , cf. זָמַם「計画を立てる」

הָרַבִּים =‘多くの者が’の意.

יַעַבְרוּ =主語が不明. 直前の וּבְשַׂר (男単)だと文法的数が不一致.

כִּי =別「まことに」

רָעָתֵכִי = רָעָתֵךְ の長形.

緑のオリーブと呼ばれた。
大いなる騒乱の物音がするとき
火がそれを包み、その枝を損なう。
17 あなたを植えられた万軍の主は、あなたについて
災いを宣言される。それは、イスラエルの家とユダの
家が悪を行い、バアルに香をたいてわたしを怒らせた
からだ。

エレミヤの訴え

18 主が知らせてくださったので
わたしは知った。

קָרָא	יְהוָה	שְׁמֵךְ
ーラカ	イナドア	ふメェシ
だん呼	は主	を名のたなあ
単男3完パ	固	尾・単男

לְקוֹל	הֲמוּלָּה	גְדֹלָה
るーコれ	ーらムハ	ーらドゲ
に声	の音騒	いき大
連単男・前	単女	単女形

הִצִּית	אֵשׁ	עָלֶיהָ
トーィツヒ	ュシエ	ハーれア
たけつ	を火	に上のそ
単男3完ヒ	単女	尾・前

וְרָעוּ	דָּלִיּוֹתָיו׃
ーウラェヴ	ヴタヨりダ
たっなく悪てしそ	は枝のそ
複3完パ・接	尾・複女

17	וַיהוָה	צְבָאוֹת	הַנּוֹטֵעַ	אוֹתָךְ	דִּבֶּר
	イナドァヴ	トッオァヴェツ	アテノハ	ふタオ	ルベィデ
	は主てしそ	の軍万	るえ植	をたなあ	たっ語
	固・接	複男	単男分パ・冠	尾・前	単男3完ピ

עָלַיִךְ	רָעָה	בִּגְלַל	רָעַת	בֵּית־	יִשְׂרָאֵל	וּבֵית
ふイらア	ーアラ	るらグビ	トッアラ	トーベ	るエラスイ	トーェヴウ
ていつにたなあ	をい災	に故の	悪	の家	のルエラスイ	家と
尾・前	単女	前	連単女	連単男	男固	連単男・接

יְהוּדָה	אֲשֶׁר	עָשׂוּ	לָהֶם	לְהַכְעִסֵנִי
ーダフェイ	ルェシア	ースア	ムへら	ニーセイふハれ
のダユ	のろこと〜	たっな行	にめたのら彼	にめたるせら怒を私
男固	関	複3完パ	尾・前	尾・不ヒ・前

לְקַטֵּר	לַבָּעַל׃	18	וַיהוָה	הוֹדִיעַנִי	וָאֵדָעָה
ルテカれ	るアバら		イナドァヴ	ニーアィデホ	アーダエァヴ
をとこくたを香	にルアバ		は主てしそ	たせら知に私	たっ知は私てしそ
不ピ・前	停単男・冠前		固・接	尾・単男3完ヒ	停単1未パ・倒

---

16. הִצִּית =√ יצת , 主語は不明.

וְרָעוּ =√ רעע

דָּלִיּוֹתָיו < דָּלִית

17. עָשׂוּ < עָשָׂה

18. הוֹדִיעַנִי < הוֹדִיעַ =√ ידע

וָאֵדָעָה < יָדַע

אָז	הִרְאִיתַנִי	מַעַלְלֵיהֶם׃	19 וַאֲנִי
ズア	ニータイルヒ	ムへれるアマ	ーニアァヴ
時のそ	たせ見に私はたなあ	をいな行のら彼	は私てしそ
副	尾・単男2完ヒ	尾・複男	代・接

כְּכֶבֶשׂ	אַלּוּף	יוּבַל	לִטְבוֹחַ
スェヴヘケ	フーるア	るァヴユ	はアォヴゥトリ
にうよの羊雄い若	たれさら慣い飼	るれか行てれ連	にめたる屠
単男・前	単男形	単男3未フ	不パ・前

וְלֹא־	יָדַעְתִּי	כִּי־	עָלַי	חָשְׁבוּ
ーろェヴ	ィテーダヤ	ーキ	イらア	ーヴェシは
てしそ	たっかなら知は私	らか〜らなぜな	ていつに私	たっ思はら彼
副・接	単1完パ	接	尾・前	複3完パ

מַחֲשָׁבוֹת	נַשְׁחִיתָה	עֵץ	בְּלַחְמוֹ	וְנִכְרְתֶנּוּ
トッォヴァシはマ	ターひュシナ	ツエ	ーモふらベ	ヌーテレふニェヴ
をい思	うよし殺屠は達私	を木	でンパのそ	うそ倒り切を彼は達私てしそ
複女	複1願ヒ	単男	尾・単男・前	強・尾・複1未パ・接

מֵאֶרֶץ	חַיִּים	וּשְׁמוֹ	לֹא־	יִזָּכֵר	עוֹד׃
ツレエメ	ムーイは	ーモュシウ	ーろ	ルヘザイ	ドッオ
らか地	のるいてき生	は名の彼てしそ		いなれさ出い思	び再
連単女・前	複男形	尾・単男・接	副	単男3未ニ	副

20 וַיהוָה	צְבָאוֹת	שֹׁפֵט	צֶדֶק
イナドァヴ	トッォアヴェツ	トッェフォシ	クッデェツ
よ主しかし	の軍万	く裁	で義
固・接	複男	単男分パ	単男

בֹּחֵן	כְּלָיוֹת	וָלֵב
ンヘボ	トッヨらケ	ヴれァヴ
るみ試	をたわらは	を心と
単男分パ	複女	単男・接

אֶרְאֶה	נִקְמָתְךָ	מֵהֶם
ーエルエ	ーはテマクニ	ムヘメ
る見は私	を讐復のたなあ	らから彼
単1未パ	尾・単女	尾・前

彼らが何をしているのか見せてくださった。
19 わたしは、飼いならされた小羊が
屠り場に引かれて行くように、何も知らなかった。
彼らはわたしに対して悪だくみをしていた。
「木をその実の盛りに滅ぼし
生ける者の地から絶とう。

彼の名が再び口にされることはない。」
20 万軍の主よ
人のはらわたと心を究め
正義をもって裁かれる主よ。
わたしに見させてください
あなたが彼らに復讐されるのを。

---

19. אַלּוּף ＝√ אלפ , cf. אָלַף 「習う」

בְּלַחְמוֹ ＜ לֶחֶם , 木になる「パン(食物)」で'実'を指すか. 別「その実の故に」

וְנִכְרְתֶנּוּ ＜ כָּרַת

חַיִּים ＝'生きている者達の'意.

20. שֹׁפֵט ＝別「裁く者」(分詞の名詞的用法)

בֹּחֵן ＝別「試みる者」(分詞の名詞的用法)

כְּלָיוֹת ＝別「腎臓」

וָלֵב ＝別「心臓」

נִקְמָתְךָ ＜ נְקָמָה

רִיבִי׃	אֶת־	גִּלִּיתִי	אֵלֶיךָ	כִּי
ーィヴリ	トッエ	ィテーりギ	はーれエ	ーキ
え訴の私	を	たしにわ露は私	にたなあ	らか〜らなぜな
尾・単男	前	単1完ピ	尾・前	接

עֲנָתוֹת	אַנְשֵׁי	עַל־	יְהוָה	אָמַר	כֹּה־	לָכֵן	21
トットナア	ーェシンア	るア	イナドア	ルマア	ーコ	ンへら	
のトトナア	々人	ていつに	は**主**	たっ言	にうよのこ	に故れそ	
固	連複男	前	固	単男3完パ	副	副・前	

תִנָּבֵא	לֹא	לֵאמֹר	נַפְשְׁךָ	אֶת־	הַמְבַקְשִׁים
ーェヴナィテ	ーろ	ルーモれ	ーはェシフナ	トッエ	ムーシクァヴムハ
なるす言預はたなあ		てっ言と〜	命のたなあ	を	るいてめ求
単男2未ニ	副	不パ・前	尾・単女	前	複男分ピ・冠

לָכֵן	22	בְּיָדֵנוּ׃	תָמוּת	וְלֹא	יְהוָה	בְּשֵׁם
ンへら		ヌーデヤベ	トームタ	ーろェヴ	イナドア	ムェシベ
に故れそ		で手の達私	いなな死はたなあとるす		の**主**	で名
副・前		尾・単女・前	単男2未パ	副・接	固	連単男・前

עֲלֵיהֶם	פֹּקֵד	הִנְנִי	צְבָאוֹת	יְהוָה	אָמַר	כֹּה
ムへれア	ドッケォフ	ーニンヒ	トッオァヴェツ	イナドア	ルマア	ーコ
に上のら彼	るす罰	は私よ見	の軍万	は**主**	たっ言	にうよのこ
尾・前	単男分パ	尾・間	複男	固	単男3完パ	副

וּבְנוֹתֵיהֶם	בְּנֵיהֶם	בַּחֶרֶב	יָמֻתוּ	הַבַּחוּרִים
ムへテノヴウ	ムへネベ	ブレへァヴ	ゥトームヤ	ムーリふバハ
は達娘のら彼と	達子息のら彼	で剣	ぬ死	は達者若
尾・複女・接	尾・複男	単女・冠前	複男3未パ	複男・冠

לָהֶם	תִהְיֶה	לֹא	וּשְׁאֵרִית	23	בָּרָעָב׃	יָמֻתוּ
ムへら	ェイフィテ	ーろ	トーリエュシウ		ヴアラバ	ゥトームヤ
にら彼	るなくない		は者のり残てしそ		で饉飢	ぬ死
尾・前	単女3未パ	副	単女・接		単男・冠前	複男3未パ

עֲנָתוֹת	אַנְשֵׁי	אֶל־	רָעָה	אָבִיא	כִּי־
トットナア	ーェシンア	るエ	ーアラ	ーィヴア	ーキ
のトトナア	々人	に	をい災	るくてれ連が私	らか〜らなぜな
固	連複男	前	単女	単1未ヒ	接

わたしは訴えをあなたに打ち明け
お任せします。
21 それゆえ、主はこう言われる。
アナトトの人々はあなたの命をねらい
「主の名によって預言するな
我々の手にかかって死にたくなければ」と言う。

22 それゆえ、万軍の主はこう言われる。
「見よ、わたしは彼らに罰を下す。
若者らは剣の餌食となり
息子、娘らは飢えて死ぬ。
23 ひとりも生き残る者はない。
わたしはアナトトの人々に災いをくだす。

---

21. עֲנָתוֹת =cf.エレ1:1.

נֶפֶשׁ < נַפְשְׁךָ

לֹא תִנָּבֵא =ロー禁止形.

מות √= מֵת < תָמוּת

בוא √= הֵבִיא < אָבִיא

23. וּשְׁאֵרִית =√ שאר , cf. נִשְׁאַר「残る」

פְּקֻדָּתָם׃	שְׁנַת
ムタダクペ	トッナエシ
の罰のら彼	年
尾・単女	連単女

יְהוָה	אַתָּה	צַדִּיק	1	12
イナドア	ータア	クッィデアツ		
よ主	はたなあ	いし義		
固	代	単男形		

אֵלֶיךָ	אָרִיב	כִּי
はーれエ	ヴーリア	ーキ
にたなあ	う争が私	時～
尾・前	単1未パ	接

אוֹתָךְ	אֲדַבֵּר	מִשְׁפָּטִים	אַךְ
ふタオ	ルベダア	ムーィテパュシミ	ふア
に共とたなあ	る語は私	を法	もでれそ
尾・前	単1未ピ	複男	副

צָלֵחָה	רְשָׁעִים	דֶּרֶךְ	מַדּוּעַ
はーれァツ	ムーイャシレ	ふレデ	アゥドマ
たし栄繁	のい悪	が道	かの～ぜな
停単女3完パ	複男形	連単女	副

בָגֶד׃	בֹּגְדֵי	כָּל־	שָׁלוּ
ドッゲァヴ	ーデゲボ	るコ	ーるャシ
をき欺	が達者く欺	のて全	たじん安
停単男	連複男分パ	連単男	複3完パ

שֹׁרָשׁוּ	גַּם־	נְטַעְתָּם	2
ーュシーラョシ	ムガ	ムタータネ	
たれらけづ根はら彼	たま	たえ植をら彼がたなあ	
停複3完プ	接	尾・単男2完パ	

פֶרִי	עָשׂוּ	גַּם־	יֵלְכוּ
リーェフ	ースア	ムガ	ーふれェイ
を実	たっ作はら彼	たまも～	く行はら彼
停単男	複3完パ	接	複男3未パ

それは報復の年だ。」

12 1 正しいのは、主よ、あなたです。
それでも、わたしはあなたと争い
裁きについて論じたい。

なぜ、神に逆らう者の道は栄え
欺く者は皆、安穏に過ごしているのですか。
2 あなたが彼らを植えられたので
彼らは根を張り
育って実を結んでいます。

---

1. אָרִיב < רָב = √ ריב

רְשָׁעִים ＝'悪い者達の'の意.

שָׁלוּ < שָׁלָה

בֹּגְדֵי ＝分詞の名詞的用法.

2. שֹׁרָשׁוּ ＝√ שרש , cf. שֹׁרֶשׁ「根」

קָר֣וֹב	אַתָּה֙	בְּפִיהֶ֔ם
ヴーロカ	ータア	ムヘィフベ
い近	はたなあ	に口のら彼
単男形	代	尾・単男・前

וְרָח֣וֹק	מִכִּלְיוֹתֵיהֶֽם׃
クッホラェヴ	ムヘテヨるキミ
い遠しかし	らかたわらはのら彼
単男形・接	尾・複女・前

3

וְאַתָּ֥ה	יְהוָ֗ה	יְדַעְתָּ֫נִי
ータアェヴ	イナドア	ニーターダェイ
はたなあてしそ	よ**主**	るいてっ知を私はたなあ
代・接	固	尾・単男2完パ

תִּ֭רְאֵנִי	וּבָחַ֣נְתָּ	לִבִּ֣י	אִתָּ֑ךְ
ニーエルィテ	ータンはァヴウ	ービり	ふタイ
る見を私はたなあ	るみ試はたなあてしそ	を心の私	に共とたなあ
尾・単男2未パ	単男2完パ・倒	尾・単男	停尾・前

הַ֭תִּקֵם	כְּצֹ֣אן	לְטִבְחָ֑ה
ムケィテハ	ンオツケ	ーはヴィテれ
せ出りずき引をら彼はたなあ	にうよの羊	のり屠
尾・単男2命ヒ	単男・前	単女・前

וְ֝הַקְדִּשֵׁ֗ם	לְי֣וֹם	הֲרֵגָֽה׃
ムェシィデクハェヴ	ムヨれ	ーガレハ
よせ別聖をら彼はたなあてしそ	にめたの日	の害殺
尾・単男2命ヒ・接	連単男・前	単女

4

עַד־	מָתַי֮	תֶּאֱבַ֪ל	הָאָ֫רֶץ
ドッア	イタマ	るァヴエテ	ツレアハ
でま	つい	むし悲	は地
前	疑	単女3未パ	単女・冠

וְעֵ֣שֶׂב	כָּל־	הַשָּׂדֶ֣ה	יִיבָ֑שׁ
ヴセエェヴ	るコ	ーデサハ	ユシッァヴイ
は草てしそ	のて全	の野	く乾
連単男・接	連単男	単男・冠	停複男3未パ

口先ではあなたに近く
腹ではあなたから遠いのです。
3 主よ、あなたはわたしをご存じです。
わたしを見て、あなたに対するわたしの心を
究められたはずです。

彼らを屠られる羊として引き出し
殺戮の日のために取り分けてください。
4 いつまで、この地は乾き
野の青草もすべて枯れたままなのか。

---

2. בְּפִיהֶם < פֶּה

מִכִּלְיוֹתֵיהֶם < כִּלְיוֹת , 別「腎臓」

3. יְדַעְתָּנִי < יָדַע

תִּרְאֵנִי < רָאָה

הַתִּקֵם < הִתִּיק =√ נתק

לְטִבְחָה =√ טבח , cf. טָבַח「屠る」

וְהַקְדִּשֵׁם < הִקְדִּישׁ =√ קדש

4. תֶּאֱבַל =別「ⓐ喪に服す, ⓑ干上がる」

יִיבָשׁ < יָבֵשׁ

בָהּ	יֹשְׁבֵי־	מֵרָעַת
ハァヴ	ーェヴェシヨ	トッアラメ
にこそ	の達者む住	に故の悪
尾・前	連複男分パ	連単女・前

וָעוֹף	בְהֵמוֹת	סָפְתָה
フオァヴ	トッモヘェヴ	ータェフサ
は鳥と	は畜家	たっ去え消
単男・接	複女	単女3完パ

יִרְאֶה	לֹא	אָמְרוּ	כִּי
ーエルイ	ーろ	ールメア	ーキ
いな見は彼		たっ言はら彼	にとこま
単男3未パ	副	複3完パ	接

אַחֲרִיתֵנוּ׃	אֶת־
ヌーテリはア	トッエ
りわ終の達私	を
尾・単女	前

そこに住む者らの悪が
鳥や獣を絶やしてしまった。
まことに、彼らは言う。
「神は我々の行く末を見てはおられない」と。

רַצְתָּה	רַגְלִים	אֶת־	כִּי	5
タツラ	ムーりグラ	トッエ	ーキ	
たっ走はたなあ	の足	に共と	にとこま	
単男2完パ	複男形	前	接	

וַיַּלְאוּךָ
はーウるヤァヴ
たせさて果れ疲をたなあはら彼てしそ
尾・複男3未ヒ・倒

הַסּוּסִים	אֶת־	תְּתַחֲרֶה	וְאֵיךְ
ムーィススハ	トッエ	ーレはタテ	ふエェヴ
達馬	に共と	るす争競はたなあ	か～にうよのどとるす
複男・冠	前	単男2未ト	疑・接

בוֹטֵחַ	אַתָּה	שָׁלוֹם	וּבְאֶרֶץ
はアテォヴ	ータア	ムーろャシ	ツレエヴウ
るいてし頼信	はたなあ	の安平	に地てしそ
単男分パ	代	単男	連単女・前・接

5 あなたが徒歩で行く者と競っても疲れるなら
どうして馬で行く者と争えようか。
平穏な地でだけ、安んじていられるのなら

---

4. יֹשְׁבֵי ＝分詞の名詞的用法.

סָפְתָה ＜ סָפָה , 直後の主語 בְהֵמוֹת וָעוֹף と文法的数が不一致.

אַחֲרִיתֵנוּ ＜ אַחֲרִית ＝√ אחר

5. רַגְלִים ＝‘歩く者達’の意. cf. רֶגֶל「足」

וַיַּלְאוּךָ ＜ הֶלְאָה ＝√ לאה

תְּתַחֲרֶה ＝√ חרה

ヨルダンの森林ではどうするのか。

6 あなたの兄弟や父の家の人々

彼らでさえあなたを欺き

彼らでさえあなたの背後で徒党を組んでいる。

彼らを信じるな

彼らが好意を示して話しかけても。

主の嗣業

7 わたしはわたしの家を捨て

わたしの嗣業を見放し

וְאֵיךְ	תַּעֲשֶׂה	בִּגְאוֹן	הַיַּרְדֵּן׃
ヴェエふ	タアセー	ビグオン	ハヤルデン
するとどのように～か	あなたは行なう	茂みで	ヨルダンの
疑・接	単男2未パ	連単男・前	固・冠

	כִּי	גַם	אַחֶיךָ	וּבֵית	אָבִיךָ
6	キー	ガム	アヘーは	ウヴェート	アヴィーは
	まことに	～でさえ	あなたの兄弟達	と家	あなたの父の
	接	接	尾・複男	連単男・接	尾・単男

גַּם	הֵמָּה	בָּגְדוּ	בָךְ
ガム	ヘーマ	バゲドゥ	ヴァふ
～でさえ	彼ら	裏切った	あなたを
接	代	複3完パ	停尾・前

גַּם	הֵמָּה	קָרְאוּ	אַחֲרֶיךָ	מָלֵא
ガム	ヘーマ	カレウー	アはレーは	マれー
～でさえ	彼ら	呼んだ	あなたの後に	満ちた
接	代	複3完パ	尾・前	単男形

אַל	תַּאֲמֵן	בָּם
アる	タアメン	バム
あなたは信じるな		彼らに
副	単男2未ヒ	尾・前

כִּי	יְדַבְּרוּ	אֵלֶיךָ	טוֹבוֹת׃
キー	イェダベルー	エれーは	トヴォット
～時	彼らが語る	あなたに	良いことを
接	複男3未ピ	尾・前	複女

	עָזַבְתִּי	אֶת	בֵּיתִי
7	アザヴティ	エット	ベーティ
	私は見捨てた	を	私の家
	単1完パ	前	尾・単男

נָטַשְׁתִּי	אֶת	נַחֲלָתִי
ナタシュティ	エット	ナはらティ
私は見放した	を	私の嗣業
単1完パ	前	尾・単女

---

6. קָרְאוּ אַחֲרֶיךָ מָלֵא ＝BHSは

קָשְׁרוּ אַחֲרֶיךָ כֻּלָּם「皆があなたの後ろで共謀した」と読み替えを提案(＝新共同訳).

קָרְאוּ … מָלֵא ＝「満ちて呼ぶ」で‘大声で叫ぶ’の意か.

נָתַתִּי	אֶת־	יְדִדוּת	נַפְשִׁי
ナターティ	エットゥ	イェディドゥート	ナフシー
私は与えた	を	愛するもの	私の魂の
パ完1単	前	女単連	女単・尾

בְּכַף	אֹיְבֶיהָ׃
ベはフ	オイェヴェーハ
掌に	その敵達の
前・女単連	男複・尾

8

הָיְתָה־	לִּי	נַחֲלָתִי
ハイェター	リー	ナはらティ
なった	私に	私の嗣業は
パ完3女単	前・尾	女単・尾

כְּאַרְיֵה	בַיָּעַר
ケアルイェー	ヴァヤアル
獅子のように	森の中の
前・男単	前冠・男単停

נָתְנָה	עָלַי	בְּקוֹלָהּ
ナテナー	アらイ	ベコらハ
与えた	私の上に	その声を
パ完3女単	前・尾	前・男単・尾

עַל־	כֵּן	שְׂנֵאתִיהָ׃
アる	ケン	セネティーハ
この故に		私はそれを憎む
前	副	パ完1単・尾

9

הַעַיִט	צָבוּעַ	נַחֲלָתִי	לִי
ハアイト	ツァヴーア	ナはらティ	リー
猛禽か	まだらの	私の嗣業は	私に
疑・男単	形男単	女単・尾	前・尾

הַעַיִט	סָבִיב	עָלֶיהָ
ハアイト	サヴィーヴ	アれーハ
猛禽か	周囲に	その上に
疑・男単	副	前・尾

わたしの愛するものを敵の手に渡した。
8 わたしの嗣業はわたしに対して
森の中の獅子となり
わたしに向かってうなり声をあげる。

わたしはそれを憎む。
9 わたしの嗣業はわたしにとって
猛禽がその上を舞っている
ハイエナのねぐらなのだろうか。

---

7. אֹיְבֶיהָ < אֹיֵב

8. שְׂנֵאתִיהָ < שָׂנֵא

9. הַעַיִט צָבוּעַ ＝70人訳（ギリシア語）が「ハイエナのねぐら」と訳している（＝新共同訳）.

לְכוּ	אִסְפוּ	כָּל־	חַיַּת	הַשָּׂדֶה
一ふれ	一フスイ	るコ	トッヤは	一デサハ
け行は達たなあ	ろめ集は達たなあ	のて全	を獣	の野
複男2命パ	複男2命パ	連単男	連単女	単男・冠

הֵתָיוּ	לְאָכְלָה׃
ユータへ	一らふオれ
い来てっ持は達たなあ	に用食
複男2命ヒ	単女・前

10

רֹעִים	רַבִּים	שִׁחֲתוּ	כַרְמִי
ムーイロ	ムービラ	一ゥトはシ	一ミルは
は達者牧	のく多	たしや絶	を畑うどぶの私
複男分パ	複男形	複3完ピ	尾・単男

בֹּסְסוּ	אֶת־	חֶלְקָתִי
一スセボ	トッエ	ィテカるへ
たっじにみ踏	を	地配分の私
複3完ピ	前	尾・単女

נָתְנוּ	אֶת־	חֶלְקַת	חֶמְדָּתִי
一ヌテナ	トッエ	トッカるへ	ィテダムへ
たし〜	を	地配分	のみ望の私
複3完パ	前	連単女	尾・単女

לְמִדְבַּר	שְׁמָמָה׃
ルバゥドミれ	一ママェシ
に野荒	の廃荒
連単男・前	単女

11

שָׂמָהּ	לִשְׁמָמָה
ハマサ	一ママュシり
たし〜をれそは彼	に廃荒
尾・単男3完パ	単女・前

אָבְלָה	עָלַי	שְׁמֵמָה
一らェヴア	ィらア	一マメェシ
だんし悲はれそ	に上の私	たて果れ荒
単女3完パ	尾・前	単女形

野の獣よ、集まって餌を襲え。
10 多くの牧者がわたしのぶどう畑を滅ぼし
わたしの所有地を踏みにじった。

わたしの喜びとする所有地を
打ち捨てられた荒れ野とし
11 それを打ち捨てられて嘆く地とした。
それは打ち捨てられてわたしの前にある。

---

9. הֵתָיוּ =古形, 詩形 < הֶאֱתָה =√ אתה

10. רֹעִים < רָעָה「群れを飼う」, 分詞の名詞的用法.

בֹּסְסוּ < בּוֹסֵס =√ בוס

נָתְנוּ < נָתַן , 原意は「与える」

11. שָׂמָהּ < שָׂם =√ שׂים , 原意は「置く」. 主語は不明,「ⓐ神, ⓑ牧者」. 接尾辞(3女単)は前節の חֶלְקַת חֶמְדָּתִי「私の望みの分配地」を指す.

שְׁמֵמָה , אָבְלָה =主語は前節の חֶלְקַת חֶמְדָּתִי「私の望みの分配地」

大地はすべて打ち捨てられ
心にかける者もない。
12 荒れ野の裸の山に略奪する者が来る。
主の剣はむさぼる

地の果てから果てまで。
すべて肉なる者に平和はない。
13 麦を蒔いても、刈り取るのは茨でしかない。

הָאָ֑רֶץ	כָּל־	נָֽשַׁמָּה֙
ツレアハ	るコ	マーャシナ
は地	のて全	たれ廃れ荒
単女・冠	連単男	単女3完ニ

לֵֽב׃	עַל־	שָׂ֖ם	אִ֑ישׁ	אֵ֣ין	כִּ֥י
ヴれ	るア	ムサ	ュシーイ	ンエ	ーキ
心	に上の	く置	は人	いない	らか～らなぜな
単男	前	単男分パ	単男	副	接

בַּמִּדְבָּ֗ר	שְׁפָיִם֙	כָּל־	עַל־	12
ルバゥドミバ	ムーイアフェシ	るコ	るア	
の中の野荒	々丘の裸	のて全	に上の	
単男・冠前	複男	連単男	前	

שֹׁ֣דְדִ֔ים	בָּ֚אוּ
ムーィデデョシ	ウーバ
が達者るす奪略	た来
複男分パ	複3完パ

אֹֽכְלָ֔ה	לַֽיהוָה֙	חֶ֤רֶב	כִּ֣י
ーらへオ	イナドら	ヴレヘ	ーキ
るいてべ食	の**主**	が剣	らか～らなぜな
単女分パ	固・前	単女	接

הָאָ֖רֶץ	קְצֵ֥ה	וְעַד־	אֶ֔רֶץ	מִקְצֵה־
ツレアハ	ーェツケ	ドッアェヴ	ツレエ	ーェツクミ
の地	端	でま～てしそ	の地	らか端
単女・冠	連単男	前・接	単女	連単男・前

בָּשָֽׂר׃	לְכָל־	שָׁל֖וֹם	אֵ֥ין
ルサバ	るほれ	ムーろャシ	ンエ
肉	に～のて全	は安平	いな
単男	連単男・前	単男	副

קָצָ֔רוּ	וְקֹצִ֣ים	חִטִּים֙	זָרְע֤וּ	13
ールーァツカ	ムーィツコェヴ	ムーィテひ	ーウレザ	
たれ入り刈	を茨てしそ	を麦小	たい蒔	
停複3完パ	複男・接	複男	複3完パ	

---

11. נָֽשַׁמָּה֙ < נָשַׁם = √ שׁמם , cf. שְׁמָמָה「荒廃」

12. שְׁפָיִם < שְׁפִי = √ שׁפה , cf. נִשְׁפֶּה「はげる」

שֹׁדְדִים =分詞の名詞的用法.

力を使い果たしても、効果はない。
彼らは収穫がなくてうろたえる
主の怒りと憤りのゆえに。
14 主はこう言われる。「わたしが、わたしの民イスラ

נֶחְלוּ	לֹא	יוֹעִלוּ
ーるふネ	ーろ	ーるーイヨ
たて果れ疲	いなさらたもを益	
複3完ニ	副	複男3未ヒ

וּבֹשׁוּ	מִתְּבוּאֹתֵיכֶם
ーュシーォヴウ	ムヘテォヴテミ
ろじ恥は達たなあてしそ	に故の穫収の達たなあ
複男2命パ・接	尾・複女・前

מֵחֲרוֹן	אַף־	יְהוָה׃
ンロはメ	フア	イナドア
に故のり憤	のり怒	の**主**
連単男・前	連単男	固

14

כֹּה	אָמַר	יְהוָה	עַל־	כָּל־	שְׁכֵנַי	הָרָעִים
ーコ	ルマア	イナドア	るア	るコ	イナヘェシ	ムーイラハ
にうよのこ	たっ言	は**主**	ていつに	のて全	達人隣の私	い悪
副	単男3完パ	固	前	連単男	尾・複男	複男形・冠

エルに継がせた嗣業に手を触れる近隣の悪い民をす
べて、彼らの地から抜き捨てる。また、ユダの家を彼
らの間から抜き取る。15 わたしは彼らを抜き取った
後、再び彼らを憐れみ、そのひとりひとりをその嗣業

הַנֹּגְעִים	בַּנַּחֲלָה	אֲשֶׁר־	הִנְחַלְתִּי	אֶת־	עַמִּי	אֶת־
ムーイゲノハ	ーらはナバ	ルェシア	ィテるはンヒ	トッエ	ーミア	トッエ
るれ触	に業嗣	のろこと〜	たせが嗣が私	に	民の私	に
複男分パ・冠	単女・冠前	関	単1完ヒ	前	尾・単男	前

יִשְׂרָאֵל	הִנְנִי	נֹתְשָׁם	מֵעַל	אַדְמָתָם	וְאֶת־	בֵּית
るエラスイ	ーニンヒ	ムャシテノ	るアメ	ムタマゥドア	トッエェヴ	トーベ
ルエラスイ	は私よ見	く抜き引をら彼	らか上の	地土のら彼	を〜と	家
男固	尾・間	尾・単男分パ	前・前	尾・単女	前・接	連単男

יְהוּדָה	אֶתּוֹשׁ	מִתּוֹכָם׃	15 וְהָיָה	אַחֲרֵי
ーダフェイ	ュシートエ	ムはトミ	ーヤハェヴ	ーレはア
のダユ	く抜き引は私	らか中ん真のら彼	るなてしそ	に後〜
男固	単1未パ	尾・単男・前	単男3完パ・倒	前

נָתְשִׁי	אוֹתָם	אָשׁוּב	וְרִחַמְתִּים
ーシゥトノ	ムタオ	ヴーュシア	ムーィテムはリェヴ
たい抜き引が私	をら彼	る戻は私	むれ憐をら彼は私てしそ
尾・不パ	尾・前	単1未パ	尾・単1完ピ・倒

---

13. נֶחְלוּ < נֶחֱלָה =√ חלה , 別「病気になった」

מִתְּבוּאֹתֵיכֶם < תְּבוּאָה =√ בוא , cf. בָּא「来る」

14. הִנְחַלְתִּי < הִנְחִיל =√ נחל

נֹתְשָׁם , אֶתּוֹשׁ < נָתַשׁ

15. אָשׁוּב < שָׁב =√ שוב , 別「私は再び〜する」

וַהֲשִׁבֹתִים	אִישׁ	לְנַחֲלָתוֹ	וְאִישׁ	לְאַרְצוֹ׃
ヴァハシヴオティーム	イーシュ	れナはらトー	ヴェイーシュ	れアルツォー
そして私は彼らを戻す	人を	彼の嗣業に	そして人を	彼の地に
倒・ヒ完1単・尾	男単	前・男単・尾	接・男単	前・女単・尾

16

וְהָיָה	אִם־	לָמֹד	יִלְמְדוּ	אֶת־	דַּרְכֵי
ヴェハヤー	イム	らモッド	イるメドゥ	エット	ダルヘー
そしてなる	もし〜ならば	彼らが学び	に学ぶ	を	道
倒・パ完3男単	接	パ不	パ未3男複	前	女複連

עַמִּי	לְהִשָּׁבֵעַ	בִשְׁמִי	חַי־	יְהוָה	כַּאֲשֶׁר
アミー	れヒシャヴェア	ビシュミー	はイ	アドナイ	カアシェル
私の民の	〜と誓うことを	私の名によって	生きている	**主**は	〜ように
男単・尾	前・ニ不	前・男単・尾	形男単	固	前・関

לִמְּדוּ	אֶת־	עַמִּי	לְהִשָּׁבֵעַ	בַּבָּעַל
りメドゥー	エット	アミー	れヒシャヴェア	ババアる
彼らが教えた	に	私の民	誓うことを	バアルによって
ピ完3複	前	男単・尾	前・ニ不	前冠・男単停

וְנִבְנוּ	בְּתוֹךְ	עַמִּי׃	17 וְאִם
ヴェニヴヌー	ベトふ	アミー	ヴェイム
すると彼らは建てられる	真ん中に	私の民の	そしてもし〜ならば
倒・ニ完3複	前・男単	男単・尾	接・接

לֹא	יִשְׁמָעוּ	וְנָתַשְׁתִּי	אֶת־	הַגּוֹי	הַהוּא	נָתוֹשׁ
ろー	イシュマーウ	ヴェナタシュティー	エット	ハゴイ	ハフー	ナトッシュ
彼らが聞かない		すると私は引き抜く	を	民族	その	引き抜く
副	パ未3男複停	倒・パ完1単	前	冠・男単	冠・代	パ不

וְאַבֵּד	נְאֻם־	יְהוָה׃
ヴェアベッド	ネウム	アドナイ
そして滅ぼす	み告げ	**主**の
接・ピ不	男単連	固

に、その土地に帰らせる。16もしこれらの民が、かつてバアルによって誓うことをわたしの民に教えたように、わが名によって、『主は生きておられる』と誓うことを確かに学ぶならば、彼らはわたしの民の間に建てられる。17もし彼らが従わなければ、わたしはその民を必ず抜き捨てて、滅ぼす」と主は言われる。

---

15. וַהֲשִׁבֹתִים < הֵשִׁיב =√ שוב

16. לָמֹד יִלְמְדוּ =√ למד, 独立不定詞＋未完了で強調.

בנה √= נִבְנָה < וְנִבְנוּ

17. וְנָתַשְׁתִּי … נָתוֹשׁ וְאַבֵּד ＝完了形の後に不定詞を2回続けて強調,「私は必ず引き抜いて滅ぼす」の意.

13

麻の帯とぶどう酒のかめ

1 主はわたしにこう言われる。「麻の帯を買い、
それを腰に締めよ。水で洗ってはならない。」
2 わたしは主の言葉に従って、帯を買い、腰に締めた。

13	1 כֹּה־	אָמַר	יְהוָה	אֵלַי	הָלוֹךְ
	ーコ	ルマア	イナドア	イラエ	ふろハ
	にうよのこ	たっ言	は**主**	に私	け行
	副	単男3完パ	固	尾・前	不パ

וְקָנִיתָ	לְּךָ	אֵזוֹר	פִּשְׁתִּים	וְשַׂמְתּוֹ
ターニカェヴ	ーはれ	ルーゾエ	ムーィテュシピ	ートムサェヴ
え買はたなあてしそ	にたなあ	を帯	の布麻亜	け置をれそはたなあてしそ
単男2完パ・倒	尾・前	連単男	複男	尾・単男2完パ・倒

עַל־	מָתְנֶיךָ	וּבַמַּיִם	לֹא	תְבִאֵהוּ׃
るア	はーネゥトモ	ムイマァヴウ	ーろ	フーエィヴテ
に上の	腰両のたなあ	に水てしそ		なる来てっ持をれそはたなあ
前	尾・双男	双男・冠前・接	副	尾・単男2未ヒ

2 וָאֶקְנֶה	אֶת־	הָאֵזוֹר	כִּדְבַר	יְהוָה
ーネクエァヴ	トッエ	ルーゾエハ	ルァヴゥドキ	イナドア
たっ買は私てしそ	を	帯	にうよの葉言	の**主**
単1未パ・倒	前	単男・冠	連単男・前	固

3 主の言葉が再びわたしに臨んだ。4「あなたが
買って腰に締めたあの帯をはずし、立ってユーフラテ
スに行き、そこで帯を岩の裂け目に隠しなさい。」

וָאָשִׂם	עַל־	מָתְנָי׃	3 וַיְהִי	דְבַר־	יְהוָה
ムーィスアァヴ	るア	イナゥトモ	ーヒイァヴ	ルァヴデ	イナドア
たい置は私てしそ	に	に腰両の私	たっあてしそ	が葉言	の**主**
単1未パ・倒	前	停尾・双男	単男3未パ・倒	連単男	固

אֵלַי	שֵׁנִית	לֵאמֹר׃	4 קַח	אֶת־	הָאֵזוֹר
イラエ	トーニェシ	ルーモレ	ふカ	トッエ	ルーゾエハ
に私	の二第	てっ言と～	れ取はたなあ	を	帯
尾・前	単女形	不パ・前	単男2命パ	前	単男・冠

אֲשֶׁר	קָנִיתָ	אֲשֶׁר	עַל־	מָתְנֶיךָ	וְקוּם
ルェシア	ターニカ	ルェシア	るア	はーネゥトモ	ムクェヴ
のろこと～	たっ買がたなあ	のろこと～	に上の	腰両のたなあ	て立はたなあてしそ
関	単男2完パ	関	前	尾・双男	単男2命パ・接

לֵךְ	פְּרָתָה	וְטָמְנֵהוּ	שָׁם	בִּנְקִיק
ふれ	ターラペ	フーネムトェヴ	ムャシ	クーキンビ
け行はたなあ	へ方のステラフーユ	せ隠をれそはたなあてしそ	にこそ	に目け裂
単男2命パ	方・固	尾・単男2命パ・接	副	連単男・前

---

1. הָלוֹךְ ＝独立不定詞が単独で用いられると, 強い命令の意を表す.

וְקָנִיתָ , וְשַׂמְתּוֹ ＝直前の動詞 הָלוֹךְ (命令の意の独立不定詞)を受けて, ヴァヴ倒置の動詞においては命令の意味が継承される.

לֹא תְבִאֵהוּ ＝ロー禁止形.

תְבִאֵהוּ < הֵבִיא ＝√ בוא

3. שֵׁנִית ＝‘二度目に’の意.

4. קַח < לָקַח

לֵךְ < הָלַךְ

הַסָּֽלַע׃	5	וָאֵלֵ֕ךְ	וָאֶטְמְנֵ֖הוּ	בִּפְרָ֑ת
らーサハ		ふれエァヴ	フーネメゥトエァヴ	トッラフビ
の岩		たっ行は私てしそ	たし隠をれそは私てしそ	でステラフーユ
停単男・冠		単1未パ・倒	尾・単1未パ・倒	固・前

כַּאֲשֶׁ֥ר	צִוָּ֥ה	יְהוָ֖ה	אוֹתִֽי׃	6	וַיְהִ֕י	מִקֵּ֖ץ
ルェシアカ	ーァヴィツ	イナドア	ィテオ		ーヒイァヴ	ツッケミ
にり通〜	たじ命	が主	に私		たっあてしそ	にりわ終
関・前	単男3完ピ	固	尾・前		単男3未パ・倒	連単男・前

יָמִ֣ים	רַבִּ֑ים	וַיֹּ֨אמֶר	יְהוָ֜ה	אֵלַ֗י	ק֚וּם	לֵ֣ךְ
ムーミヤ	ムービラ	ルメヨァヴ	イナドア	イらエ	ムク	ふれ
の々日	のく多	たっ言てしそ	は主	に私	て立はたなあ	け行はたなあ
複男	複男形	単男3未パ・倒	固	尾・前	単男2命パ	単男2命パ

פְּרָ֔תָה	וְקַ֤ח	מִשָּׁם֙	אֶת־	הָ֣אֵז֔וֹר	אֲשֶׁ֥ר
ターラペ	ふカェヴ	ムャシミ	トッエ	ルーゾエハ	ルェシア
へ方のステラフーユ	れ取はたなあてしそ	らかこそ	を	帯	のろこと〜
方・固	単男2命パ・接	副・前	前	単男・冠	関

צִוִּיתִ֖יךָ	לְטָמְנוֹ־	שָֽׁם׃	7	וָאֵלֵ֣ךְ
はーィティヴィツ	ーノムトれ	ムャシ		ふれエァヴ
たじ命にたなあが私	をとこす隠をれそ	にこそ		たっ行は私てしそ
尾・単1完ピ	尾・不パ・前	副		単1未パ・倒

פְּרָ֔תָה	וָאֶחְפֹּ֗ר	וָאֶקַּח֙	אֶת־	הָ֣אֵז֔וֹר
ターラペ	ルーポふエァヴ	ふカエァヴ	トッエ	ルーゾエハ
へ方のステラフーユ	たっ掘は私てしそ	たっ取は私てしそ	を	帯
方・固	単1未パ・倒	単1未パ・倒	前	単男・冠

מִן־	הַמָּק֖וֹם	אֲשֶׁר־	טְמַנְתִּ֣יו	שָׁ֑מָּה	וְהִנֵּה֙
ンミ	ムコマハ	ルェシア	ヴーィテンマテ	マーャシ	ーネヒェヴ
らか	所場	のろこと〜	たし隠をれそが私	へこそ	よ見とるす
前	単男・冠	関	尾・単1完パ	方・副	間・接

נִשְׁחַ֣ת	הָאֵז֔וֹר	לֹ֥א	יִצְלַ֖ח	לַכֹּֽל׃	8	וַיְהִ֥י
トッはュシニ	ルーゾエハ	ーろ	ふらツイ	るコら		ーヒイァヴ
たっ腐	は帯	いなた立に役		にて全		たっあてしそ
単男3完ニ	単男・冠	副	単男3未パ	単男・冠前		単男3未パ・倒

5 そこで、わたしは主が命じられたように、ユーフラテスに行き、帯を隠した。6 多くの月日がたった後、主はわたしに言われた。「立って、ユーフラテスに行き、かつて隠しておくように命じたあの帯を取り出しなさい。」7 わたしはユーフラテスに行き、隠しておいた帯を探し出した。見よ、帯は腐り、全く役に立たなくなっていた。

---

5. הָלַךְ < וָאֵלֵ֕ךְ

טָמַן < וָאֶטְמְנֵ֖הוּ

6. הָלַךְ < לֵ֣ךְ

לָקַח < וְקַ֤ח

צִוָּה < צִוִּיתִ֖יךָ

דְּבַר־	יְהוָה	אֵלַי	לֵאמֹר׃	9	כֹּה	אָמַר	יְהוָה
ルァヴデ	イナドア	イらエ	ルーモれ		ーコ	ルマア	イナドア
が葉言	の**主**	に私	てっ言と～		にうよのこ	たっ言	は**主**
連単男	固	尾・前	不パ・前		副	単男3完パ	固

כָּכָה	אַשְׁחִית	אֶת־	גְּאוֹן	יְהוּדָה	וְאֶת־	גְּאוֹן
ハーカ	トーひュシア	トッエ	ンオゲ	ーダフエイ	トッエェヴ	ンオゲ
にうよのこ	るせら腐は私	を	り誇	のダユ	を～と	り誇
副	単1未ヒ	前	連単男	男固	前・接	連単男

יְרוּשָׁלַםִ	הָרָב׃	10	הָעָם	הַזֶּה	הָרָע	הַמֵּאֲנִים
ムイらャシルェイ	ヴラハ		ムアハ	ゼハ	ーラハ	ムーニアメハ
のムレサルエ	のく多		は民	のこ	い悪	るいてし否拒
固	単男形・冠		単男・冠	代・冠	単男形・冠	複男形・冠

לִשְׁמוֹעַ	אֶת־	דְּבָרַי	הַהֹלְכִים	בִּשְׁרִרוּת	לִבָּם
アモュシり	トッエ	イラァヴデ	ムーひれホハ	トッルリュシビ	ムバり
をとこく聞	を	葉言の私	るいてい歩	にさな頑	の心のら彼
不パ・前	前	尾・単男	複男分パ・冠	連単女・前	尾・単男

וַיֵּלְכוּ	אַחֲרֵי	אֱלֹהִים	אֲחֵרִים	לְעָבְדָם
ーふれェイァヴ	ーレはア	ムーヒロエ	ムーリヘア	ムダヴオれ
たっ行はら彼てしそ	に後の	々神	の他	にめたるえ仕にられそ
複男3未パ・倒	前	複男	複男形	尾・不パ・前

וּלְהִשְׁתַּחֲוֺת	לָהֶם	וִיהִי	כָּאֵזוֹר	הַזֶּה	אֲשֶׁר
トッォヴはタュシヒるウ	ムへら	ーヒィヴ	ルーゾエカ	ゼハ	ルェシア
にめたす伏れひてしそ	にられそ	にうよるなてしそ	にうよの帯	のこ	のろこと～
不ト・前・接	尾・前	単男3指パ・倒	単男・冠前	代・冠	関

לֹא־	יִצְלַח	לַכֹּל׃	11	כִּי	כַּאֲשֶׁר	יִדְבַּק
ーろ	ふらツイ	るコら		ーキ	ルェシアカ	クバッドイ
いなた立に役		にて全		にとこま	にうよ～	くつっく
副	単男3未パ	単男・冠前		接	関・前	単男3未パ

הָאֵזוֹר	אֶל־	מָתְנֵי־	אִישׁ	כֵּן	הִדְבַּקְתִּי	אֵלַי
ルーゾエハ	るエ	ーネゥトモ	ュシーイ	ンケ	ィテクバゥドヒ	イらエ
が帯	に	腰両	の人	にうよのこ	たけつっくは私	に私
単男・冠	前	連双男	単男	副	単1完ヒ	尾・前

8 主の言葉がわたしに臨んだ。9 主はこう言われる。「このように、わたしはユダの傲慢とエルサレムの甚だしい傲慢を砕く。10 この悪い民はわたしの言葉に聞き従うことを拒み、かたくなな心のままにふるまっている。また、彼らは他の神々に従って歩み、それに仕え、それにひれ伏している。彼らは全く役に立たないこの帯のようになった。11 人が帯を腰にしっかり着けるように、わたしはイスラエルのすべての家とユダ

10. הָלַךְ < וַיֵּלְכוּ

יְהוּדָה֙	בֵּ֣ית	כָּל־	וְאֶת־	יִשְׂרָאֵ֜ל	בֵּ֣ית	כָּל־	אֶת־
ーダフェイ	トーベ	るコ	トッエエヴ	るエラスイ	トーベ	るコ	トッエ
のダユ	家	のて全	を〜と	のルエラスイ	家	のて全	を
男固	連単男	連単男	前・接	男固	連単男	連単男	前

וְלִתְהִלָּ֖ה	וּלְשֵׁ֥ם	לְעָ֛ם	לִי֙	לִֽהְי֨וֹת	יְהוָ֗ה	נְאֻם־
ーらヒゥトりェヴ	ムェシるウ	ムアれ	ーり	トッヨフり	イナドア	ムウネ
にれ誉てしそ	に名てしそ	に民	の私	にめたるな	の**主**	げ告み
単女・前・接	単男・前・接	単男・前	尾・前	不パ・前	固	連単男

וְאָמַרְתָּ֙	12	שָׁמֵֽעוּ׃	וְלֹ֖א	וּלְתִפְאָ֑רֶת
ータルマアェヴ		ウーメャシ	ーろェヴ	トッレーアフィテるウ
う言はたなあてしそ		たっかなか聞	はら彼しかし	に誉栄てしそ
単男2完パ・倒		停複3完パ	副・接	停単女・前・接

יְהוָ֔ה	אָמַ֣ר	כֹּֽה־	הַזֶּ֜ה	הַדָּבָ֨ר	אֶת־	אֲלֵיהֶ֜ם
イナドア	ルマア	ーコ	ゼハ	ルァヴダハ	トッエ	ムヘれア
は**主**	たっ言	にうよのこ	のこ	葉言	を	にら彼
固	単男3完パ	副	代・冠	単男・冠	前	尾・前

וְאָמְר֣וּ	יָ֑יִן	יִמָּ֣לֵא	נֵ֖בֶל	כָּל־	יִשְׂרָאֵ֔ל	אֱלֹהֵ֣י
ールメアェヴ	ンイヤ	れーマイ	るェヴネ	るコ	るエラスイ	ーへろエ
う言はら彼てしそ	でンイワ	るれさた満	はぼつ	のて全	のルエラスイ	神
複3完パ・倒	停単男	単男3未ニ	単男	連単男	男固	連複男

יִמָּ֣לֵא	נֵ֖בֶל	כָּל־	כִּ֥י	נֵדַ֔ע	לֹ֣א	הֲיָדֹ֙עַ֙	אֵלֶ֔יךָ
れーマイ	るェヴネ	るほ	ーキ	ーダネ	ーろ	アードヤハ	はーれエ
るれさた満	がぼつ	のて全	をとこ〜	かのいなら知く全は達私			にたなあ
単男3未ニ	単男	連単男	接	複1未パ	副	不パ・疑	尾・前

יְהוָ֗ה	אָמַ֣ר	כֹּֽה־	אֲלֵיהֶ֜ם	וְאָמַרְתָּ֙	13	יָֽיִן׃
イナドア	ルマア	ーコ	ムへれア	ータルマアェヴ		ンイヤ
は**主**	たっ言	にうよのこ	にら彼	う言はたなあてしそ		でンイワ
固	単男3完パ	副	尾・前	単男2完パ・倒		停単男

הַזֹּ֗את	הָאָ֣רֶץ	יֹשְׁבֵ֣י	כָּל־	אֶת־	מְמַלֵּ֣א	הִנְנִ֣י
トッゾハ	ツレアハ	ーェヴェシヨ	るコ	トッエ	ーれマメ	ーニンヒ
のこ	に地	達者む住	のて全	を	すた満	は私よ見
代・冠	単女・冠	連複男分パ	連単男	前	単男分ピ	尾・間

のすべての家をわたしの身にしっかりと着け、わたし
の民とし、名声、栄誉、威光を示すものにしよう、と
思った。しかし、彼らは聞き従わなかった」と主は言
われる。
12 あなたは彼らにこの言葉を語りなさい。「イスラ
エルの神、主はこう言われる。かめにぶどう酒を満た
すべきだ」と。すると、彼らはあなたに言うだろう。
「かめにぶどう酒を満たすべきだということを我々が
知らないとでも言うのか」と。13 あなたは彼らに言い
なさい。「主はこう言われる。見よ、わたしは、この国

---

11. וְלִתְהִלָּה =√ הלל , cf. הִלֵּל「誉め賛える」 וּלְתִפְאָרֶת < תִּפְאָרָה =√ פאר , cf. פֵּאֵר「輝かす, 飾る」

12. הֲיָדֹעַ לֹא נֵדַע =√ ידע , 独立不定詞+未完了で強調.

13. יֹשְׁבֵי < יָשַׁב , 分詞の名詞的用法.

כִּסְאוֹ	עַל־	לְדָוִד	הַיֹּשְׁבִים	הַמְּלָכִים	וְאֶת־
ーオスキ	るア	ドッィヴダれ	ムーィヴェシヨハ	ムーひらメハ	トッエヴ
座の彼	に上の	のデビダ	る座	達王	を〜と
尾・単男	前	男固・前	複男分パ・冠	複男・冠	前・接

כָּל־	וְאֵת	הַנְּבִיאִים	וְאֶת־	הַכֹּהֲנִים	וְאֶת־
るコ	トッエヴ	ムーイィヴネハ	トッエヴ	ムーニハコハ	トッエヴ
のて全	を〜と	達者言預	を〜と	達司祭	を〜と
連単男	前・接	複男・冠	前・接	複男・冠	前・接

וְנִפַּצְתִּים	14	שִׁכָּרוֹן׃	יְרוּשָׁלָםִ	יֹשְׁבֵי
ムーィテツパニェヴ		ンロカシ	ムイらャシルェイ	ーェヴェシヨ
く砕ち打をら彼は私てしそ		で酊酩	にムレサルエ	達者む住
尾・単1完ピ・倒		単男	停固	連複男分パ

נְאֻם־	יַחְדָּו	וְהַבָּנִים	וְהָאָבוֹת	אָחִיו	אֶל־	אִישׁ
ムウネ	ヴダふヤ	ムーニバハェヴ	トッォヴアハェヴ	ヴーひア	るエ	ュシーイ
げ告み	に緒一	達子息と	達父と	弟兄の彼	に	が人
連単男	副	複男・冠・接	複男・冠・接	尾・単男	前	単男

אֲרַחֵם	וְלֹא	אָחוּס	וְלֹא־	אֶחְמוֹל	לֹא־	יְהוָה
ムヘラア	ーろェヴ	スーふア	ーろェヴ	るーモふエ	ーろ	イナドア
いなまれ憐は私てしそ		いなし情同は私てしそ		いなし赦容は私		の**主**
単1未ピ	副・接	単1未パ	副・接	単1未パ	副	固

מֵהַשְׁחִיתָם׃
ムタひュシハメ
をとこすぼ滅をら彼
尾・不ヒ・前

תִּגְבָּהוּ	אַל־	וְהַאֲזִינוּ	שִׁמְעוּ	15
フーバグィテ	るア	ヌーィズアハェヴ	ーウムシ	
なるなに慢高は達たなあ		ろけ傾を耳は達たなあてしそ	け聞は達たなあ	
停複男2未パ	副	複男2命ヒ・接	複男2命パ	

דִּבֵּר׃	יְהוָה	כִּי
ルベィデ	イナドア	ーキ
たっ語	が**主**	らか〜らなぜな
単男3完ピ	固	接

のすべての住民、ダビデの王座につくすべての王、祭司、預言者、およびエルサレムのすべての住民を酔いで満たす。14 わたしは、人をその兄弟に、父と子を互いに、打ちつけて砕く。わたしは惜しまず、ためらわず、憐れまず、彼らを全く滅ぼす」と主は言われる。

15 聞け、耳を傾けよ、高ぶってはならない。主が語られる。

---

13. לְדָוִד עַל־כִּסְאוֹ ＝'ダビデの王座の上に'の意.

שִׁכָּרוֹן ＝√ שכר , cf. שָׁכַר「酔う」

14. וְנִפַּצְתִּים < נִפֵּץ

אָחוּס < חָס ＝√ חוס

מֵהַשְׁחִיתָם < הִשְׁחִית ＝√ שחת

15. אַל־תִּגְבָּהוּ ＝アル禁止形.

תִּגְבָּהוּ < גָּבַהּ

16

תְּנוּ	לַיהוָה	אֱלֹהֵיכֶם	כָּבוֹד
テヌー	らドナイ	エろへへム	カヴォッド
あなた達は与えろ	主に	あなた達の神	栄光を
複男2命パ	固・前	尾・複男	単男

בְּטֶרֶם	יַחְשִׁךְ	וּבְטֶרֶם	יִתְנַגְּפוּ	רַגְלֵיכֶם
ベテレム	ヤふシふ	ウヴテレム	イトゥナゲフー	ラグレーヘム
～前に	彼が暗くする	そして～前に	躓く	あなた達の両足が
副・前	単男3未ヒ	副・前・接	複男3未ト	尾・双女

עַל־	הָרֵי	נָשֶׁף	וְקִוִּיתֶם	לְאוֹר
アる	ハレー	ナーシェフ	ヴェキヴィテム	れオール
の上で	山々	夕暮れ時の	そしてあなた達は待ち望む	光を
前	連複男	停単男	複男2完ピ・倒	単男・前

וְשָׂמָהּ	לְצַלְמָוֶת	יָשִׁית	לַעֲרָפֶל׃
ヴェサマハ	れツァるマヴェット	★ヴェシート	らアラフェる
そして彼はそれを～する	死の陰に	そして彼は～する	暗黒に
尾・単男3完パ・倒	単男・前	不パ・接	単男・前

17

וְאִם	לֹא	תִּשְׁמָעוּהָ
ヴェイム	ろー	ティシュマウーハ
そしてもし～ならば		あなた達がそれを聞かない
接・接	副	尾・複男2未パ

בְּמִסְתָּרִים	תִּבְכֶּה־	נַפְשִׁי	מִפְּנֵי	גֵוָה
ベミスタリーム	ティヴケー	ナフシー	ミペネー	ゲヴァー
隠れた所で	泣く	私の魂は	故に	高ぶりの
複男・前	単女3未パ	尾・単女	連複女・前	単女

וְדָמֹעַ	תִּדְמַע	וְתֵרַד	עֵינִי	דִּמְעָה
ヴェダモア	ティドゥマー	ヴェテラッド	エーニー	ディムアー
そして涙を	流しに流す	そして下る	私の目を	涙が
不パ・接	単女3未パ	単女3未パ・接	尾・単女	単女

כִּי	נִשְׁבָּה	עֵדֶר	יְהוָה׃
キー	ニシュバー	エデル	アドナイ
なぜなら～から	捕虜とされた	群れが	主の
接	単男3完ニ	連単男	固

16 あなたたちの神、主に栄光を帰せよ
闇が襲わぬうちに
足が夕闇の山でつまずかぬうちに。
光を望んでも、主はそれを死の陰とし
暗黒に変えられる。

17 あなたたちが聞かなければ
わたしの魂は隠れた所でその傲慢に泣く。
涙が溢れ、わたしの目は涙を流す。
主の群れが捕らえられて行くからだ。

---

16. יַחְשִׁךְ < הֶחְשִׁיךְ =√ חשׁך , cf. חֹשֶׁךְ「闇」

וְקִוִּיתֶם < קִוָּה

וְשָׂמָהּ < שָׂם =√ שׂים , 原意は「置く」. 接尾辞(3女単)は直前の אוֹר「光」を指すと思われるが, 文法的性が不一致.

(כ) ישׁית , (ק) וְשִׁית , 原意は「置く」

17. בְּמִסְתָּרִים < מִסְתָּר =√ סתר , cf. נִסְתַּר「隠れる」

וְדָמֹעַ תִּדְמַע =√ דמע , 独立不定詞+未完了で強調.

王と太后

18 王と太后に言え。
「身を低くして座れ。
輝かしい冠は
あなたたちの頭から落ちた。」

18

ヘブライ語	読み	訳	文法
אֱמֹר	ルーモエ	え言はたなあ	単男2命パ
לַמֶּלֶךְ	ふれメら	に王	単男・冠前
וְלַגְּבִירָה	ーラィヴゲらェヴ	に后太と	単女・冠前・接
הַשְׁפִּילוּ	ーるーピュシハ	ろしく低は達たなあ	複男2命ヒ
שֵׁבוּ	ーヴーェシ	れ座は達たなあ	停複男2命パ
כִּי	ーキ	らか〜らなぜな	接
יָרַד	ドッラヤ	たっ下	単男3完パ
מַרְאֲשׁוֹתֵיכֶם	ムヘテョシアルマ	は冠王の達たなあ	尾・複女
עֲטֶרֶת	トッレテア	は冠	連単女
תִּפְאַרְתְּכֶם׃	ムヘテルアフィテ	の誉栄の達たなあ	尾・単女

19 ネゲブの町々は閉じられて開く者はなく
ユダはすべて捕囚となり
ことごとく連れ去られた。

19

ヘブライ語	読み	訳	文法
עָרֵי	ーレア	は々町	連複女
הַנֶּגֶב	ヴゲネハ	のブゲネ	固・冠
סֻגְּרוּ	ールゲス	たれさざ閉	複3完プ
וְאֵין	ンエェヴ	いないてしそ	副・接
פֹּתֵחַ	はアテポ	は者るけ開	単男分パ
הָגְלָת	トッらグホ	たれさ囚捕	単女3完フ
יְהוּדָה	ーダフェイ	はダユ	固
כֻּלָּהּ	ハらク	て全のそ	尾・単男
הָגְלָת	トッらグホ	たれさ囚捕	単女3完フ
שְׁלוֹמִים׃	ムーミろェシ	に全完	単男

---

18. יָרַד ＝主語（「王冠」「冠」）と文法的性・数の不一致.

מַרְאֲשׁוֹתֵיכֶם ＜ מְרַאֲשׁוֹת , cf. רֹאשׁ 「頭」. 70人訳（ギリシア語），ウルガタ訳（ラテン語）などの古代訳は「あなた達の頭から」（ מֵרָאשֵׁיכֶם ）と訳している（＝新共同訳他）.

19. פֹּתֵחַ ＝分詞の名詞的用法.

הָגְלָת יְהוּדָה כֻּלָּהּ ＝「ユダはそのすべてが捕囚された」

הָגְלָת ＝ הָגְלְתָה の古形.

שְׁלוֹמִים ＜ שָׁלוֹם , 名詞だが副詞的に用いられている.

20 目を上げて、北から襲う者を見よ。
あなたにゆだねられた群れ
輝かしい羊の群れはどこにいるのか。

וּרְאִי	עֵינֵיכֶם	שְׂאִי	20
ーウルウ★	ムヘーネーエ	ーウセ★	
ろ見は達たなあてしそ	を目両の達たなあ	ろげ上は達たなあ	
複男2命パ・接	尾・双女	複男2命パ	

מִצָּפוֹן	הַבָּאִים
ンォファツミ	ムーイバハ
らか北	を達者る来
単女・前	複男分パ・冠

לָךְ	נִתַּן־	הָעֵדֶר	אַיֵּה
ふら	ンタニ	ルデエハ	ーェイア
にたなあ	たれらえ与	はれ群	かこど
停尾・前	単男3完ニ	単男・冠	疑

תִּפְאַרְתֵּךְ׃	צֹאן
ふテルアフィテ	ンォツ
の誉栄のたなあ	は羊
尾・単女	単女

21 指導者として育てた人々が
あなたから失われるなら
あなたは何と言うつもりか。
女が子を産むときのような苦しみが

עָלַיִךְ	יִפְקֹד	כִּי־	תֹּאמְרִי	מַה־	21
ふイらア	ドッコフイ	ーキ	ーリメト	ーマ	
に上のたなあ	るす命任が彼	時～	う言はたなあ	か～を何	
尾・前	単男3未パ	接	単女2未パ	疑	

אֹתָם	לִמַּדְתְּ	וְאַתְּ
ムタオ	トゥドマり	トッアェヴ
をら彼	たえ教はたなあ	はたなあてしそ
尾・前	単女2完ピ	代・接

לְרֹאשׁ	אַלֻּפִים	עָלַיִךְ
ュシーロれ	ムーィフるア	ふイらア
に頭	をちた友親	でばそのたなあ
単男・前	複男	尾・前

יֹאחֱזוּךְ	חֲבָלִים	הֲלוֹא
ふーズへヨ	ムーりァヴは	ーろハ
るえ捕をたなあ	が痛苦	かいなはで～
尾・複男3未パ	複男	副・疑

---

20. (כ) שאי , (ק) שְׂאוּ

(כ) וראי , (ק) וּרְאוּ

הַבָּאִים ＝分詞の名詞的用法.

תִּפְאַרְתֵּךְ < תִּפְאָרָה ＝√ פאר , cf. פֵּאֵר「輝かす, 飾る」

21. יִפְקֹד ＝主語は「主」か. 別「罰する」

אָחַז < יֹאחֱזוּךְ

לֵדָה׃	אֵשֶׁת	כְּמוֹ
ーダれ	トッェシエ	ーモケ
の産出	女	にうよの～
単女	連単女	前

בִּלְבָבֵךְ	תֹאמְרִי	וְכִי	22
ふエヴァヴるビ	ーリメト	ーひェヴ	
でちうの心のたなあ	う言がたなあ	時～てしそ	
尾・単男・前	単女2未パ	接・接	

אֵלֶּה	קְרָאֻנִי	מַדּוּעַ
れーエ	ニーウラケ	アゥドマ
はられこ	たき起に私	かの～ぜな
代	尾・複3完パ	疑

שׁוּלַיִךְ	נִגְלוּ	עֲוֺנֵךְ	בְּרֹב
ふイらュシ	ーるグニ	ふネォヴア	ヴロベ
はそすのたなあ	たれさにわ露	がとのたなあ	てっよに～のく多
尾・複男	複3完ニ	単女	連単男・前

עֲקֵבָיִךְ׃	נֶחְמְסוּ
ふイァヴケア	ースメふネ
はとかかのたなあ	たけ受を力暴
停尾・複男	複3完ニ

עוֹרוֹ	כּוּשִׁי	הֲיַהֲפֹךְ	23
ーロオ	ーシク	ふォフハヤハ	
を皮の彼	は人ュシク	かるえ変	
尾・単男	固	単男3未パ・疑	

חֲבַרְבֻּרֹתָיו	וְנָמֵר
ヴタロブルァヴは	ルメナェヴ
を点斑のそ	は豹てしそ
尾・複女	単男・接

לְהֵיטִיב	תּוּכְלוּ	אַתֶּם	גַּם־
ヴーィテへれ	ーるへゥト	ムテア	ムガ
がとこるすく良	るきで	達たなあ	たまも～
不ヒ・前	複男2未パ	代	接

必ずあなたをとらえるであろう。
22 あなたは心に問うであろう。
「なぜ、このような事がわたしに起こるのか。」
あなたの重い罪のゆえに
着物の裾は剝ぎ取られ、辱めを受ける。

罪の深さ

23 クシュ人は皮膚を
豹はまだらの皮を変ええようか。
それなら、悪に馴らされたお前たちも

---

22. קְרָאֻנִי < קָרָא

נִגְלוּ < נִגְלָה = √ גלה

נֶחְמְסוּ < נֶחְמַס , cf. חָמָס「暴虐」

23. גַּם־אַתֶּם … הָרֵעַ = 冒頭の疑問辞 הֲ が後半にもかかると取り, '悪に馴らされたあなた達もまた良くなることができるのか' と解される.

לְהֵיטִיב = √ יטב , cf. טוֹב「良い」

正しい者となりえよう。
24 わたしはお前たちを散らす
荒れ野の風に吹き飛ばされるもみ殻のように。
25 これがお前の運命

לְמַדֵּי	הָרֵעַ׃
ーデムり	アレハ
たれさら馴	にとこるすく悪
連複男形	不ヒ

24 וַאֲפִיצֵם	כְּקַשׁ־	עוֹבֵר
ムェツィフアァヴ	ュシカケ	ルェヴオ
すら散をら彼は私てしそ	にうよのらわ	る去ぎ過
尾・単1未ヒ・接	単男・前	単男分パ

לְרוּחַ	מִדְבָּר׃
はアールれ	ルバゥドミ
に風	の野荒
連単女・前	単男

25 זֶה	גוֹרָלֵךְ	מְנָת־	מִדַּיִךְ
ゼ	ふれラゴ	トッナメ	ふイダミ
がれこ	命運のたなあ	前け分	のて当り割のたなあ
代	尾・単男	連単女	尾・複男

わたしが定めたお前の分である、と主は言われる。
お前がわたしを忘れ
むなしいものに依り頼んだからだ。
26 わたし自身がお前の着物の裾を顔まで上げ

מֵאִתִּי	נְאֻם־	יְהוָה
ィテイメ	ムウネ	イナドア
らか私	げ告み	の**主**
尾・前・前	連単男	固

אֲשֶׁר	שָׁכַחַתְּ	אוֹתִי
ルェシア	トッははャシ	ィテオ
のろこと〜	たれ忘がたなあ	を私
関	単女2完パ	尾・前

וַתִּבְטְחִי	בַּשָּׁקֶר׃
ーひテヴィテァヴ	ルケャシバ
たし頼信がたなあてしそ	をり偽
単女2未パ・倒	停単男・冠前

26 וְגַם־	אֲנִי	חָשַׂפְתִּי	שׁוּלַיִךְ
ムガェヴ	ーニア	ィテフサは	ふイらュシ
たまも〜てしそ	私	たっくまは私	をそすのたなあ
接・接	代	単1完パ	尾・複男

---

24. וַאֲפִיצֵם < הֵפִיץ =√ פוץ

25. מִדַּיִךְ < מַד , cf. מָדַד「測る」

お前の恥はあらわになった。
27 お前が姦淫し、いななきの声をあげ
淫行をたくらみ、忌むべき行いをするのを
丘でも野でもわたしは見た。

עַל־	פָּנָ֑יִךְ
るア	ふイナパ
に上の	顔のたなあ
前	停尾・複女

וְנִרְאָ֖ה	קְלוֹנֵ֑ךְ׃
ーアルニェヴ	ふネろケ
るれ現てしそ	が恥のたなあ
単男3完ニ・倒	尾・単男

27

נִאֻפַ֫יִךְ	וּמִצְהֲלוֹתַ֗יִךְ
ふイァフウニ	ふイタろハツミウ
淫姦のたなあ	きなないのたなあてしそ
尾・複男	尾・複女・接

זִמַּת	זְנוּתֵ֔ךְ
トッマィズ	ふテヌゼ
事悪	の行淫のたなあ
連単女	尾・単女

עַל־	גְּבָעוֹת֙	בַּשָּׂדֶ֔ה
るア	トッオァヴゲ	ーデサバ
で上の	々丘	で野
前	複女	単男・冠前

רָאִ֖יתִי	שִׁקּוּצָ֑יִךְ
ィテーイラ	ふイァツクシ
た見は私	をのもいしわま忌のたなあ
単1完パ	停尾・複男

災いだ、エルサレムよ。
お前は清いものとはされえない。
いつまでそれが続くのか。

א֥וֹי	לָךְ֙	יְר֣וּשָׁלַ֔ם	לֹ֣א	תִטְהֲרִ֔י
イオ	ふら	ムイらャシルェイ	ーろ	ーリハゥトィテ
ああ	はたなあ	よムレサルエ	はたなあ	いならなく清
間	尾・前	固	副	単女2未パ

אַחֲרֵ֥י	מָתַ֖י	עֹֽד׃
ーレはア	イタマ	ドッオ
に後の	つい	にらさ
前	疑	副

---

26. קְלוֹנֵךְ < קָלוֹן

27. נִאֻפַיִךְ =cf. נָאַף「姦淫する」

וּמִצְהֲלוֹתַיִךְ < מִצְהָלָה , cf. צָהַל「いななく」

זִמַּת =√ זמם , cf. זָמַם「企てる」

שִׁקּוּצָיִךְ < שִׁקּוּץ =√ שקץ , cf. שִׁקֵּץ「忌み嫌う」

אַחֲרֵי מָתַי עֹד = '多くの時間の後に' の意か.

14

干ばつの災い

1 干ばつに見舞われたとき、主の言葉がエレミヤに臨んだ。
2 ユダは渇き、町々の城門は衰える。
人々は地に伏して嘆き
エルサレムは叫びをあげる。
3 貴族は水を求めて、召し使いを送る。
彼らが貯水池に来ても、水がないので

14 1

אֲשֶׁר	הָיָה	דְבַר־	יְהוָה	אֶל־	יִרְמְיָהוּ׃
ルェシア	ーヤハ	ルァヴデ	イナドア	るエ	フヤメルイ
のろこと〜	たっあ	が葉言	の**主**	に	ヤミレエ
関	単男3完パ	連単男	固	前	男固

עַל־	דִּבְרֵי	הַבַּצָּרוֹת׃
るア	ーレヴィデ	トッロァツバハ
ていつに	々事	のつばんか
前	連複男	複女・冠

2

אָבְלָה	יְהוּדָה
ーらェヴア	ーダフェイ
だんし悲	はダユ
単女3完パ	固

וּשְׁעָרֶיהָ	אֻמְלְלוּ
ハーレアュシウ	ーるれムウ
は門のそてしそ	たれ萎
尾・複男・接	複3完プ

קָדְרוּ	לָאָרֶץ
ールデカ	ツレアら
たっなく暗はら彼	に地
複3完パ	単女・冠前

וְצִוְחַת	יְרוּשָׁלַםִ	עָלָתָה׃
トッはヴィツェヴ	ムイらャシルェイ	ターらア
が声び叫てしそ	のムレサルエ	たっ上
連単女・接	固	停単女3完パ

3

וְאַדִּרֵיהֶם	שָׁלְחוּ	צְעוֹרֵיהֶם	לַמָּיִם
ムヘレィデアェヴ	ーふれャシ	ムヘレイェツ★	ムイマら
はい強力のら彼てしそ	たしわ遣	をい若のら彼	に水
尾・複男形・接	複3完パ	尾・複男形	停双男・冠前

בָּאוּ	עַל־	גֵבִים
ウーバ	るア	ムーィヴゲ
た来はら彼	にばその	めた水
複3完パ	前	複男

---

2. קָדְרוּ לָאָרֶץ ＝別「(人々は)地に(伏して)喪服を着た」

צְוָחָה < וְצִוְחַת

3. וְאַדִּרֵיהֶם ＝'そして彼らの貴族達は'の意.

(כ) צעוריהם, (ק) צְעִירֵיהֶם, '彼らの若者達を'の意.

空の水がめを持ち
うろたえ、失望し、頭を覆って帰る。
4 地には雨が降らず

לֹא־	מָצְאוּ	מַיִם
ろー	マーツェウー	マイム
彼らは見	つけなかった	水を
副	複3完パ	双男

שָׁבוּ	כְלֵיהֶם	רֵיקָם
シャーヴー	へれへム	レカム
彼らは戻った	彼らの器は	空で
複3完パ	尾・複男	副

בֹּשׁוּ	וְהָכְלְמוּ	וְחָפוּ	רֹאשָׁם׃
ボーシュー	ヴェホふれムー	ヴェはフー	ローシャム
彼らは恥じ入った	そして彼らは辱められた	そして彼らは覆った	彼らの頭を
複3完パ	複3完フ・接	複3完パ・接	尾・単男

4

בַּעֲבוּר	הָאֲדָמָה	חַתָּה
バアヴール	ハアダマー	はター
のゆえに	土地	打ち砕かれた
前	単女・冠	単女3完パ

大地はひび割れる。
農夫はうろたえ、頭を覆う。
5 青草がないので

כִּי	לֹא־	הָיָה	גֶשֶׁם	בָּאָרֶץ
キー	ろー	ハヤー	ゲシェム	バアレツ
なぜなら〜から	なかった		雨が	地に
接	副	単男3完パ	単男	単女・冠前

בֹּשׁוּ	אִכָּרִים	חָפוּ	רֹאשָׁם׃
ボーシュー	イカリーム	はフー	ローシャム
恥じ入った	農夫達は	覆った	彼らの頭を
複3完パ	複男	複3完パ	尾・単男

5

כִּי	גַם־	אַיֶּלֶת	בַּשָּׂדֶה
キー	ガム	アイェれット	バサデー
なぜなら〜から	〜でさえ	雌鹿	野のうちの
接	接	単女	単男・冠前

יָלְדָה	וְעָזוֹב
ヤれダー	ヴェアゾーヴ
産んだ	そして見捨てる
単女3完パ	不パ・接

---

3. בֹּשׁוּ < בּוֹשׁ

וְחָפוּ < חָפָה

4. חַתָּה =√ חתת

כִּי	לֹא־	הָיָה	דֶּשֶׁא׃
ーキ	ーロ	ーヤハ	ェシーデ
らか〜らなぜな		たっかな	が草青
接	副	単男3完パ	単男

6	וּפְרָאִים	עָמְדוּ	עַל־	שְׁפָיִם
	ムーイラフウ	ーウドメア	るア	ムーイアフェシ
	は達ばろ野てしそ	たっ立	に上の	々丘の裸
	複男・接	複3完パ	前	複男

שָׁאֲפוּ	רוּחַ	כַּתַּנִּים
ーフアャシ	はアール	ムーニタカ
たし望渇	を風	にうよの達ルカッャジ
複3完パ	単女	複男・冠前

כָּלוּ	עֵינֵיהֶם	כִּי־	אֵין	עֵשֶׂב׃
ーるカ	ムヘーネーエ	ーキ	ンエ	ヴセエ
たっわ終	は目両のら彼	らか〜らなぜな	いな	が草
複3完パ	尾・双女	接	副	単男

7	אִם־	עֲוֹנֵינוּ	עָנוּ	בָנוּ
	ムイ	ヌーネォヴア	ーヌーア	ヌーァヴ
	ばらな〜しも	ががとの達私	たえ答	に達私
	接	尾・複女	複3完パ	尾・前

יְהוָה	עֲשֵׂה	לְמַעַן	שְׁמֶךָ
イナドア	ーセア	ンアマれ	はーメェシ
よ**主**	えな行はたなあ	にめた	の名のたなあ
固	単男2命パ	前	停尾・単男

כִּי־	רַבּוּ	מְשׁוּבֹתֵינוּ
ーキ	ーブラ	ヌーテォヴュシメ
らか〜らなぜな	い多	は信背の達私
接	複3完パ	尾・複女

לְךָ	חָטָאנוּ׃
ーはれ	ヌータは
にたなあ	たし犯を罪は達私
尾・前	複1完パ

野の雌鹿は子を産んでも捨てる。
6 草が生えないので
野ろばは裸の山の上に立ち
山犬のようにあえぎ、目はかすむ。

7 我々の罪が我々自身を告発しています。
主よ、御名にふさわしく行ってください。
我々の背信は大きく
あなたに対して罪を犯しました。

---

6. שְׁפָיִם < שְׁפִי = √ שפה , cf. נִשְׁפָּה 「はげる」

שָׁאֲפוּ רוּחַ =「風を渇望する」で‘激しく息をする, あえぐ’の意か.

כָּלוּ < כָּלָה

7. רַבּוּ < רָבַב

מְשׁוּבֹתֵינוּ < מְשׁוּבָה = √ שוב

8

מִקְוֵה֙	יִשְׂרָאֵ֔ל
ミクヴェー	イスラエる
望みよ	イスラエルの
男単連	固男

מוֹשִׁיע֖וֹ	בְּעֵ֣ת	צָרָ֑ה
モシオー	ベエット	ツァラー
彼を救う者よ	時に	苦しみの
ヒ分男単・尾	前・女単連	女単

לָ֤מָּה	תִֽהְיֶה֙	כְּגֵ֣ר	בָּאָ֔רֶץ
らーマ	テフィイェー	ケゲル	バアレツ
なぜ～のか	あなたはなる	寄留者のように	地で
疑	パ未2男単	前・男単	前冠・女単

וּכְאֹרֵ֖חַ	נָ֥טָה	לָלֽוּן׃
ウふオレーアは	ナター	らるン
そして旅人のように	曲がった	泊まるために
接・前・パ分男単	パ完3男単	前・パ不

9

לָ֤מָּה	תִֽהְיֶה֙	כְּאִ֣ישׁ	נִדְהָ֔ם
らーマ	テフィイェー	ケイーシュ	ニドゥハム
なぜ～のか	あなたはなる	人のように	慌てている
疑	パ未2男単	前・男単	ニ分男単

כְּגִבּ֖וֹר	לֹא־	יוּכַ֣ל	לְהוֹשִׁ֑יעַ
ケギボール	ろー	ユはる	れホシーア
勇ましいように	できない		救うことが
前・形男単	副	パ未3男単	前・ヒ不

וְאַתָּ֧ה	בְקִרְבֵּ֛נוּ	יְהוָ֖ה
ヴェアター	ヴェキルベーヌ	アドナイ
そしてあなたは	私達の中に	主よ
接・代	前・男単・尾	固

וְשִׁמְךָ֥	עָלֵ֖ינוּ	נִקְרָ֑א
ヴェシムはー	アれーヌ	ニクラー
そしてあなたの名は	私達の上に	呼ばれた
接・男単・尾	前・尾	ニ完3男単

8 イスラエルの希望、苦難のときの救い主よ。
なぜあなたは、この地に身を寄せている人
宿を求める旅人のようになっておられるのか。

9 なぜあなたは、とまどい
人を救いえない勇士のようになっておられるのか。
主よ、あなたは我々の中におられます。
我々は御名によって呼ばれています。

---

8. מִקְוֵה֙ ＝√ קוה , cf. קִוָּה「待ち望む」

מוֹשִׁיעוֹ ＜ הוֹשִׁיעַ ＝√ ישע , 分詞の名詞的用法.

וּכְאֹרֵחַ ＝分詞の名詞的用法.

9. כְּגִבּוֹר ＝‘勇ましい者のように’の意.

בְקִרְבֵּנוּ ＜ קֶרֶב「腸, 内臓」

אַל־ תַּנִּחֵנוּ׃
ヌーヘニタ　るア
なるす置放を達私はたなあ
尾・単男2未ヒ　副

10 כֹּה־ אָמַר יְהוָה לָעָם הַזֶּה כֵּן אָהֲבוּ
ーヴハア　ンケ　ゼハ　ムアラ　イナドア　ルマア　ーコ
たし愛はら彼　にうよのこ　のこ　に民　は主　たっ言　にうよのこ
複3完パ　副　代・冠　単男・冠前　固　単男3完パ　副

לָנוּעַ רַגְלֵיהֶם לֹא חָשָׂכוּ וַיהוָה
イナドァヴ　ーふーサは　ーろ　ムへれグラ　アーヌら
は主てしそ　たっかなし制はら彼　を足両のら彼　をとこうよまさ
固・接　停複3完パ　副　尾・双女　不パ・前

לֹא רָצָם עַתָּה יִזְכֹּר עֲוֹנָם וְיִפְקֹד
ドッコフイェヴ　ムナォヴア　ルコズイ　ータア　ムァツラ　ーろ
るす罰は彼てしそ　をがとのら彼　るえ覚は彼　今　いなば喜をら彼
単男3未パ・接　尾・単女　単男3未パ　副　尾・単男3完パ　副

חַטֹּאתָם׃ 11 וַיֹּאמֶר יְהוָה אֵלָי אַל־ תִּתְפַּלֵּל
るれパゥトィテ　るア　イらエ　イナドア　ルメヨァヴ　ムタトハ
なる祈はたなあ　に私　は主　たっ言てしそ　を罪のら彼
単男2未ト　副　停尾・前　固　単男3未パ・倒　尾・複女

בְּעַד־ הָעָם הַזֶּה לְטוֹבָה׃ 12 כִּי יָצֻמוּ
ームーツヤ　ーキ　ーァヴトれ　ゼハ　ムアハ　ドッアベ
るす食断がら彼　時〜　にめたのとこい良　のこ　民　にめたの〜
複男3未パ　接　単女・前　代・冠　単男・冠　前

אֵינֶנִּי שֹׁמֵעַ אֶל־ רִנָּתָם וְכִי יַעֲלוּ עֹלָה
ーらオ　ーるアヤ　ーひェヴ　ムタナリ　るエ　アメョシ　ニーネエ
を祭燔　るせら上がら彼　時〜てしそ　び叫のら彼　に　いなか聞は私
単女　複男3未ヒ　接・接　尾・単女　前　単男分パ　尾・副

וּמִנְחָה אֵינֶנִּי רֹצָם כִּי בַּחֶרֶב וּבָרָעָב
ヴアラァヴウ　ヴレへバ　ーキ　ムァツロ　ニーネエ　ーはンミウ
で饉飢と　で剣　らか〜らなぜな　いなば喜をられそは私　を物え供と
単男・冠前・接　単女・冠前　接　尾・単男分パ　尾・副　単女・接

我々を見捨てないでください。
10 主はこの民についてこう言われる。「彼らはさま
ようことを好み、足を慎もうとしない。」主は彼らを
喜ばれず、今や、その罪に御心を留め、咎を罰せられ
る。

11 主はわたしに言われた。「この民のために祈り、
幸いを求めてはならない。12 彼らが断食しても、わた
しは彼らの叫びを聞かない。彼らが焼き尽くす献げ物
や穀物の献げ物をささげても、わたしは喜ばない。わ
たしは剣と、飢饉と、疫病によって、彼らを滅ぼし尽

---

9. אַל־תַּנִּחֵנוּ ＝アル禁止形.

תַּנִּחֵנוּ < הִנִּיחַ ＝√ נוח

10. רָצָם < רָצָה

עֲוֹנָם < עָוֹן

חַטֹּאתָם < חַטָּאת

11. אַל־תִּתְפַּלֵּל ＝アル禁止形.

12. רִנָּתָם < רִנָּה

רֹצָם < רָצָה

כִּי ＝別「まことに」「むしろ」

וּבַדֶּבֶר	אָנֹכִי	מְכַלֶּה	אוֹתָם׃	13 וָאֹמַר
ルェヴデァヴウ	ーひノア	ーれはメ	ムタオ	ルマオァヴ
で病疫と	は私	るせらわ終	をら彼	たっ言は私てしそ
単男・冠前・接	代	単男分ピ	尾・前	単1未パ・倒

אֲהָהּ	אֲדֹנָי	יְהוִה	הִנֵּה	הַנְּבִאִים	אֹמְרִים	לָהֶם
ハーハア	イナドア	ムーヒロエ	ネヒ	ムーィィヴネハ	ムーリメオ	ムへら
ああ	主がわ	よ神	よ見	は達者言預	るいてっ言	にら彼
間	尾・複男	固	間	複男・冠	複男分パ	尾・前

לֹא־	תִרְאוּ	חֶרֶב	וְרָעָב	לֹא־	יִהְיֶה	לָכֶם
ーろ	ーウルィテ	ヴレへ	ヴアラェヴ	ーろ	ェイフイ	ムへら
	いな見は達たなあ	を剣	を饉飢と		いなはれそ	に達たなあ
副	複男2未パ	単女	単男・接	副	単男3未パ	尾・前

כִּי־	שְׁלוֹם	אֱמֶת	אֶתֵּן	לָכֶם	בַּמָּקוֹם
ーキ	ムーろェシ	トッメエ	ンテエ	ムへら	ムコマバ
らか～らなぜな	を安平	の実真	るえ与は私	に達たなあ	で所場
接	連単男	単女	単1未パ	尾・前	単男・冠前

הַזֶּה׃	14 וַיֹּאמֶר	יְהוָה	אֵלַי	שֶׁקֶר	הַנְּבִאִים
ゼハ	ルメヨァヴ	イナドア	イらエ	ルケェシ	ムーィィヴネハ
のこ	たっ言てしそ	は**主**	に私	をり偽	は達者言預
代・冠	単男3未パ・倒	固	尾・前	単男	複男・冠

נִבְּאִים	בִּשְׁמִי	לֹא	שְׁלַחְתִּים	וְלֹא	צִוִּיתִים
ムーイベニ	ーミュシビ	ーろ	ムーィテふらェシ	ーろェヴ	ムーィティヴィツ
るいてし言預	で名の私		たっかなさわ遣をら彼は私		たっかなじ命にら彼は私てしそ
複男分ニ	尾・単男・前	副	尾・単1完パ	副・接	尾・単1完ピ

וְלֹא	דִבַּרְתִּי	אֲלֵיהֶם	חֲזוֹן	שֶׁקֶר	וְקֶסֶם	וֶאֱלוּל
ーろェヴ	ィテルバィデ	ムへれア	ンゾは	ルケェシ	ムセケェヴ	るーりエェヴ★
	たっかなら語は私てしそ	にら彼	幻	のり偽	い占と	像偶と
副・接	単1完ピ	尾・前	連単男	単男	単男・接	単男・接

וְתַרְמוּת	לִבָּם	הֵמָּה	מִתְנַבְּאִים	לָכֶם׃
トーミルタェヴ★	ムバり	マーへ	ムーイベナゥトミ	ムへら
き欺と	の心のら彼	はら彼	るいてし言預	に達たなあ
連単女・接	尾・単男	代	複男分ト	尾・前

くす。」
13 わたしは言った。「わが主なる神よ、預言者たちは
彼らに向かって言っています。『お前たちは剣を見る
ことはなく、飢饉がお前たちに臨むこともない。わた
しは確かな平和を、このところでお前たちに与える』
と。」

14 主はわたしに言われた。「預言者たちは、わたしの
名において偽りの預言をしている。わたしは彼らを遣
わしてはいない。彼らを任命したことも、彼らに言葉
を託したこともない。彼らは偽りの幻、むなしい呪
術、欺く心によってお前たちに預言しているのだ。」

---

13. יְהוִה = אֲדֹנָי の直後に来た場合は אֱלֹהִים (エろヒーム)と読む.

רָאָה < תִרְאוּ

כִּי =別「まことに」「むしろ」

נָתַן < אֶתֵּן

14. שָׁלַח < שְׁלַחְתִּים

צִוָּה < צִוִּיתִים

וֶאֱלִיל (ק) , ואלול (כ)

וְתַרְמִית (ק) , ותרמות (כ)

15それゆえ、主(しゅ)は預言者(よげんしゃ)についてこう言(い)われる。「彼(かれ)らはわたしの名(な)によって預言(よげん)しているが、わたしは彼(かれ)らを遣(つか)わしてはいない。彼(かれ)らは剣(つるぎ)も飢饉(ききん)もこの国(くに)に臨(のぞ)むことはないと言(い)っているが、これらの預言者自身(よげんしゃじしん)が剣(つるぎ)と飢饉(ききん)によって滅(ほろ)びる。16彼(かれ)らが預言(よげん)を聞(き)かせている民(たみ)は、飢饉(ききん)と剣(つるぎ)に遭(あ)い、葬(ほうむ)る者(もの)もなくエルサレムの巷(ちまた)に投(な)げ捨(す)てられる。彼(かれ)らも、その妻(つま)、息子(むすこ)、娘(むすめ)もすべて。こうして、わたしは彼(かれ)らの悪(あく)を、彼(かれ)ら自身(じしん)の上(うえ)

15	לָכֵ֞ן	כֹּֽה־	אָמַ֣ר	יְהוָ֗ה	עַל־	הַנְּבִאִ֞ים
	ンへら	ーコ	ルマア	イナドア	るア	ムーイィヴネハ
	に故れそ	にうよのこ	たっ言	は主	ていつに	達者言預
	副・前	副	単男3完パ	固	前	複男・冠

הַנִּבְּאִ֣ים	בִּשְׁמִ֗י	וַאֲנִ֙י	לֹ֣א־	שְׁלַחְתִּ֔ים	וְהֵ֙מָּה֙
ムーイベニハ	ーミュシビ	ーニアァヴ	ーろ	ムーィテふらェシ	マーヘェヴ
るいてし言預	で名の私	は私てしそ	は私	たっかなさわ遣をら彼	はら彼てしそ
複男分ニ・冠	尾・単男・前	代・接	副	尾・単1完パ	代・接

אֹֽמְרִ֔ים	חֶ֣רֶב	וְרָעָ֔ב	לֹ֥א	יִֽהְיֶ֖ה	בָּאָ֣רֶץ	הַזֹּ֑את
ムーリメオ	ヴレヘ	ヴアラェヴ	ーろ	ーェイフイ	ツレアバ	トッゾハ
るいてっ言	剣	饉飢と		いなはれそ	に地	のこ
複男分パ	単女	単男・接	副	単男3未パ	単女・冠前	代・冠

בַּחֶ֣רֶב	וּבָרָעָ֗ב	יִתַּ֛מּוּ	הַנְּבִאִ֖ים	הָהֵֽמָּה׃
ヴレヘバ	ヴアラァヴウ	ームータイ	ムーイィヴネハ	マーヘハ
で剣	で饉飢と	るわ終	は達者言預	のられそ
単女・冠前	単男・冠前・接	複男3未パ	複男・冠	代・冠

16	וְהָעָ֣ם	אֲשֶׁר־	הֵ֣מָּה	נִבְּאִ֣ים	לָהֶ֡ם	יִהְי֣וּ
	ムアハェヴ	ルェシア	マーヘ	ムーイベニ	ムへら	ーユフイ
	民てしそ	のろこと〜	がら彼	るいてし言預	にら彼	るな〜
	単男・冠・接	関	代	複男分ニ	尾・前	複男3未パ

מֻשְׁלָכִ֞ים	בְּחֻצ֣וֹת	יְרוּשָׁלַ֗ם	מִפְּנֵ֣י	הָרָעָ֣ב
ムーひらュシム	トッオツふベ	ムイらャシルェイ	ーネペミ	ヴアラハ
るいてれらて捨げ投	で路街	のムレサルエ	に故	の饉飢
複男分フ	連複男・前	固	連複女・前	単男・冠

וְהַחֶ֔רֶב	וְאֵ֤ין	מְקַבֵּר֙	לָהֵ֔מָּה	הֵ֕מָּה	נְשֵׁיהֶ֖ם
ヴレヘハェヴ	ンエェヴ	ルベカメ	マーへら	マーヘ	ムへェシネ
剣と	いないてしそ	は者る葬	にら彼	ら彼	達妻のら彼
単女・冠・接	副・接	単男分ピ	代・前	代	尾・複女

וּבְנֵיהֶ֣ם	וּבְנֹתֵיהֶ֑ם	וְשָׁפַכְתִּ֥י	עֲלֵיהֶ֖ם	אֶת־
ムへネヴウ	ムへテノヴウ	ィテふァフャシェヴ	ムへれア	トッエ
達子息のら彼と	達娘のら彼と	す出ぎ注は私てしそ	に上のら彼	を
尾・複男・接	尾・複女・接	単1完パ・倒	尾・前	前

---

15. יִתַּ֛מּוּ < תָּמַם

16. יִהְי֣וּ מֻשְׁלָכִ֞ים ＝‘彼らは投げ捨てられることになる’の意.

בְּחֻצוֹת < חוּץ , 原意は「外」

מְקַבֵּר֙ ＝分詞の名詞的用法.

に注ぐ。」
17 あなたは彼らにこの言葉を語りなさい。
「わたしの目は夜も昼も涙を流し
とどまることがない。
娘なるわが民は破滅し
その傷はあまりにも重い。
18 野に出て見れば、見よ、剣に刺された者。

רָעָתָֽם׃
ムタアラ
悪のら彼
尾・単女

הַזֶּֽה	הַדָּבָ֣ר	אֶת־	אֲלֵיהֶם֮	וְאָמַרְתָּ֣	17
ゼハ	ルァヴダハ	トッエ	ムヘれア	ータルマアェヴ	
のこ	葉言	を	にら彼	う言はたなあてしそ	
代・冠	単男・冠	前	尾・前	単男2完パ・倒	

דִּמְעָה	עֵינַ֤י	תֵּרַ֨דְנָה
ーアムィデ	イナーエ	ナゥドラテ
涙	は目両の私	る下
単女	尾・双女	複女3未パ

תִּדְמֶ֑ינָה	וְאַל־	וְיוֹמָ֖ם	לַ֥יְלָה
ナーメゥドィテ	るアェヴ	ムマヨェヴ	らイら
なむ休はら	れそてしそ	昼と	夜
複女3指パ	副・接	副・接	単男

נִשְׁבְּרָ֗ה	גָּד֜וֹל	שֶׁ֨בֶר	כִּ֩י
ーラベュシニ	るードガ	ルェヴェシ	ーキ
たれか砕	いき大	け砕	らか〜らなぜな
単女3完ニ	単男形	単男	接

עַמִּ֔י	בַּת־	בְּתוּלַת֙
ーミア	トッバ	トッらゥトベ
の民の私	の娘	は女処
尾・単男	連単女	連単女

מְאֹֽד׃	נַחְלָ֖ה	מַכָּ֥ה
ドッオメ	ーらふナ	ーカマ
に常非	いたがし癒	撃打
副	単女分ニ	単女

הַשָּׂדֶ֗ה	יָצָ֣אתִי	אִם־	18
ーデサハ	ィテーアツッヤ	ムイ	
に野	た出が私	ばらな〜しも	
単男・冠	単1完パ	接	

---

16. רָעָתָם < רָעָה

17. תֵּרַדְנָה < יָרַד

תֵּרַ֫דְנָה עֵינַי דִּמְעָה ＝'私の両目から涙が下る' の意か.

תִּדְמֶינָה < דָּמָה

מַכָּה ＝√ נכה , cf. הִכָּה「打つ」

נַחְלָה ＝√ חלה

וְהִנֵּה֙	חַלְלֵי־	חֶ֔רֶב
ーネヒェヴ	ーれるは	ヴレヘ
よ見とるす	達者たれさ殺	で剣
間・接	連複男	単女

וְאִם֙	בָּ֣אתִי	הָעִ֔יר
ムイェヴ	ィテーバ	ルーイハ
ばらな〜しもてしそ	た来が私	に町
接・接	単1完パ	単女・冠

וְהִנֵּ֖ה	תַּחֲלוּאֵ֣י	רָעָ֑ב
ーネヒェヴ	ーエるはタ	ヴアラ
よ見とるす	病	の饉飢
間・接	連複男	単男

כִּֽי־	גַם־	נָבִ֧יא	גַם־	כֹּהֵ֛ן
ーキ	ムガ	ーィヴナ	ムガ	ンヘコ
にとこま	たまも〜	者言預	たまも〜	司祭
接	接	単男	接	単男

סָחֲר֥וּ	אֶל־	אֶ֖רֶץ	וְלֹ֥א	יָדָֽעוּ׃
ールはサ	るエ	ツレエ	ーろェヴ	ウーダヤ
たっ迷さ	に	地	ら彼てしそ	いなら知は
複3完パ	前	単女	副・接	停複3完パ

19

הֲמָאֹ֨ס	מָאַ֜סְתָּ	אֶת־	יְהוּדָ֗ה
スオマハ	タスアマ	トッエ	ーダフェイ
拒はたなあ	かだん拒にみ	を	ダユ
不パ・疑	単男2完パ	前	男固

אִם־	בְּצִיּוֹן֙	גָּעֲלָ֣ה	נַפְשֶׁ֔ךָ
ムイ	ンヨィツベ	ーらアガ	はーェシフナ
かの〜	をンオシ	たっ嫌	が魂のたなあ
接	固・前	単女3完パ	停尾・単女

מַדּ֙וּעַ֙	הִכִּיתָ֔נוּ	וְאֵ֥ין	לָ֖נוּ	מַרְפֵּ֑א
アウドマ	ヌータキヒ	ンエェヴ	ヌーら	ーペルマ
かの〜ぜな	たっ打を達私はたなあ	いなてしそ	に達私	はし癒
副	尾・単男2完ヒ	副・接	尾・前	単男

町に入って見れば、見よ、飢えに苦しむ者。預言者も祭司も見知らぬ地にさまよって行く。」

19 あなたはユダを退けられたのか。シオンをいとわれるのか。なぜ、我々を打ち、いやしてはくださらないのか。

---

18. תַּחֲלוּאֵי < תַּחֲלוּאִים = √ חלה , cf. חָלָה 「病気になる」

אֶרֶץ וְלֹא יָדָעוּ =別「彼らの知らない地」

19. הֲמָאֹס מָאַסְתָּ = √ מאס , 独立不定詞+完了で強調.

אִם =疑問辞 הֲ と併用される二重疑問(Ges § 150-c).

הִכִּיתָנוּ < הִכָּה = √ נכה

טוֹב	וְאֵין	לְשָׁלוֹם	קַוֵּה
ヴト	ンエェヴ	ムーロャシれ	ーェヴカ
はとこい良	いなしかし	を安平	め望ち待
単男	副・接	単男・前	不ピ

בְעָתָה׃	וְהִנֵּה	מַרְפֵּא	וּלְעֵת
ータアェヴ	ーネヒェヴ	ーペルマ	トッエるウ
怖恐	よ見てしそ	のし癒	に時〜てしそ
単女	間・接	単男	連単女・前・接

יְהוָה	יָדַעְנוּ	20
イナドア	ヌーダヤ	
よ主	るいてっ知は達私	
固	複1完パ	

אֲבוֹתֵינוּ	עֲוֹן	רִשְׁעֵנוּ
ヌーティオヴア	ンォヴア	ヌーエュシリ
の達祖父の達私	をがと	を悪の達私
尾・複男	連単女	尾・単男

לָךְ׃	חָטָאנוּ	כִּי
ふら	ヌータは	ーキ
にたなあ	たし犯を罪は達私	にとこま
停尾・前	複1完パ	接

שְׁמֶךָ	לְמַעַן	תִּנְאַץ	אַל־	21
ーはムシ	ンアマれ	ツッアンィテ	るア	
の名のたなあ	にめた	なるけ退はたなあ		
尾・単男	前	単男2未パ	副	

כְבוֹדֶךָ	כִּסֵּא	תְּנַבֵּל	אַל־
はーデォヴヘ	ーセキ	るべナテ	るア
の光栄のたなあ	を座	なる侮はたなあ	
停尾・単男	連単男	単男2未ピ	副

אִתָּנוּ׃	בְּרִיתְךָ	תָּפֵר	אַל־	זְכֹר
ヌータイ	ーはテリベ	ルェフタ	るア	ルほゼ
に共と達私	を約契のたなあ	なる破はたなあ		ろえ覚はたなあ
尾・前	尾・単女	単男2未ヒ	副	単男2命パ

平和を望んでも、幸いはなく
いやしのときを望んでも、見よ、恐怖のみ。
20 主よ、我々は自分たちの背きと
先祖の罪を知っています。
あなたに対して、我々は過ちを犯しました。

21 我々を見捨てないでください。
あなたの栄光の座を軽んじないでください。
御名にふさわしく、我々と結んだ契約を心に留め
それを破らないでください。

---

19. קַוֵּה ＝独立不定詞は強い命令を表す.

בְעָתָה ＝√ בעת , cf. נִבְעַת「恐怖を感じる」

21. אַל־תִּנְאַץ , אַל־תְּנַבֵּל , אַל־תָּפֵר ＝アル禁止形.

תָּפֵר < הֵפֵר

22

הֲיֵשׁ	בְּהַבְלֵי	הַגּוֹיִם	מַגְשִׁמִים
ユシッェイハ	ーれヴハベ	ムーイゴハ	ムーミシグマ
かるい	に中のさし空	の族民諸	が達者るせら降を雨
副・疑	連複男・前	複男・冠	複男分ヒ

וְאִם־	הַשָּׁמַיִם	יִתְּנוּ	רְבִבִים
ムイェヴ	ムイマャシハ	ーヌテイ	ムーィヴィヴレ
かの〜てしそ	が天	るえ与	を立夕
接・接	双男・冠	複男3未パ	複男

הֲלֹא	אַתָּה־	הוּא
ーろハ	ータア	ーフ
かいなはで〜	たなあ	はれそ
副・疑	代	代

יְהוָה	אֱלֹהֵינוּ	וּנְקַוֶּה־	לָּךְ
イナドア	ヌーへろエ	ーェヴカンウ	ふら
よ**主**	神の達私	む望ち待は達私てしそ	をたなあ
固	尾・複男	複1未ピ・接	停尾・前

כִּי־	אַתָּה	עָשִׂיתָ	אֶת־	כָּל־	אֵלֶּה׃
ーキ	ータア	ターィスア	トッエ	るコ	れーエ
らか〜らなぜな	はたなあ	たっな行	を	て全	のられこ
接	代	単男2完パ	前	連単男	代

22 国々の空しい神々の中に
雨を降らしうるものがあるでしょうか。
天が雨を与えるでしょうか。
我々の神、主よ。
それをなしうるのはあなただけではありませんか。
我々はあなたを待ち望みます。
あなたこそ、すべてを成し遂げる方です。

15 1

וַיֹּאמֶר	יְהוָה	אֵלַי	אִם־	יַעֲמֹד
ルメヨァヴ	イナドア	イらエ	ムイ	ドッモアヤ
たっ言てしそ	は**主**	に私	もてしと〜えとた	つ立
単男3未パ・倒	固	尾・前	接	単男3未パ

מֹשֶׁה	וּשְׁמוּאֵל	לְפָנַי	אֵין	נַפְשִׁי	אֶל־	הָעָם	הַזֶּה
ェシモ	るエムュシウ	イナァフれ	ンエ	ーシフナ	るエ	ムアハ	ゼハ
がセーモ	がルエムサと	に前面の私	いな	は魂の私	に	民	のこ
男固	男固・接	尾・複女・前	副	尾・単女	前	単男・冠	代・冠

שַׁלַּח	מֵעַל־	פָּנַי	וְיֵצֵאוּ׃
ふらャシ	るアメ	イナパ	ウーェツェイェヴ
ろせら去はたなあ	らか上の	顔の私	にうよる出はら彼てしそ
単男2命ピ	前・前	尾・複女	停複男3指パ・接

15 1 主はわたしに言われた。「たとえモーセとサムエルが執り成そうとしても、わたしはこの民を顧みない。わたしの前から彼らを追い出しなさい。

---

22. מַגְשִׁמִים < הִגְשִׁים , cf. גֶּשֶׁם「雨」

וְאִם ＝疑問辞 הֲ と併用される二重疑問(Ges §150-c).

יִתְּנוּ < נָתַן

עָשִׂיתָ < עָשָׂה

1. וְיֵצֵאוּ < יָצָא

2

וְהָיָה	כִּֽי־	יֹאמְר֥וּ	אֵלֶ֖יךָ	אָ֣נָה	נֵצֵ֑א
ーヤハェヴ	ーキ	ールメヨ	ハーレエ	ナア	ーェツネ
るあてしそ	時～	う言がら彼	にたなあ	かの～へこど	る出は達私
単男3完パ・倒	接	複男3未パ	尾・前	疑	複1未パ

וְאָמַרְתָּ֣	אֲלֵיהֶ֗ם
ータルマアェヴ	ムヘレア
う言はたなあとるす	にら彼
単男2完パ・倒	尾・前

כֹּֽה־	אָמַ֣ר	יְהוָ֔ה
ーコ	ルマア	イナドア
にうよのこ	たっ言	は**主**
副	単男3完パ	固

אֲשֶׁ֨ר	לַמָּ֜וֶת	לַמָּ֗וֶת
ルェシア	トッェヴーマら	トッェヴーマら
のろこと～	に死	に死
関	単男・冠前	単男・冠前

וַאֲשֶׁ֨ר	לַחֶ֜רֶב	לַחֶ֗רֶב
ルェシアァヴ	ヴレへら	ヴレへら
のろこと～てしそ	に剣	に剣
関・接	単女・冠前	単女・冠前

וַאֲשֶׁ֨ר	לָרָעָ֜ב	לָרָעָ֗ב
ルェシアァヴ	ヴアラら	ヴアラら
のろこと～てしそ	に饉飢	に饉飢
関・接	単男・冠前	単男・冠前

וַאֲשֶׁ֥ר	לַשְּׁבִ֖י	לַשֶּֽׁבִי׃
ルェシアァヴ	ーィヴェシら	ィヴーェシら
のろこと～てしそ	に虜捕	に虜捕
関・接	単男・冠前	停単男・冠前

3

וּפָקַדְתִּ֨י	עֲלֵיהֶ֜ם	אַרְבַּ֤ע	מִשְׁפָּחוֹת֙	נְאֻם־	יְהוָ֔ה
ーィテゥドカァフウ	ムへれア	ーバルア	トッほパュシミ	ムウネ	イナドア
るす命任は私てしそ	に上のら彼	四	を類種	げ告み	の**主**
単1完パ・倒	尾・前	数	複女	連単男	固

2 彼らがあなたに向かって、『どこへ行けばよいのか』と問うならば、彼らに答えて言いなさい。『主はこう言われる。疫病に定められた者は、疫病に
剣に定められた者は、剣に
飢えに定められた者は、飢えに
捕囚に定められた者は、捕囚に。』
3 わたしは彼らを四種のもので罰する、と主は言わ

---

2. אֲשֶׁר לַמָּוֶת לַמָּוֶת ＝「死に（定められた者は）死に」の意か. この後に続く「剣」「飢饉」「捕虜」も同様.

3. וּפָקַדְתִּי עֲלֵיהֶם ＝別「私は彼らを罰する」

れる。剣が殺し、犬が引きずって行き、空の鳥と地の獣が餌食として滅ぼす。4 わたしは地上のすべての国が、彼らを見て恐怖を抱くようにする。それはヒゼキヤの子ユダの王マナセがエルサレムでしたことのためである。」

5 エルサレムよ、誰がお前を憐れみ誰がお前のために嘆くであろうか。

אֶת־	הַחֶרֶב	לַהֲרֹג	וְאֶת־	הַכְּלָבִים	לִסְחֹב
トッエ	ヴレヘハ	グーロハら	トッエヴ	ムーィヴらケハ	ヴーほスリ
を	剣	のめたす殺	を〜と	達犬	のめたるずき引
前	単女・冠	不パ・前	前・接	複男・冠	不パ・前

וְאֶת־	עוֹף	הַשָּׁמַיִם	וְאֶת־	בֶּהֱמַת	הָאָרֶץ	לֶאֱכֹל
トッエヴ	フオ	ムイマャシハ	トッエヴ	トッマヘベ	ツレアハ	るほエれ
を〜と	鳥	の天	を〜と	畜家	の地	のめたるべ食
前・接	連単男	双男・冠	前・接	連単女	単女・冠	不パ・前

וּלְהַשְׁחִית׃	4 וּנְתַתִּים	לְזַוֲעָה	לְכֹל
トーひュシハるウ	ムーィテタンウ	ーァヴアザれ★	るほれ
のめたすぼ滅てしそ	るす〜をら彼は私てしそ	とききのお	に〜のて全
不ヒ・前・接	尾・単1完パ・倒	単女・前	連単男・前

מַמְלְכוֹת	הָאָרֶץ	בִּגְלַל	מְנַשֶּׁה	בֶן־	יְחִזְקִיָּהוּ	מֶלֶךְ
トッほれムマ	ツレアハ	るらグビ	ーェシナメ	ンェヴ	フヤキズひェイ	ふれメ
国王	の地	に故の〜	セナマ	子息	のヤキゼヒ	王
連複女	単女・冠	前	男固	連単男	男固	連単男

יְהוּדָה	עַל	אֲשֶׁר־	עָשָׂה	בִּירוּשָׁלִָם׃
ーダフェイ	るア	ルェシア	ーサア	ムイらャシルビ
のダユ	に故の	ろこと〜	たっな行が彼	でムレサルエ
男固	前	関	単男3完パ	停固・前

5 כִּי	מִי־	יַחְמֹל	עָלַיִךְ	יְרוּשָׁלִַם
ーキ	ーミ	るーモふヤ	ふイらア	ムイらャシルェイ
にとこま	かの〜が誰	るす赦容	ていつにたなあ	よムレサルエ
接	疑	単男3未パ	尾・前	固

וּמִי	יָנוּד	לָךְ
ーミウ	ドーヌヤ	ふら
かの〜が誰てしそ	く嘆	にめたのたなあ
疑・接	単男3未パ	尾・前

וּמִי	יָסוּר
ーミウ	ルースヤ
かの〜が誰てしそ	る寄ち立
疑・接	単男3未パ

---

4. וּנְתַתִּים < נָתַן

לְזַוֲעָה (ק) , לזועה (כ)

מְנַשֶּׁה ＝cf.王下21:1〜18.

5. יָנוּד < נָד ＝√ נוד

誰が安否を問おうとして、立ち寄るであろうか。
6 お前はわたしを捨て、背いて行ったと
主は言われる。
わたしは手を伸ばしてお前を滅ぼす。

לִשְׁאֹל	לִשְׁלֹם	לָךְ׃
るオュシり	ムーろャシれ	ふら
にめたるね尋	を安平	のたなあ
不パ・前	単男・前	尾・前

6

אַתְּ	נָטַשְׁתְּ	אֹתִי	נְאֻם־	יְהוָה
トッア	トュシタナ	ィテオ	ムウネ	イナドア
はたなあ	たし放見はたなあ	を私	げ告み	の**主**
代	単女2完パ	尾・前	連単男	固

אָחוֹר	תֵּלֵכִי
ルーほア	ひーれテ
にろ後	く歩はたなあ
副	停単女2未パ

וָאַט	אֶת־	יָדִי	עָלַיִךְ	וָאַשְׁחִיתֵךְ
トッアァヴ	トッエ	ィデヤ	ふイらア	ふテひュシアァヴ
たしば伸は私てしそ	を	手の私	に上のたなあ	たしぼ滅をたなあは私てしそ
単1未ヒ・倒	前	尾・単女	尾・前	尾・単1未ヒ・倒

お前を憐れむことに疲れた。
7 わたしはこの地の町々の城門で
彼らを箕であおり、まき散らし
わが民の子らを奪い、滅ぼす。
彼らがその道を改めないからだ。

נִלְאֵיתִי	הִנָּחֵם׃
ィテーエるニ	ムヘナヒ
たて果れ疲は私	にとこむれ哀
単1完ニ	不ニ

7

וָאֶזְרֵם	בְּמִזְרֶה	בְּשַׁעֲרֵי	הָאָרֶץ
ムレズエァヴ	ーレズミベ	ーレアャシベ	ツレアハ
たしら散をら彼は私てしそ	で手熊	で門	の地
尾・単1未パ・倒	単男・前	連複男・前	単女・冠

שִׁכַּלְתִּי	אִבַּדְתִּי	אֶת־	עַמִּי
ィテるカシ	ィテゥドバイ	トッエ	ーミア
たせわ失を子は私	たしぼ滅は私	を	民の私
単1完ピ	単1完ピ	前	尾・単男

מִדַּרְכֵיהֶם	לוֹא־	שָׁבוּ׃
ムへへルダミ	ーろ	ーヴーャシ
らか道のら彼	たっかなら帰はら彼	
尾・複女・前	副	複3完パ

---

6. אָחוֹר תֵּלֵכִי =「後ろに歩く」で‘離れる, 背く’の意.

הָלַךְ < תֵּלֵכִי

נטה √= הִטָּה < וָאַט

נִלְאָה < נִלְאֵיתִי

7. זָרָה < וָאֶזְרֵם

זרה √= בְּמִזְרֶה

שוב √= שָׁב < שָׁבוּ

8 עָֽצְמוּ־ לִ֤י אַלְמְנֹתָו֙ מֵח֣וֹל יַמִּ֔ים

עָֽצְמוּ־	לִ֤י	אַלְמְנֹתָו֙	מֵח֣וֹל	יַמִּ֔ים
ームェツア	ーり	ヴタノメるア	るーほメ	ムーミヤ
たっなく多数	に私	は達婦寡のそ	りよ砂	の海
複3完パ	尾・前	尾・複女	連単男・前	複男

הֵבֵ֨אתִי לָהֶ֤ם עַל־ אֵם֙ בָּח֔וּר

הֵבֵ֨אתִי	לָהֶ֤ם	עַל־	אֵם֙	בָּח֔וּר
ィテーェヴへ	ムへら	るア	ムエ	ルーふバ
た来てれ連は私	にら彼	に上の	母	の男い若
単1完ヒ	尾・前	前	連単女	単男

שֹׁדֵ֖ד בַּֽצָּהֳרָ֑יִם

שֹׁדֵ֖ד	בַּֽצָּהֳרָ֑יִם
ドッデョシ	ムイラホォツバ
を者るす奪略	に昼真
単男分パ	停双男・冠前

הִפַּ֤לְתִּי עָלֶ֙יהָ֙ פִּתְאֹ֔ם

הִפַּ֤לְתִּי	עָלֶ֙יהָ֙	פִּתְאֹ֔ם
ィテるパヒ	ハーれア	ムオゥトピ
たしと落は私	に上の女彼	然突
単1完ピ	尾・前	副

עִ֖יר וּבֶהָלֽוֹת׃

עִ֖יר	וּבֶהָלֽוֹת׃
ルーイ	トッろハェヴウ
を撃衝	を怖恐の然突と
単男	複女・接

9 אֻמְלְלָ֞ה יֹלֶ֣דֶת הַשִּׁבְעָ֗ה

אֻמְלְלָ֞ה	יֹלֶ֣דֶת	הַשִּׁבְעָ֗ה
ーられムウ	トッデれヨ	ーアヴシハ
たれ萎	は者む産	を人七
単女3完プ	単女分パ	数・冠

נָפְחָ֣ה נַפְשָׁ֔הּ

נָפְחָ֣ה	נַפְשָׁ֔הּ
ーはェフナ	ハャシフナ
たしら切を息	は魂の女彼
単女3完パ	尾・単女

בָּ֥אָה שִׁמְשָׁ֛הּ בְּעֹ֥ד יוֹמָ֖ם

בָּ֥אָה	שִׁמְשָׁ֛הּ	בְּעֹ֥ד	יוֹמָ֖ם
ーバ★	ハャシムシ	ドッオベ	ムマヨ
たっ入	は陽太の女彼	にちうの〜だま	昼
単男3完パ	尾・単男	副・前	副

8 やもめの数は海の砂よりも多くなった。わたしは白昼、荒らす者に若者の母を襲わせた。彼女はたちまち恐れとおののきに捕らえられ

9 七人の子の母はくずおれてあえぐ。太陽は日盛りに沈み

---

8. עָֽצְמוּ ＝原意は「強い」

הֵבֵאתִי < הֵבִיא ＝√ בוא

שֹׁדֵד ＝分詞の名詞的用法.

הִפַּלְתִּי < הִפִּיל ＝√ נפל

עִיר ＝別「苦痛」

וּבֶהָלוֹת ＝√ בהל , cf. נִבְהַל「恐れる」

9. יֹלֶדֶת ＝分詞の名詞的用法.

בָּא (ק) , באה (כ)

בָּא שִׁמְשָׁהּ ＝‘彼女の太陽は沈んだ’の意.

彼女はうろたえ、絶望する。
わたしは敵の前で民の残りの者を剣に渡すと
主は言われる。

エレミヤの苦しみと神の支え

10 ああ、わたしは災いだ。
わが母よ、どうしてわたしを産んだのか。

בֹּשָׁה	וְחָפֵרָה
ヤシーボ	ラーェフはェヴ
たっ入じ恥は女彼	たいかを恥てしそ
単女3完パ	停単女3完パ・接

וּשְׁאֵרִיתָם	לַחֶרֶב	אֶתֵּן
ムタリエュシウ	ヴレへら	ンテエ
を者のり残のら彼	に剣	るえ与は私
尾・単女・接	単女・冠前	単1未パ

לִפְנֵי	אֹיְבֵיהֶם	נְאֻם־	יְהוָה׃
ーネフリ	ムへェヴェイオ	ムウネ	イナドア
に前面	の敵のら彼	げ告み	の**主**
連複女・前	尾・複男	連単男	固

10	אוֹי־	לִי	אִמִּי	כִּי	יְלִדְתִּנִי
	イオ	ーり	ーミイ	ーキ	ニーィテゥドりェイ
	ああ	に私	よ母の私	での〜	だん産を私がたなあ
	間	尾・前	尾・単女	接	尾・単女2完パ

אִישׁ	רִיב	וְאִישׁ	מָדוֹן	לְכָל־	הָאָרֶץ
ュシーイ	ヴーリ	ュシーイェヴ	ンドマ	るほれ	ツレアハ
人	の争論	人と	のい争	に〜のて全	地
連単男	単男	連単男・接	単男	連単男・前	単女・冠

לֹא־	נָשִׁיתִי	וְלֹא־	נָשׁוּ־	בִי
ーろ	ィテーシナ	ーろェヴ	ュシーナ	ーィヴ
たっかなさ貸は私		たっかなさ貸はら彼てしそ		に私
副	単1完パ	副・接	複3完パ	尾・前

כֻּלֹּה	מְקַלְלַוְנִי׃
ーろク	ニヴらるカメ
はて全のそ	るいてっ呪を私
尾・単男	尾・複男分ピ

11	אָמַר	יְהוָה
	ルマア	イナドア
	たっ言	は**主**
	単男3完パ	固

国中でわたしは争いの絶えぬ男
いさかいの絶えぬ男とされている。
わたしはだれの債権者になったことも
だれの債務者になったこともないのに
だれもがわたしを呪う。
11 主よ、わたしは敵対する者のためにも

---

9. וּשְׁאֵרִיתָם =√ שאר , cf. נִשְׁאַר「残る」

נָתַן < אֶתֵּן

10. יְלִדְתִּנִי < יָלַד

מָדוֹן =√ דין , cf. דָּן「裁く」「争う」

נָשׁוּ , נָשִׁיתִי < נָשָׁה

מְקַלְלַוְנִי =特種な形. 完了形 קִלְלוּנִי と分詞 מְקַלְלַנִי が混同した形か. レニングラード写本では ו の母音記号が欠落している. なお, 主語 כֻּלֹּה と文法的数が不一致.

幸いを願い
彼らに災いや苦しみの襲うとき
あなたに執り成しをしたではありませんか。

12 鉄は砕かれるだろうか
北からの鉄と青銅は。

13 わたしはお前の富と宝を
お前のあらゆる罪の報いとして
至るところで、敵の奪うにまかせる。

אִם־	לֹא	שֵׁרִותִךָ	לְטוֹב
ムイ	ーろ	はーィテーリェシ★	ヴトれ
ず必		たっ放き解をたなあは私	にめたのとこい良
接	副	尾・単1完ピ	単男・前

אִם־	לוֹא	הִפְגַּעְתִּי	בְךָ
ムイ	ーろ	ィテーガフヒ	ーはェヴ
ず必		たせさ成り執は私	にたなあ
接	副	単1完ヒ	尾・前

בְּעֵת־	רָעָה	וּבְעֵת	צָרָה
トッエベ	ーアラ	トッエヴウ	ーラァツ
に時	い悪	に時〜てしそ	のみし苦
単女・前	単女形	連単女・前・接	単女

אֶת־	הָאֹיֵב׃
トッエ	ヴェイオハ
を	敵
前	単男・冠

12	הֲיָרֹעַ	בַּרְזֶל	בַּרְזֶל	מִצָּפוֹן	וּנְחֹשֶׁת׃
	アロヤハ	るゼルバ	るゼルバ	ンォファツミ	トッェシほンウ
	かる破ち打は彼	を鉄	を鉄	らか北	を銅青と
	単男3未パ・疑	単男	単男	単女・前	単女・接

13	חֵילְךָ	וְאוֹצְרוֹתֶיךָ	לָבַז	אֶתֵּן
	ーはれへ	はーテロェツオェヴ	ズァヴら	ンテエ
	を富のたなあ	を宝財のたなあと	てしと品奪略	るえ与は私
	尾・単男	尾・複男・接	単男・前	単1未パ

לֹא	בִמְחִיר
ーろ	ルーひムィヴ
くなはでてっよに価代	
副	単男・前

וּבְכָל־	חַטֹּאותֶיךָ	וּבְכָל־	גְּבוּלֶיךָ׃
るほヴウ	はーテトハ	るほヴウ	はーれヴゲ
てっよに〜のて全ろしむ	罪のたなあ	で〜のて全てしそ	界境のたなあ
連単男・前・接	尾・複女	連単男・前・接	尾・複男

---

11. אִם־לֹא ＝誓いの言葉においては強調を表す.

Ⓒ שרותך , Ⓟ שֵׁרִיתִךָ < שָׂרָה

12. הֲיָרֹעַ < רַע ＝√ רעע , 主語は不明.

13. חֵילְךָ < חַיִל「力, 軍勢, 富」

נָתַן < אֶתֵּן

14 また、お前を敵の奴隷とし
お前の知らない国に行かせる。
わたしの怒りによって火が点じられ
お前たちに対して燃え続ける。
15 あなたはご存じのはずです。

主よ、わたしを思い起こし、わたしを顧み
わたしを迫害する者に復讐してください。
いつまでも怒りを抑えて
わたしが取り去られるようなことが
ないようにしてください。

14

אֹ֣יְבֶ֔יךָ	אֶת־	וְהַעֲבַרְתִּי֙
はーェヴェイオ	トッエ	イテルァヴアハェヴ
達敵のたなあ	に共と	るせさぎ過は私てしそ
尾・複男	前	単1完ヒ・倒

יָדָ֑עְתָּ	לֹ֣א	בְּאֶ֖רֶץ
ターダヤ	ーロ	ツレエベ
いなら知のたなあ		に地
停単男2完パ	副	単女・前

בְאַפִּ֑י	קָדְחָ֣ה	אֵ֖שׁ	כִּֽי־
ーピアェヴ	ーはデカ	ュシエ	ーキ
でり怒の私	たっが上え燃	が火	らか〜らなぜな
尾・単男・前	単女3完パ	単女	接

תּוּקָֽד׃	עֲלֵיכֶ֥ם
ドッカゥト	ムへれア
るえ燃	に上の達たなあ
停単女3未フ	尾・前

15

יְהוָ֗ה	יָדַ֣עְתָּ	אַתָּ֧ה
イナドア	ターダヤ	ータア
よ主	るいてっ知はたなあ	はたなあ
固	単男2完パ	代

וּפָקְדֵ֙נִי֙	זָכְרֵ֤נִי
ニーデクォフウ	ニーレふゾ
ろみ顧を私はたなあてしそ	ろえ覚を私はたなあ
尾・単男2命パ・接	尾・単男2命パ

מֵרֹ֣דְפַ֔י	לִי֙	וְהִנָּ֥קֶם
イァフデロメ	ーり	ムケーナヒェヴ
に達者う追を私	にめたの私	ろし讐復はたなあてしそ
尾・複男分パ・前	尾・前	単男2命ニ・接

תִּקָּחֵ֑נִי	אַפְּךָ֖	לְאֶ֥רֶךְ	אַל־
ニーヘカィテ	ーはペア	ふレエれ	るア
る取を私はたなあ	がり怒のたなあ	にい遅	なるす
尾・単男2未パ	尾・単男	連単男形・前	副

---

14. וְהַעֲבַרְתִּי֙ ＝他の多くの写本では וְהַעֲבַדְתִּי 「そして私は仕えさせる」となっている（＝新共同訳他）.

קָדְחָה < קָדַח

תּוּקָד < יָקַד

15. מֵרֹדְפַי ＝分詞の名詞的用法.

אַל־לְאֶרֶךְ אַפְּךָ תִּקָּחֵנִי ＝「ⓐあなたの怒りを遅くして私を取るな，ⓑあなたの怒りを遅くせず私を取るな」

תִּקָּחֵנִי < לָקַח

דַּ֫ע	שְׂאֵתִ֥י	עָלֶ֖יךָ	חֶרְפָּֽה׃
ーダ	ィテエセ	はーれア	ーパルへ
れ知はたなあ	をとこるいてっ負が私	に故のたなあ	を恥
単男2命パ	尾・不パ	尾・前	単女

16

נִמְצְא֤וּ	דְבָרֶ֙יךָ֙	וָאֹ֣כְלֵ֔ם
ーウェツムニ	はーレァヴデ	ムれへオァヴ
たれらけつ見	は葉言のたなあ	たべ食をられそは私てしそ
複3完ニ	尾・複男	尾・単1未パ・倒

וַיְהִ֤י	דְבָרְךָ֙	לִ֔י	לְשָׂשׂ֖וֹן
ーヒイァヴ	ーはレァヴデ★	ーり	ンソサれ
たっなてしそ	は葉言のたなあ	に私	に喜歓
単男3未パ・倒	尾・単男	尾・前	単男・前

וּלְשִׂמְחַ֣ת	לְבָבִ֑י
トッはムィスるウ	ィヴァヴれ
にび喜と	の心の私
連単女・前・接	尾・単男

כִּֽי־	נִקְרָ֤א	שִׁמְךָ֙	עָלַ֔י
ーキ	ーラクニ	ーはムシ	イらア
らか〜らなぜな	たれば呼	が名のたなあ	てし対に私
接	単男3完ニ	尾・単男	尾・前

יְהוָ֖ה	אֱלֹהֵ֥י	צְבָאֽוֹת׃
イナドア	ーへろエ	トッオァヴェツ
よ主	神	の軍万
固	連複男	複男

17

לֹֽא־	יָשַׁ֥בְתִּי
ーろ	ィテヴャシヤ
いな〜	たっ座は私
副	単1完パ

בְסוֹד־	מְשַׂחֲקִ֖ים	וָאֶעְלֹ֑ז
ドッソェヴ	ムーキはサメ	ズーろーエァヴ
に議協	の達者るれ戯い笑	だん喜は私てしそ
連単男・前	複男分ピ	単1未パ・倒

わたしがあなたのゆえに
辱めに耐えているのを知ってください。
16 あなたの御言葉が見いだされたとき
わたしはそれをむさぼり食べました。
あなたの御言葉は、わたしのものとなり
わたしの心は喜び躍りました。
万軍の神、主よ。
わたしはあなたの御名をもって
呼ばれている者です。
17 わたしは笑い戯れる者と共に座って楽しむことなく

---

15. יָדַע ＜ דַּ֫ע

נָשָׂא ＜ שְׂאֵתִ֥י

16. דְבָרְךָ֙ ℗ , דבריך ⓚ

כִּי ＝別「まことに」

17. לֹֽא ＝否定の意味が後の動詞にかかり יָשַׁ֥בְתִּי「私は座らなかった」, וָאֶעְלֹ֑ז「そして私は喜ばなかった」となる.

מְשַׂחֲקִ֖ים ＝分詞の名詞的用法.

御手に捕らえられ、独りで座っていました。
あなたはわたしを憤りで満たされました。
18 なぜ、わたしの痛みはやむことなく
わたしの傷は重くて、いえないのですか。

יָשַׁ֔בְתִּי	בָּדָ֣ד	יָדְךָ֙	מִפְּנֵ֤י
ィテヴァシヤ	ドッダバ	ーはデヤ	ーネペミ
たっ座は私	でり独	の手のたなあ	に故
単1完パ	副	尾・単女	連複女・前

מִלֵּאתָֽנִי׃	זַ֖עַם	כִּֽי־
ニータれミ	ムアザ	ーキ
たした満を私はたなあ	で慨憤	らか〜らなぜな
尾・単男2完ピ	単男	接

נֶ֔צַח	כְאֵבִי֙	הָיָ֤ה	לָ֣מָּה	18
ふァツネ	ィヴエヘ	ーヤハ	マーら	
に久永	がみ痛の私	たっあ	かの〜故何	
単男	尾・単男	単男3完パ	疑	

אֲנוּשָׁ֑ה	וּמַכָּתִ֖י
ーャシヌア	ィテカマウ
いなれさ治	は撃打の私てしそ
単女形	尾・単女・接

הֵרָפֵ֑א	מֵֽאֲנָה֙
ーェフラヘ	ーナアメ
をとこるえ癒	たし否拒
不ニ	単女3完ピ

あなたはわたしを裏切り
当てにならない流れのようになられました。

אַכְזָ֔ב	כְּמ֣וֹ	לִי֙	תִהְיֶ֤ה	הָי֨וֹ
ヴザふア	ーモケ	ーり	ーェイフィテ	ーヨハ
のき欺	にうよの〜	に私	るなず必	はたなあ
単男形	前	尾・前	単男2未パ	不パ

נֶאֱמָֽנוּ׃	לֹ֥א	מַ֖יִם
ヌーマエネ	ーろ	ムイマ
いならなにり頼		水
停複3完ニ	副	双男

19 それに対して、主はこう言われた。

יְהוָ֗ה	אָמַ֣ר	כֹּֽה־	לָכֵ֞ן	19
イナドア	ルマア	ーコ	ンへら	
は**主**	たっ言	にうよのこ	に故れそ	
固	単男3完パ	副	副・前	

---

18. וּמַכָּתִי < מַכָּה = √ נכה , cf. הִכָּה「打つ」

הָיוֹ תִהְיֶה = √ הָיָה , 独立不定詞＋未完了で強調.

אַכְזָב = ‘欺く者’ の意. cf. כָּזַב「欺く」

מַיִם לֹא נֶאֱמָנוּ =「頼りにならない水」つまり乾季には流れがなくなってしまう川のことを指すか.

אִם־	תָּשׁ֣וּב	וַאֲשִׁיבְךָ֙
イム	タシューヴ	ヴァアシヴエはー
もし〜ならば	あなたが帰る	すると私はあなたを帰す
接	単男2未パ	尾・単1未ヒ・接

לְפָנַ֣י	תַּעֲמֹ֑ד
れファナイ	タアモッド
私の面前に	あなたは立つ
尾・複女・前	単男2未パ

וְאִם־	תּוֹצִ֥יא	יָקָ֖ר	מִזּוֹלֵ֑ל
ヴエイム	トツィー	ヤカル	ミゾれる
そしてもし〜ならば	あなたが出す	高価な	軽率なものより
接・接	単男2未ヒ	単男形	単男分パ・前

כְּפִ֣י	תִהְיֶ֑ה
ケフィー	ティフイェー
私の口のように	あなたはなる
尾・単男・前	単男2未パ

יָשֻׁ֤בוּ	הֵ֙מָּה֙	אֵלֶ֔יךָ
ヤシューヴー	ヘーマ	エれーは
帰る	彼らは	あなたに
複男3未パ	代	尾・前

וְאַתָּ֖ה	לֹֽא־	תָשׁ֥וּב	אֲלֵיהֶֽם׃
ヴエアター	ろー	タシューヴ	アれへム
そしてあなたは	あなたは帰らない		彼らに
代・接	副	単男2未パ	尾・前

「あなたが帰ろうとするなら
わたしのもとに帰らせ
わたしの前に立たせよう。
もし、あなたが軽率に言葉を吐かず
熟慮して語るなら
わたしはあなたを、わたしの口とする。
あなたが彼らの所に帰るのではない。
彼らこそあなたのもとに帰るのだ。

20

וּנְתַתִּ֨יךָ	לָעָ֣ם	הַזֶּ֗ה
ウンタティーは	らアム	ハゼ
そして私はあなたを〜する	民に	この
尾・単1完パ・倒	単男・冠前	代・冠

לְחוֹמַ֤ת	נְחֹ֙שֶׁת֙	בְּצוּרָ֔ה
れほマット	ネほシェット	ベツラー
城壁に	青銅の	防御された
連単女・前	単女	単女受分パ

20 この民に対して
わたしはあなたを堅固な青銅の城壁とする。

---

19. תָּשׁוּב , וַאֲשִׁיבְךָ , יָשֻׁבוּ = √ שוב

תּוֹצִיא < הוֹצִיא = √ יצא

יָקָר =‘高価なことを’の意.

מִזּוֹלֵל =分詞の名詞的用法.

20. וּנְתַתִּיךָ < נָתַן 、原意は「与える」

彼らはあなたに戦いを挑むが
勝つことはできない。
わたしがあなたと共にいて助け
あなたを救い出す、と主は言われる。
21 わたしはあなたを悪人の手から救い出し
強暴な者の手から解き放つ。」

16
預言者の孤独
1 主の言葉がわたしに臨んだ。2「あなたはこのところで妻をめとってはならない。息子や娘

אֵלֶיךָ	וְנִלְחֲמוּ
はーれエ	ームはるニェヴ
にたなあ	う戦はら彼てしそ
尾・前	複3完ニ・倒

לָךְ	יוּכְלוּ	וְלֹא־
ふら	ーるへーユ	ーろェヴ
にたなあ	いなた勝はら彼	しかし
停尾・前	複男3未パ	副・接

אֲנִי	אִתְּךָ	כִּי־
ーニア	ーはテイ	ーキ
が私	に共とたなあ	らか〜らなぜな
代	尾・前	接

יְהוָה׃	נְאֻם־	וּלְהַצִּילֶךָ	לְהוֹשִׁיעֲךָ
イナドア	ムウネ	はーれィツハるウ	ーはアシホれ
の**主**	げ告み	にめたす出い救をたなあてしそ	にめたう救をたなあ
固	連単男	尾・不ヒ・前・接	尾・不ヒ・前

רָעִים	מִיַּד	וְהִצַּלְתִּיךָ	21
ムーイラ	ドッヤミ	はーィテるァツヒェヴ	
い悪	らか手	す出い救をたなあは私てしそ	
複男形	連単女・前	尾・単1完ヒ・倒	

עָרִצִים׃	מִכַּף	וּפְדִתִיךָ
ムーィツーリア	フカミ	はーィティデフウ
な虐残	らか掌	う贖をたなあは私てしそ
複男形	連単女・前	尾・単1完パ・倒

לֵאמֹר׃	אֵלַי	יְהוָה	דְבַר־	וַיְהִי	1	16
ルーモれ	イらエ	イナドア	ルァヴデ	ーヒイァヴ		
てっ言と〜	に私	の**主**	が葉言	たっあ		
不パ・前	尾・前	固	連単男	単男3未パ・倒		

לָךְ	יִהְיוּ	וְלֹא־	אִשָּׁה	לְךָ	תִקַּח	לֹא־	2
ーはれ	ーユフイ	ーろェヴ	ーャシイ	ーはれ	ふカィテ	ーろ	
にたなあ	いなてしそ		を女	にたなあ	なる取はたなあ		
尾・前	複男3未パ	副・接	単女	尾・前	単男2未パ	副	

---

20. לְהוֹשִׁיעֲךָ < הוֹשִׁיעַ =√ ישע

וּלְהַצִּילֶךָ < הִצִּיל =√ נצל

21. רָעִים =‘悪い者達の’の意.

וּפְדִתִיךָ < פָּדָה

עָרִצִים =‘残虐な者達の’の意.

2. לֹא־תִקַּח =ロー禁止形.

תִקַּח < לָקַח

を得てはならない。」3このところで生まれる息子、娘、この地で彼らを産む母、彼らをもうけた父について、主はこう言われる。4「彼らは弱り果てて死ぬ。嘆く者も、葬る者もなく、土の肥やしとなる。彼らは剣と飢饉によって滅びる。その死体は空の鳥、野の獣の餌食となる。」

כֹּה	כִּי־	3	הַזֶּה׃	בַּמָּקוֹם	וּבָנוֹת	בָּנִים
ーほ	ーキ		ゼハ	ムコマバ	トッノァヴウ	ムーニバ
にうよのこ	らか～らなぜな		のこ	で所場	は達娘と	は達子息
副	接		代・冠	単男・冠前	複女・接	複男

הַבָּנוֹת	וְעַל־	הַבָּנִים	עַל־	יְהוָה	אָמַר
トッノバハ	るアェヴ	ムーニバハ	るア	イナドア	ルマア
達娘	ていつに～と	達子息	ていつに	は**主**	たっ言
複女・冠	前・接	複男・冠	前	固	単男3完パ

הַיֹּלְדוֹת	אִמֹּתָם	וְעַל־	הַזֶּה	בַּמָּקוֹם	הַיִּלּוֹדִים
トッドれヨハ	ムタモイ	るアェヴ	ゼハ	ムコマバ	ムーィデろイハ
む産	達母のら彼	ていつに～と	のこ	で所場	るれま生
複女分パ・冠	尾・複女	前・接	代・冠	単男・冠前	複男形・冠

בָּאָרֶץ	אוֹתָם	הַמּוֹלִדִים	אֲבוֹתָם	וְעַל־	אוֹתָם
ツレアバ	ムタオ	ムーィデりモハ	ムタォヴア	るアェヴ	ムタオ
で地	をら彼	るせま産	達父のら彼	ていつに～と	をら彼
単女・冠前	尾・前	複男分ヒ・冠	尾・複男	前・接	尾・前

יִסָּפְדוּ	לֹא	יָמֻתוּ	תַּחֲלֻאִים	מְמוֹתֵי	4	הַזֹּאת׃
ーゥドェフサイ	ーろ	ゥトームヤ	ムーイるはタ	ーテモメ		トッゾハ
いなれま悼はら彼		ぬ死はら彼	の病	で方に死		のこ
複男3未ニ	副	複男3未パ	複男	連複男		代・冠

יִהְיוּ	הָאֲדָמָה	פְּנֵי	עַל־	לְדֹמֶן	יִקָּבֵרוּ	וְלֹא
ーユフイ	ーマダアハ	ーネペ	るア	ンメドれ	ールーェヴカイ	ーろェヴ
るなはら彼	の地土	面	に上の	にしや肥	いなれら葬はら彼てしそ	
複男3未パ	単女・冠	連複女	前	単男・前	停複男3未ニ	副・接

נִבְלָתָם	וְהָיְתָה	יִכְלוּ	וּבָרָעָב	וּבַחֶרֶב
ムタらヴニ	ータェイハェヴ	ーるふイ	ヴアラァヴウ	ヴレヘァヴウ
は体死のら彼	るなてしそ	る去び滅はら彼	で饉飢と	で剣てしそ
尾・単女	単女3完パ・倒	複男3未パ	単男・冠前・接	単女・冠前・接

הָאָרֶץ׃	וּלְבֶהֱמַת	הַשָּׁמַיִם	לְעוֹף	לְמַאֲכָל
ツレアハ	トッマヘェヴるウ	ムイマャシハ	フオれ	るはアマれ
の地	のめたの畜家と	の天	のめたの鳥	に物食
単女・冠	連単女・前・接	双男・冠	連単男・前	単男・前

---

3. הַיִּלּוֹדִים , הַיֹּלְדוֹת , הַמּוֹלִדִים = √ ילד

4. מְמוֹתֵי < מָמוֹת = √ מות

תַּחֲלֻאִים = √ חלה , cf. חָלָה「病気になる」

יִכְלוּ < כָּלָה , 原意は「終わる」

לְמַאֲכָל = √ אכל , cf. אָכַל「食べる」

5主はこう言われる。「あなたは弔いの家に入るな。嘆くために行くな。悲しみを表すな。わたしはこの民から、わたしの与えた平和も慈しみも憐れみも取り上げる」と主は言われる。6「身分の高い者も低い者もこの地で死に、彼らを葬る者はない。彼らのために嘆く者も、体を傷つける者も、髪をそり落とす者もない。7死者を悼む人を力づけるために、パンを裂く者もな

בֵּ֣ית	תָּבוֹא֙	אַל־	יְהוָ֗ה	אָמַ֣ר	כֹ֣ה	כִּֽי־	5
トーベ	ーォヴタ	るア	イナドア	ルマア	ーほ	ーキ	
に家	なる入はたなあ		は主	たっ言	にうよのこ	にとこま	
連単男	単男2未パ	副	固	単男3完パ	副	接	

תָּנֹ֣ד	וְאַל־	לִסְפּ֖וֹד	תֵּלֵ֥ךְ	וְאַל־	מַרְזֵ֔חַ
ドッノタ	るアェヴ	ドッポスり	ふれテ	るアェヴ	はアゼルマ
なく嘆はたなあてしそ		にめたむ悼	なく行はたなあてしそ		の中喪服
単男2未パ	副・接	不パ・前	単男2未パ	副・接	単男

מֵאֵ֣ת	שְׁלוֹמִ֜י	אֶת־	אָסַ֨פְתִּי	כִּֽי־	לָהֶ֑ם
ットエメ	ーミろェシ	ットエ	ィテフサア	ーキ	ムへら
らか	安平の私	を	ため集は私	らか〜らなぜな	にめたのら彼
前・前	尾・単男	前	単1完パ	接	尾・前

וְאֶת־	הַחֶ֖סֶד	אֶת־	יְהוָ֔ה	נְאֻם־	הַזֶּה֙	הָֽעָם־
ットエェヴ	ドッセへハ	ットエ	イナドア	ムウネ	ゼハ	ムアハ
を〜と	みし慈	を	の主	げ告み	のこ	民
前・接	単男・冠	前	固	連単男	代・冠	単男・冠

בָּאָ֥רֶץ	וּקְטַנִּ֛ים	גְּדֹלִ֧ים	וּמֵ֨תוּ	6	הָֽרַחֲמִֽים׃
ツレアバ	ムーニタクウ	ムーりドゲ	ゥトーメウ		ムーミはラハ
で地	いさ小と	いき大	ぬ死てしそ		みれ憐
単女・冠前	複男形・接	複男形	複3完パ・倒		複男・冠

לָהֶ֔ם	יִסְפְּד֣וּ	וְלֹֽא־	יִקָּבֵ֑רוּ	לֹ֣א	הַזֹּ֖את
ムへら	ゥドペスイ	ーろェヴ	ールーェヴカイ	ーろ	トッゾハ
にめたのら彼	いなま悼はら彼てしそ		いなれら葬はら彼		のこ
尾・前	複男3未パ	副・接	停複男3未ニ	副	代・冠

לָהֶֽם׃	יִקָּרֵ֖חַ	וְלֹ֥א	יִתְגֹּדַ֔ד	וְלֹ֣א
ムへら	はアレカイ	ーろェヴ	ドッダゴゥトイ	ーろェヴ
にめたのら彼	いなれさ髪剃は彼てしそ		いなけつ傷ら自は彼てしそ	
尾・前	単男3未ニ	副・接	単男3未ト	副・接

לְנַחֲמ֣וֹ	אֵ֖בֶל	עַל־	לָהֶ֛ם	יִפְרְס֥וּ	וְלֹֽא־	7
ーモはナれ	るェヴエ	るア	ムへら	ースレフイ	ーろェヴ	
にめたるめ慰を彼	き嘆	に上の	にら彼	いなか裂はら彼てしそ		
尾・不ピ・前	単男	前	尾・前	複男3未パ	副・接	

---

5. אַל־תָּבוֹא֙ , וְאַל־תֵּלֵךְ , וְאַל־תָּנֹד =アル禁止形.

הָלַךְ < תֵּלֵךְ

תָּנֹד = √ נוד

אָסַפְתִּי =これから行なわれることを動詞の完了形で示す「預言的完了形」.

6. גְּדֹלִים וּקְטַנִּים =‘大きい者達も小さい者達も’の意.

7. יִפְרְסוּ =‘パンを裂く’の意か(cf.イザ58:7).

כּוֹס	אוֹתָם	יַשְׁקוּ	וְלֹא־	מֵת	עַל־
スコ	ムタオ	ークュシヤ	ーろエヴ	トツメ	るア
を杯	にら彼	いなせま飲は	ら彼てしそ	者るいでん死	ていつに
連単女	尾・前	複男3未ヒ	副・接	単男分パ	前

וּבֵית־	8	אִמּוֹ׃	וְעַל־	אָבִיו	עַל־	תַּנְחוּמִים
トーェヴウ		ーモイ	るアェヴ	ヴィヴア	るア	ムーミふンタ
家てしそ		母の彼	に〜と	父の彼	に	のめ慰
連単男・接		尾・単女	前・接	尾・単男	前	複男

לֶאֱכֹל	אוֹתָם	לָשֶׁבֶת	תָבוֹא	לֹא־	מִשְׁתֶּה
るほエれ	ムタオ	トツェヴェシら	ーォヴタ	ーろ	ーテュシミ
にめたるべ食	に共とら彼	にめたる座	なる入はたなあ		の会宴
不パ・前	尾・前	不パ・前	単男2未パ	副	単男

יְהוָה	אָמַר	כֹּה	כִּי	9	וְלִשְׁתּוֹת׃
イナドア	ルマア	ーほ	ーキ		トットュシリェヴ
は**主**	たっ言	にうよのこ	らか〜らなぜな		にめたむ飲てしそ
固	単男3完パ	副	接		不パ・前・接

הַמָּקוֹם	מִן־	מַשְׁבִּית	הִנְנִי	יִשְׂרָאֵל	אֱלֹהֵי	צְבָאוֹת
ムコマハ	ンミ	トービュシマ	ーニンヒ	るエラスイ	ーへろエ	トッオァヴェツ
所場	らか	すや絶	は私よ見	のルエラスイ	神	の軍万
単男・冠	前	単男分ヒ	尾・間	男固	連複男	複男

וְקוֹל	שָׂשׂוֹן	קוֹל	וּבִימֵיכֶם	לְעֵינֵיכֶם	הַזֶּה
るーコェヴ	ンソサ	るーコ	ムへメィヴウ	ムヘーネーエれ	ゼハ
を声と	の喜歓	を声	に々日の達たなあてしそ	に目両の達たなあ	のこ
連単男・接	単男	連単男	尾・複男・前・接	尾・双女・前	代・冠

כִּי	וְהָיָה	10	כַּלָּה׃	וְקוֹל	חָתָן	קוֹל	שִׂמְחָה
ーキ	ーヤハェヴ		ーらカ	るーコェヴ	ンタは	るーコ	ーはムィス
時〜	るあてしそ		の嫁花	を声と	の婿花	を声	のび喜
接	単男3完パ・倒		単女	連単男・接	単男	連単男	単男

הָאֵלֶּה	הַדְּבָרִים	כָּל־	אֵת	הַזֶּה	לָעָם	תַגִּיד
れーエハ	ムーリァヴデハ	るコ	トッエ	ゼハ	ムアら	ドッギタ
のられこ	葉言	のて全	を	のこ	に民	るげ告がたなあ
代・冠	複男・冠	連単男	前	代・冠	単男・冠前	単男2未ヒ

く、死者の父や母を力づけるために、杯を与える者も
ない。8 あなたは酒宴の家に入るな。彼らと共に座っ
て、飲み食いしてはならない。」
9 万軍の主、イスラエルの神はこう言われる。「見

よ、わたしはこのところから、お前たちの目の前から、
お前たちが生きているかぎり、喜びの声、祝いの声、
花婿の声、花嫁の声を絶えさせる。」
10 あなたが、この民にこれらの言葉をすべて告げる

---

7. מֵת ＝分詞の名詞的用法.

יַשְׁקוּ < הִשְׁקָה ＝√ שקה

8. מִשְׁתֶּה ＝√ שתה , cf. שָׁתָה「飲む」

לֹא־תָבוֹא ＝ロー禁止形.

וְלִשְׁתּוֹת < שָׁתָה

10. תַגִּיד < הִגִּיד ＝√ נגד

ならば、彼らはあなたに、「なぜ主はこの大いなる災いをもたらす、と言って我々を脅かされるのか。我々は、どのような悪、どのような罪を我々の神、主に対して犯したのか」と言うであろう。11 あなたは、彼らに答えるがよい。「お前たちの先祖がわたしを捨てたからだ」と主は言われる。「彼らは他の神々に従って歩み、それに仕え、ひれ伏し、わたしを捨て、わたしの律法を守らなかった。12 お前たちは先祖よりも、更に重い

וְאָמְרוּ אֵלֶיךָ עַל־ מֶה דִבֶּר יְהוָה עָלֵינוּ

עָלֵינוּ	יְהוָה	דִבֶּר	מֶה	עַל־	אֵלֶיךָ	וְאָמְרוּ
ヌーれア	イナドア	ルベィデ	ーメ	るア	はーれエ	ールメアエヴ
てし対に達私	は**主**	たっ語	何	に故の	にたなあ	う言はら彼とるす
尾・前	固	単男3完ピ	疑	前	尾・前	複3完パ・倒

אֵת כָּל־ הָרָעָה הַגְּדוֹלָה הַזֹּאת וּמֶה עֲוֹנֵנוּ

עֲוֹנֵנוּ	וּמֶה	הַזֹּאת	הַגְּדוֹלָה	הָרָעָה	כָּל־	אֵת
ヌーネォヴア	ーメウ	トッゾハ	ーらドゲハ	ーアラハ	るコ	トッエ
はがとの達私	か何てしそ	のこ	いき大	い災	のて全	を
尾・単女	疑・接	代・冠	単女形・冠	単女・冠	連単男	前

וּמֶה חַטָּאתֵנוּ אֲשֶׁר חָטָאנוּ לַיהוָה אֱלֹהֵינוּ׃

אֱלֹהֵינוּ׃	לַיהוָה	חָטָאנוּ	אֲשֶׁר	חַטָּאתֵנוּ	וּמֶה
ヌーへろエ	イナドら	ヌータは	ルェシア	ヌーテタは	ーメウ
神の達私	に**主**	たし犯を罪が達私	のろこと～	は罪の達私	か何てしそ
尾・複男	固・前	複1完パ	関	尾・単女	疑・接

11 וְאָמַרְתָּ אֲלֵיהֶם עַל אֲשֶׁר־ עָזְבוּ

עָזְבוּ	אֲשֶׁר־	עַל	אֲלֵיהֶם	וְאָמַרְתָּ
ーヴゼア	ルェシア	るア	ムへれア	ータルマアエヴ
たて捨	ろこと～	に故の	にら彼	う言はたなあてしそ
複3完パ	関	前	尾・前	単男2完パ・倒

אֲבוֹתֵיכֶם אוֹתִי נְאֻם־ יְהוָה וַיֵּלְכוּ אַחֲרֵי

אַחֲרֵי	וַיֵּלְכוּ	יְהוָה	נְאֻם־	אוֹתִי	אֲבוֹתֵיכֶם
ーレはア	ーふれェイァヴ	イナドア	ムウネ	ィテオ	ムへテォヴア
に後の	たっ行はら彼てしそ	の**主**	げ告み	を私	が達祖父の達たなあ
前	複男3未パ・倒	固	連単男	尾・前	尾・複男

אֱלֹהִים אֲחֵרִים וַיַּעַבְדוּם וַיִּשְׁתַּחֲווּ

וַיִּשְׁתַּחֲווּ	וַיַּעַבְדוּם	אֲחֵרִים	אֱלֹהִים
ーヴはタュシイァヴ	ムゥドヴアヤァヴ	ムーリへア	ムーヒろエ
たし伏れひはら彼てしそ	たえ仕にられそはら彼てしそ	の他	々神
複男3未ト・倒	尾・複男3未パ・倒	複男形	複男

לָהֶם וְאֹתִי עָזָבוּ וְאֶת־ תּוֹרָתִי לֹא שָׁמָרוּ׃

שָׁמָרוּ׃	לֹא	תּוֹרָתִי	וְאֶת־	עָזָבוּ	וְאֹתִי	לָהֶם
ールーマャシ	ーろ	ィテラト	トッエェヴ	ーヴーザア	ィテオェヴ	ムへら
たっかなら守はら彼		え教の私	を～てしそ	たて捨はら彼	を私てしそ	にられそ
停複3完パ	副	尾・単女	前・接	停複3完パ	尾・前・接	尾・前

12 וְאַתֶּם הֲרֵעֹתֶם לַעֲשׂוֹת מֵאֲבוֹתֵיכֶם

מֵאֲבוֹתֵיכֶם	לַעֲשׂוֹת	הֲרֵעֹתֶם	וְאַתֶּם
ムへテォヴアメ	トッソアら	ムテオレハ	ムテアエヴ
りよ達祖父の達たなあ	をとこうな行	たしく悪は達たなあ	は達たなあてしそ
尾・複男・前	不パ・前	複男2完ヒ	代・接

---

11. וַיֵּלְכוּ < הָלַךְ

וַיֵּלְכוּ אַחֲרֵי ＝'彼らは～に従った'の意.

תּוֹרָתִי < תּוֹרָה ＝√ ירה , cf. הוֹרָה「教える」

12. הֲרֵעֹתֶם < הֵרַע ＝√ רעע

וְהִנְּכֶם	הֹלְכִים	אִישׁ	אַחֲרֵי	שְׁרִרוּת	לִבּוֹ־
ムヘネヒェヴ	ムーひれホ	ュシーイ	ーレはア	トゥルリェシ	ーボリ
は達たなあよ見てしそ	るいてい歩	々各	に後の	さな頑	の心の彼
尾・間・接	複男分パ	単男	前	連単女	尾・単男

הָרָע	לְבִלְתִּי	שְׁמֹעַ	אֵלָי׃	13	וְהֵטַלְתִּי
ーラハ	ィテるィヴれ	アモェシ	イらエ		ーィテるタヘェヴ
い悪	くなとこく聞		に私		るげ投り放は私てしそ
単男形	前・前	不パ	停尾・前		単1完ヒ・倒

אֶתְכֶם	מֵעַל	הָאָרֶץ	הַזֹּאת	עַל־	הָאָרֶץ	אֲשֶׁר
ムヘトエ	るアメ	ツレアハ	トッゾハ	るア	ツレアハ	ルェシア
を達たなあ	らか上の	地	のこ	に上の	地	のろこと〜
尾・前	前・前	単女・冠	代・冠	前	単女・冠	関

לֹא	יְדַעְתֶּם	אַתֶּם	וַאֲבוֹתֵיכֶם	וַעֲבַדְתֶּם־
ーろ	ムテーダェイ	ムテア	ムヘテォヴアァヴ	ムテゥドァヴアァヴ
いなら知が達たなあ		が達たなあ	が達祖父の達たなあと	るえ仕は達たなあてしそ
副	複男2完パ	代	尾・複男・接	複男2完パ・倒

שָׁם	אֶת־	אֱלֹהִים	אֲחֵרִים	יוֹמָם	וָלַיְלָה	אֲשֶׁר
ムャシ	トッエ	ムーヒろエ	ムーリヘア	ムマヨ	らイらァヴ	ルェシア
でこそ	に	々神	の他	に昼	夜と	での〜
副	前	複男	複男形	副	単男・接	関

לֹא־	אֶתֵּן	לָכֶם	חֲנִינָה׃	14	לָכֵן	הִנֵּה־	יָמִים
ーろ	ンテエ	ムへら	ーナニは		ンへら	ーネヒ	ムーミヤ
いなえ与が私		に達たなあ	をみれ憐		に故れそ	よ見	が々日
副	単1未パ	尾・前	単女		副・前	間	複男

בָּאִים	נְאֻם־	יְהוָה	וְלֹא־	יֵאָמֵר	עוֹד	חַי־	יְהוָה
ムーイバ	ムウネ	イナドア	ーろェヴ	ルメアェイ	ドッオ	イは	イナドア
る来	げ告み	の**主**	いなれわ言てしそ		び再	るいてき生	は**主**
複男分パ	連単男	固	副・接	単男3未ニ	副	単男形	固

אֲשֶׁר	הֶעֱלָה	אֶת־	בְּנֵי	יִשְׂרָאֵל	מֵאֶרֶץ	מִצְרָיִם׃
ルェシア	ーらエヘ	トッエ	ーネベ	るエラスイ	ツレエメ	ムイラツミ
のろこと〜	たせら上	を	達子息	のルエラスイ	らか地	のトプジエ
関	単男3完ヒ	前	連複男	男固	連単女・前	停固

悪を行った。おのおのそのかたくなで悪い心に従って歩み、わたしに聞き従わなかった。13 わたしは、お前たちをこの地から、お前たちも先祖も知らなかった地へ追放する。お前たちは、そのところで昼も夜も他の神々に仕えるがよい。もはやわたしは、お前たちに恩恵をほどこさない。」

新しい出エジプト

14 見よ、このような日が来る、と主は言われる。人はもう、「イスラエルの人々をエジプトから導き上られた主は生きておられる」と言わず、15「イスラエル

---

13. וְהֵטַלְתִּי < הֵטִיל =√ טול

אֶתֵּן < נָתַן

חֲנִינָה =cf. חָנַן「憐れむ」

בְּנֵי	אֶת־	הֶעֱלָה	אֲשֶׁר	יְהוָה	חַי־	אִם־	כִּֽי־	15
ーネベ	トッエ	ーらエヘ	ルェシア	イナドア	イハ	ムイ	ーキ	
達子息	を	たせら上	のろこと〜	は**主**	るいてき生	くなはでうそ		
連複男	前	単男3完ヒ	関	固	単男形	接	接	

הָאֲרָצוֹת	וּמִכֹּל	צָפוֹן	מֵאֶרֶץ	יִשְׂרָאֵל
トッォツラアハ	るコミウ	ンォファツ	ツレエメ	るエラスイ
地	らか〜のて全てしそ	の北	らか地	のルエラスイ
複女・冠	連単男・前・接	単女	連単女・前	男固

אַדְמָתָם	עַל־	וַהֲשִׁבֹתִים	שָׁמָּה	הִדִּיחָם	אֲשֶׁר
ムタマゥドア	るア	ムーィテォヴシハァヴ	マーャシ	ムハィデヒ	ルェシア
地土のら彼	に上の	す帰をら彼が私てしそ	へこそ	たし放追をら彼	のろこと〜
尾・単女	前	尾・単1完ヒ・倒	方・副	尾・単男3完ヒ	関

שֹׁלֵחַ	הִנְנִי	16	לַאֲבוֹתָם׃	נָתַתִּי	אֲשֶׁר
ハアレョシ	ーニンヒ		ムタォヴアラ	ィテータナ	ルェシア
すわ遣	は私よ見		に達祖父のら彼	たえ与が私	のろこと〜
単男分パ	尾・間		尾・複男・前	単1完パ	関

וְדִיגוּם	יְהוָה	נְאֻם־	רַבִּים	לְדַוָּגִים
ムグィデェヴ	イナドア	ムウネ	ムービラ	ムーギヤダレ★
るげ上り釣をら彼はら彼てしそ	の**主**	げ告み	のく多	を師漁
尾・複3完パ・倒	固	連単男	複男形	複男・前

צַיָּדִים	לְרַבִּים	אֶשְׁלַח	כֵן	וְאַחֲרֵי־
ムーィデヤァツ	ムービラレ	フラュシエ	ンヘ	ーレハアェヴ
ちた人狩	をく多	すわ遣は私	のそ	に後〜てしそ
複男	複男形・前	単1未パ	副	前・接

כָּל־	וּמֵעַל	הַר	כָּל־	מֵעַל	וְצָדוּם
るコ	るアメウ	ルハ	るコ	るアメ	ムゥドアツェヴ
のて全	らか上の〜てしそ	山	のて全	らか上の	る狩をら彼はら彼てしそ
連単男	前・前・接	単男	連単男	前・前	尾・複3完パ・倒

עֵינַי	כִּי	17	הַסְּלָעִים׃	וּמִנְּקִיקֵי	גִּבְעָה
イナーエ	ーキ		ムーイラセハ	ーケキネミウ	ーアヴギ
は目両の私	らか〜らなぜな		の々岩	らか目け裂てしそ	丘
尾・双女	接		複男・冠	連複男・前・接	単女

の子らを、北の国、彼らが追いやられた国々から導き
上られた主は生きておられる」と言うようになる。わ
たしは彼らを、わたしがその先祖に与えた土地に帰ら
せる。

16 見よ、わたしは多くの漁師を遣わして、彼らを釣
り上げさせる、と主は言われる。その後、わたしは多
くの狩人を遣わして、すべての山、すべての丘、岩の
裂け目から、彼らを狩り出させる。 17 わたしの目は、

---

15. הִדִּיחָם < הִדִּיחַ = √ נדח

וַהֲשִׁבֹתִים < הֵשִׁיב = √ שוב

נָתַן < נָתַתִּי

16. (כ) לדוגים , (ק) לְדַיָּגִים

וְדִיגוּם = √ דיג

לְרַבִּים צַיָּדִים = ‘多くの狩人たちを’ の意.

נָקִיק < וּמִנְּקִיקֵי

עַל־	כָּל־	דַּרְכֵיהֶם	לֹא	נִסְתְּרוּ	מִלְּפָנָי
るア	るコ	ムヘヘルダ	ーろ	ールテスニ	イナァフれミ
に上の	のて全	々道のら彼		たっかなれさ隠はられそ	らか前面の私
前	連単男	尾・複女	副	複3完ニ	停尾・複女・前・前

וְלֹא־	נִצְפַּן	עֲוֺנָם	מִנֶּגֶד	עֵינָי׃
ーろェヴ	ンパツニ	ムナォヴア	ドッゲネミ	イナーエ
	たっかなれわ匿てしそ	はがとのら彼	らか前の	目両の私
副・接	単男3完ニ	尾・単女	前・前	停尾・双女

18

וְשִׁלַּמְתִּי	רִאשׁוֹנָה	מִשְׁנֵה	עֲוֺנָם	וְחַטָּאתָם
ーィテメらシェヴ	ーナョシリ	ーネュシミ	ムナォヴア	ムタタはェヴ
るい報は私てしそ	にめ初	を倍二	のがとのら彼	罪のら彼と
単1完ピ・倒	単女形	連単男	尾・単女	尾・単女・接

עַל	חַלְּלָם	אֶת־	אַרְצִי	בְּנִבְלַת	שִׁקּוּצֵיהֶם
るア	ムられは	トッエ	ィツルア	トッらヴニベ	ムヘェツクシ
に故の	とこたし汚がら彼	を	地の私	で体死	ののもいしわま忌のら彼
前	尾・不ピ	前	尾・単女	連単女・前	尾・複男

וְתוֹעֲבוֹתֵיהֶם	מָלְאוּ	אֶת־	נַחֲלָתִי׃
ムヘテォヴアトェヴ	ーウれマ	トッエ	ィテらはナ
のもう嫌み忌のら彼と	たした満はら彼	を	業嗣の私
尾・複女・接	複3完パ	前	尾・単女

19

יְהוָה	עֻזִּי	וּמָעֻזִּי
イナドア	ィズウ	ィズウマウ
よ**主**	力の私	砦の私てしそ
固	尾・単男	尾・単男・接

וּמְנוּסִי	בְּיוֹם	צָרָה
ィスヌムウ	ムヨベ	ーラァツ
場げ逃の私てしそ	に日	のみし苦
尾・単男・接	連単男・前	単女

אֵלֶיךָ	גּוֹיִם	יָבֹאוּ
はーれエ	ムーイゴ	ウーォヴヤ
にたなあ	が族民諸	る来
尾・前	複男	複男3未パ

彼らのすべての道に注がれている。彼らはわたしの前から身を隠すこともできず、その悪をわたしの目から隠すこともできない。
18まず、わたしは彼らの罪と悪を二倍にして報いる。彼らがわたしの地を、憎むべきものの死体で汚し、わたしの嗣業を忌むべきもので満たしたからだ。
19主よ、わたしの力、わたしの砦苦難が襲うときの逃れ場よ。あなたのもとに

---

18. מִשְׁנֶה =cf. שְׁנַיִם「二」

שִׁקּוּצֵיהֶם < שִׁקּוּץ =√ שקץ , cf. שִׁקֵּץ「忌み嫌う」

וְתוֹעֲבוֹתֵיהֶם < תּוֹעֵבָה =√ תעב cf. תִּעֵב「忌み嫌う」

19. עֻזִּי < עֹז =√ עזז

וּמָעֻזִּי < מָעוֹז =√ עזז

וּמְנוּסִי < מָנוֹס

מֵֽאַפְסֵי־	אָרֶץ	וְיֹאמְרוּ
ーセフアメ	ツレア	ールメヨェヴ
らかて果	の地	う言はら彼てしそ
連複男・前	停単女	複男3未パ・接

אַךְ־	שֶׁקֶר	נָחֲלוּ	אֲבוֹתֵינוּ
ふア	ルケェシ	ーるはナ	ヌーテォヴア
だた	をり偽	だい嗣け受	は達祖父の達私
副	単男	複3完パ	尾・複男

הֶבֶל	וְאֵין־	בָּם	מוֹעִיל׃
るェヴヘ	ンエェヴ	ムバ	るーイモ
をさし空	いなてしそ	にられそ	はのもすらたもを益
単男	副・接	尾・前	単男分ヒ

20

הֲיַעֲשֶׂה־	לּוֹ	אָדָם	אֱלֹהִים
ーセアヤハ	ーろ	ムダア	ムーヒろエ
かる作	にめたの彼	は間人	を々神
単男3未パ・疑	尾・前	単男	複男

וְהֵמָּה	לֹא	אֱלֹהִים׃
マーヘェヴ	ーろ	ムーヒろエ
はられそてしそ	いなはで神	
代・接	副	複男

21

לָכֵן	הִנְנִי	מוֹדִיעָם	בַּפַּעַם	הַזֹּאת
ンへら	ーニンヒ	ムアィデモ	ムアパバ	トッゾハ
に故れそ	は私よ見	るせら知にら彼	で回今	のこ
副・前	尾・間	尾・単男分ヒ	単女・冠前	代・冠

אוֹדִיעֵם	אֶת־	יָדִי	וְאֶת־	גְּבוּרָתִי
ムエィデオ	トッエ	ィデヤ	トッエェヴ	ィテラヴゲ
るせら知にら彼は私	を	手の私	を〜と	力の私
尾・単1未ヒ	前	尾・単女	前・接	尾・単女

וְיָדְעוּ	כִּי־	שְׁמִי	יְהוָה׃
ーウデヤェヴ	ーキ	ーミェシ	イナドア
る知はら彼てしそ	をとこ〜	が名の私	**主**
複3完パ・倒	接	尾・単男	固

国々は地の果てから来て言うでしょう。
「我々の先祖が自分のものとしたのは
偽りで、空しく、無益なものであった。
20 人間が神を造れようか。
そのようなものが神であろうか」と。

21 それゆえ、わたしは彼らに知らせよう。
今度こそ、わたしは知らせる
わたしの手、わたしの力強い業を。
彼らはわたしの名が主であることを知る。

---

21. מוֹדִיעָם < הוֹדִיעַ =√ ידע

17

ユダの罪と罰

1 ユダの罪は
心の板に、祭壇の角に
鉄のペンで書きつけられ
ダイヤモンドのたがねで刻み込まれて

2 子孫に銘記させるものとなる。
それらは彼らの祭壇であり、アシェラ像である。
それらは、どの緑の木の下にも
高い丘、野の山の上にもある。

3 野から山に登る者よ。

17 1

ヘブライ語	発音	意味	文法
חַטַּאת	ハッタット	罪は	連単女
יְהוּדָה	イェフダー	ユダの	男固
כְּתוּבָה	ケトゥヴァー	書かれている	単女受分パ
בְּעֵט	ベエット	筆で	連単男・前
בַּרְזֶל	バルゼル	鉄の	単男
בְּצִפֹּרֶן	ベツィポレン	尖端で	連単男・前
שָׁמִיר	シャミール	ダイヤモンドの	単男
חֲרוּשָׁה	ハルシャー	刻まれている	単女受分パ
עַל־	アル	の上に	前
לוּחַ	ルーアハ	板	連単男
לִבָּם	リバム	彼らの心の	尾・単男
וּלְקַרְנוֹת	ウルカルノット	と角に	連複女・前・接
מִזְבְּחוֹתֵיכֶם׃	ミズベホテヘム	あなた達の祭壇の	尾・複男

2

ヘブライ語	発音	意味	文法
כִּזְכֹּר	キズコル	覚えているように	不パ・前
בְּנֵיהֶם	ベネヘム	彼らの息子達が	尾・複男
מִזְבְּחוֹתָם	ミズベホタム	彼らの祭壇を	尾・複男
וַאֲשֵׁרֵיהֶם	ヴァアシェレヘム	と彼らのアシェラ達を	尾・複女・接
עַל־	アル	そのばに	前
עֵץ	エツ	木	単男
רַעֲנָן	ラアナン	青々とした	単男形
עַל	アル	の上に	前
גְּבָעוֹת	ゲヴァオット	丘々	複女
הַגְּבֹהוֹת׃	ハゲヴォホット	高い	複女形・冠

3

ヘブライ語	発音	意味	文法
הֲרָרִי	ハラリー	私の山よ	尾・単男
בַּשָּׂדֶה	バサデー	野のうちの	単男・冠前

---

1. מִזְבְּחוֹתֵיכֶם < מִזְבֵּחַ =√ זבח , cf. זָבַח「屠る」

חֵילְךָ֫	כָּל־	אוֹצְרוֹתֶ֫יךָ
へれはー	ほる	オツェロテーは
あなたの富を	全ての	あなたの財宝を
尾・単男	連単男	尾・複男

לָבַז	אֶתֵּן
らヴァズ	エテン
略奪品として	私は与える
単男・前	単1未パ

בָּמֹתֶ֫יךָ	בְּחַטָּאת	בְּכָל־	גְּבוּלֶ֫יךָ׃
バモテーは	べはタット	べほる	ゲヴれーは
あなたの高き所	罪によって	全ての〜で	あなたの境界
尾・複女	単女・前	連単男・前	尾・複男

4

וְשָׁמַטְתָּה	וּבְךָ	מִנַּחֲלָתְךָ
ヴェシャマトゥター	ウヴはー	ミナはらテはー
そしてあなたは失う	そしてあなたによって	あなたの嗣業を
単男2完パ・倒	尾・前・接	尾・単女・前

אֲשֶׁר	נָתַתִּי	לָךְ
アシェル	ナターティ	らーふ
〜ところの	私が与えた	あなたに
関	単1完パ	停尾・前

וְהַעֲבַדְתִּיךָ	אֶת־	אֹיְבֶיךָ
ヴェハアヴァドゥティーは	エット	オイェヴェーは
私はあなたを仕えさせる	に	あなたの敵達
尾・単1完ヒ・倒	前	尾・複男

בָּאָרֶץ	אֲשֶׁר	לֹא־	יָדָעְתָּ
バアレツ	アシェル	ろー	ヤダーター
地で	〜ところの	あなたが知らない	
単女・冠前	関	副	停単男2完パ

כִּי־	אֵשׁ	קְדַחְתֶּם	בְּאַפִּי
キー	エシュ	ケダふテム	ベアピー
なぜなら〜から	火を	あなた達は燃え上がらせた	私の怒りに
接	単女	複男2完パ	尾・単女・前

わたしはお前の富と宝を
お前の聖なる高台での罪のゆえに
至るところで、敵が奪うにまかせる。

4 わたしが継がせた嗣業をお前は失う。
また、お前を敵の奴隷とし
お前の知らない国に行かせる。
わたしの怒りによって火が点じられ

---

3. חֵילְךָ < חַיִל「力, 軍勢, 富」

אֶתֵּן < נָתַן

בָּמֹתֶיךָ < בָּמָה

בָּמֹתֶיךָ בְּחַטָּאת ＝‘あなたの高き所の罪によって’の意か.

4. נָתַתִּי < נָתַן

קְדַחְתֶּם < קָדַח

תּוּקָד׃	עוֹלָם	עַד־
ドッカウト	ムらオ	ドッア
るえ燃はれそ	遠永	でま
停単女3未フ	単男	副

יְהוָֹה	אָמַר	כֹּה	5
イナドア	ルマア	ーコ	
は**主**	たっ言	にうよのこ	
固	単男3完パ	副	

בָּאָדָם	יִבְטַח	אֲשֶׁר	הַגֶּבֶר	אָרוּר
ムダアバ	ふタヴイ	ルェシア	ルェヴゲハ	ルールア
に間人	るせ寄を頼信	のろこと〜	は男	るれわ呪
単男・冠前	単男3未パ	関	単男・冠	単男受分パ

זְרֹעוֹ	בָּשָׂר	וְשָׂם
ーオロゼ	ルサバ	ムサェヴ
腕の彼	を肉	るすと〜は彼てしそ
尾・単女	単男	単男3完パ・倒

לִבּוֹ׃	יָסוּר	יְהוָה	וּמִן־
ーボリ	ルースヤ	イナドア	ンミウ
を心の彼	る去り取は彼	**主**	らか〜てしそ
尾・単男	単男3未パ	固	前・接

בָּעֲרָבָה	כְּעַרְעָר	וְהָיָה	6
ーァヴラアバ	ルアルアケ	ーヤハェヴ	
で漠砂	にうよの木のずね	るなは彼てしそ	
単女・冠前	単男・前	単男3完パ・倒	

טוֹב	יָבוֹא	כִּי־	יִרְאֶה	וְלֹא
ヴート	ーォヴヤ	ーキ	ーエルイ	ーろェヴ
がとこい良	る来	をとこ〜		いな見は彼てしそ
単男	単男3未パ	接	単男3未パ	副・接

בַּמִּדְבָּר	חֲרֵרִים	וְשָׁכַן
ルバゥドミバ	ムーリレは	ンはャシェヴ
で野荒	に暑炎	む住は彼てしそ
単男・冠前	複男	単男3完パ・倒

とこしえに燃え続ける。

主に信頼する人

5 主はこう言われる。
呪われよ、人間に信頼し、肉なる者を頼みとし
その心が主を離れ去っている人は。

6 彼は荒れ地の裸の木。
恵みの雨を見ることなく
人の住めない不毛の地

---

4. תּוּקָד < יָקַד

5. וְשָׂם =√ שׂים, 原意は「置く」

זְרֹעוֹ < זְרֹעַ, 腕は力の象徴.

6. חֲרֵרִים =cf. חָרַר「焼く」

תֵּשֵׁב׃	וְלֹא	מְלֵחָה	אֶרֶץ
ヴェシテ	ーろェヴ	ーはれメ	ツレエ
いなま住	てしそ	の地塩	に地
単女3未パ	副・接	単女	連単女

בַּיהוָה	יִבְטַח	אֲשֶׁר	הַגֶּבֶר	בָּרוּךְ 7
イナドバ	ふタヴイ	ルェシア	ルェヴゲハ	ふールバ
に**主**	るせ寄を頼信	のろこと〜	は男	るれさ福祝
固・前	単男3未パ	関	単男・冠	単男受分パ

מִבְטַחוֹ׃	יְהוָה	וְהָיָה
ーほタヴミ	イナドア	ーヤハェヴ
に頼信の彼	は**主**	るなてしそ
尾・単男	固	単男3完パ・倒

מָיִם	עַל־	שָׁתוּל	כְּעֵץ	וְהָיָה 8
ムイマ	るア	る一ゥトャシ	ツエケ	ーヤハェヴ
水	にばその	たれらえ植	にうよの木	るなてしそ
双男	前	単男受分パ	単男・前	単男3完パ・倒

שָׁרָשָׁיו	יְשַׁלַּח	יוּבַל	וְעַל־
ヴァシラャシ	ふらャシェイ	るァヴユ	るアェヴ
を根のそ	る送はれそ	路水	にばその〜てしそ
尾・複男	単男3未ピ	単男	前・接

חֹם	יָבֹא	כִּי־	יִרְאֶה	וְלֹא
ムほ	ーォヴヤ	ーキ	ーエルイ★	ーろェヴ
がさ暑	る来	をとこ〜	いな見はれそ	てしそ
単男	単男3未パ	接	単男3未パ	副・接

רַעֲנָן	עָלֵהוּ	וְהָיָה
ンナアラ	フーれア	ーヤハェヴ
たしと々青	は葉のそ	るな〜てしそ
単男形	尾・単男	単男3完パ・倒

יִדְאָג	לֹא	בַּצֹּרֶת	וּבִשְׁנַת
グアゥドイ	ーろ	トッレォツバ	トッナュシィヴウ
いなし配心はれそ		のつばんか	に年〜てしそ
停単男3未パ	副	単女	連単女・前・接

炎暑の荒れ野を住まいとする。
7 祝福されよ、主に信頼する人は。
主がその人のよりどころとなられる。
8 彼は水のほとりに植えられた木。

水路のほとりに根を張り
暑さが襲うのを見ることなく
その葉は青々としている。
干ばつの年にも憂いがなく

---

6. אֶרֶץ מְלֵחָה וְלֹא תֵשֵׁב ＝‘人の住まない塩地に’の意.

מְלֵחָה ＝cf. מֶלַח「塩」

8節＝cf.詩1:3.

8. Ⓚ ירא , Ⓠ יִרְאֶה

実を結ぶことをやめない。

人間の心を知り尽くす神

9 人の心は何にもまして、とらえ難く病んでいる。
誰がそれを知りえようか。

10 心を探り、そのはらわたを究めるのは
主なるわたしである。
それぞれの道、業の結ぶ実に従って報いる。
11 しゃこが自分の産まなかった卵を集めるように

פֶּרִי׃	מֵעֲשׂוֹת	יָמִישׁ	וְלֹא
リーペ	トッソアメ	ュシーミヤ	ーろエヴ
を実	をとこる作	いなし棄放はれ	そてしそ
停単男	不パ・前	単男3未パ	副・接

הוּא	וְאָנֻשׁ	מִכֹּל	הַלֵּב	עָקֹב	9
ーフ	ュシーヌアェヴ	るコミ	ヴれハ	ヴーコア	
はれそ	いなれさ治てしそ	らかて全	は心	るいてっが曲じね	
代	単男受分パ・接	単男・前	単男・冠	単男形	

יֵדָעֶנּוּ׃	מִי
ヌーエダェイ	ーミ
る知をれそ	かの〜が誰
強・尾・単男3未パ	疑

לֵב	חֹקֵר	יְהוָה	אֲנִי	10
ヴれ	ルケほ	イナドア	ーニア	
を心	るべ調	は**主**	私	
単男	単男分パ	固	代	

כְּלָיוֹת	בֹּחֵן
トッヨらケ	ンへボ
をたわらは	るみ試
複女	単男分パ

כִּדְרָכָו	לְאִישׁ	וְלָתֵת
ヴはラウドキ★	ュシーイれ	トッテらェヴ
にうよの道のそ	に人	にめたるえ与てしそ
尾・複女・前	単男・前	不パ・前・接

מַעֲלָלָיו׃	כִּפְרִי
ヴららアマ	ーリフキ
のいな行のそ	にうよの実
尾・複男	連単男・前

יָלָד	וְלֹא	דָגַר	קֹרֵא	11
ドッらヤ	ーろエヴ	ルガダ	ーレコ	
たっかなま産	しかし	ため集	はらずう山	
単男3完パ	副・接	単男3完パ	単男	

---

8. יָמִישׁ < מָשׁ =√ מוש

כִּדְרָכָיו (ק) , כדרכו (כ)

10. חֹקֵר =別「調べる者」(分詞の名詞的用法)

בֹּחֵן =別「試みる者」(分詞の名詞的用法)

כְּלָיוֹת =別「腎臓」

וְלָתֵת < נָתַן

11. דָגַר =別「卵をかえす」

בְּמִשְׁפָּט	וְלֹא	עֹשֶׁר	עֹשֶׂה
トッパュシミェヴ	一ろェヴ	ルェシオ	一セオ
てっよに義公	いなで〜しかし	を富	者る作
単男・前	副・接	単男	単男分パ

יַעַזְבֶנּוּ	יָמָו	בַּחֲצִי
ヌーェヴズアヤ	ヴマヤ★	ィツはバ
るて捨見をれそは彼	の々日の彼	で分半
強・尾・単男3未パ	尾・複男	連単男・冠前

נָבָל׃	יִהְיֶה	וּבְאַחֲרִיתוֹ
るァヴナ	一ェイフイ	ートリはアヴウ
に者か愚	るな	にりわ終の彼てしそ
単男	単男3未パ	尾・単女・前・接

不正に富をなす者がいる。人生の半ばで、富は彼を見捨て
ついには、神を失った者となる。

מֵרִאשׁוֹן	מָרוֹם	כָבוֹד	כִּסֵּא	12
ンョシリメ	ムーロマ	ドッォヴは	一セキ	
らかめ初	所い高	の光栄	座	
単男形・前	単男	単男	連単男	

מִקְדָּשֵׁנוּ׃	מְקוֹם
ヌーェシダクミ	ムコメ
の所聖の達私	所場
尾・単男	連単男

יְהוָה	יִשְׂרָאֵל	מִקְוֵה	13
イナドア	るエラスイ	一ェヴクミ	
よ**主**	のルエラスイ	み望	
固	男固	連単男	

יֵבֹשׁוּ	עֹזְבֶיךָ	כָּל־
一ュシォヴェイ	はーェヴゼオ	るコ
る入じ恥	は達者るて捨見をたなあ	のて全
複男3未パ	尾・複男分パ	連単男

יִכָּתֵבוּ	בָּאָרֶץ	יְסוּרַי
一ヴーテカイ	ツレアバ	イラスェヴ★
るれか書	にちうの地	は達者るれ離を私てしそ
停複男3未ニ	単女・冠前	尾・複男形・接

12 栄光の御座、いにしえよりの天
我らの聖所、13 イスラエルの希望である主よ。
あなたを捨てる者は皆、辱めを受ける。
あなたを離れ去る者は
地下に行く者として記される。

---

11. עֹשֶׂה ＝分詞の名詞的用法.

ⓒ ימו , ⓟ יָמָיו

יַעַזְבֶנּוּ ＝「ⓐそれ（富）は彼（富を作る者）を見捨てる, ⓑ彼（富を作る者）はそれ（富）を見捨てる」

13. מִקְוֵה ＝√ קוה , cf. קִוָּה「待ち望む」

עֹזְבֶיךָ ＝分詞の名詞的用法.

ⓒ יסורי , ⓟ וְסוּרַי

כִּי	עָזְבוּ	מְקוֹר	מַיִם־	חַיִּים
ーキ	ーヴゼア	ルーコメ	ムイマ	ムーイは
らか～らなぜな	たて捨見はら彼	を泉	の水	るいてき生
接	複3完パ	連単男	双男	複男形

אֶת־	יְהוָה׃
トッエ	イナドア
を	**主**
前	固

14	רְפָאֵנִי	יְהוָה	וְאֵרָפֵא
	ニーエァフレ	イナドア	ーェフラエェヴ
	せ癒を私はたなあ	よ**主**	るれさ癒は私とるす
	尾・単男2命パ	固	単1未ニ・接

הוֹשִׁיעֵנִי	וְאִוָּשֵׁעָה
ニーエシホ	ーアーェシァヴイェヴ
え救を私はたなあ	いたれわ救は私てしそ
尾・単男2命ヒ	停単1願ニ・接

כִּי	תְהִלָּתִי	אָתָּה׃
ーキ	ィテらヒテ	ターア
らか～らなぜな	れ誉の私	はたなあ
接	尾・単女	停代

15	הִנֵּה־	הֵמָּה	אֹמְרִים	אֵלָי
	ーネヒ	マーへ	ムーリメオ	イらエ
	よ見	はら彼	るいてっ言	に私
	間	代	複男分パ	停尾・前

אַיֵּה	דְבַר־	יְהוָה	יָבוֹא	נָא׃
ーェイア	ルァヴデ	イナドア	ーォヴヤ	ーナ
かこど	は葉言	の**主**	にうよる来がれそ	かうど
疑	連単男	固	単男3指パ	間

16	וַאֲנִי	לֹא־	אַצְתִּי	מֵרֹעֶה	אַחֲרֶיךָ
	ーニアァヴ	ーろ	ィテツア	ーエロメ	はーレはア
	は私しかし		たっかなが急は私	らか者牧	にろ後のたなあ
	代・接	副	単1完パ	単男分パ・前	尾・前

生ける水の源である主を捨てたからだ。

エレミヤの嘆き

14 主よ、あなたがいやしてくださるなら
わたしはいやされます。
あなたが救ってくださるなら
わたしは救われます。
あなたをこそ、わたしはたたえます。
15 御覧ください。彼らはわたしに言います。
「主の言葉はどこへ行ってしまったのか。
それを実現させるがよい」と。
16 わたしは、災いが速やかに来るよう
あなたに求めたことはありません。

---

14. הוֹשִׁיעֵנִי , וְאִוָּשֵׁעָה < נוֹשַׁע = √ ישע

תְּהִלָּתִי = √ הלל , cf. הִלֵּל「誉め賛える」

16. לֹא־אַצְתִּי מֵרֹעֶה אַחֲרֶיךָ = ‘私はあなたに従う牧者となることを急がなかった’ の意か.

אַצְתִּי = √ אוץ

מֵרֹעֶה < רָעָה , 分詞の名詞的用法. BHSは לְרָעָה「災いに」と読み替えを提案(=新共同訳).

וְיוֹם	אָנוּשׁ	לֹא	הִתְאַוֵּיתִי
ヴェヨム	アヌーシュ	ろー	ヒトゥアヴェーティ
そして日を	治されない	私は欲求しなかった	
接・男単	パ分受男単	副	ト完1単

אַתָּה	יָדָעְתָּ
アター	ヤダータ
あなたは	あなたは知っている
代	パ完2男単停

מוֹצָא	שְׂפָתַי
モツァー	セファタイ
出すことは	私の唇の
男単連	女双・尾

נֹכַח	פָּנֶיךָ	הָיָה׃
ノはふ	パネーは	ハヤー
の前に	あなたの顔	あった
前	女複・尾	パ完3男単

17

אַל־	תִּהְיֵה־	לִי	לִמְחִתָּה
アル	ティフイェー	リー	リムひター
あなたはなるな		私に	恐れに
副	パ未2男単	前・尾	前・女単

מַחְסִי־	אַתָּה	בְּיוֹם	רָעָה׃
マはスィ	アータ	ベヨム	ラアー
私の避け所	あなたは	日に	災いの
男単・尾	代	前・男単連	女単

18

יֵבֹשׁוּ	רֹדְפַי	וְאַל־	אֵבֹשָׁה	אָנִי
イェヴォシュー	ロデファイ	ヴェアル	エヴォーシャ	アーニ
恥じ入る	私を追う者達は	しかし私は恥じ入るな		私は
パ未3男複	パ分男複・尾	接・副	パ願1単	代停

יֵחַתּוּ	הֵמָּה	וְאַל־	אֵחַתָּה	אָנִי
イェはートゥ	ヘーマ	ヴェアル	エはータ	アーニ
おののく	彼らは	しかし私はおののくな		私は
パ未3男複	代	接・副	パ願1単	代停

痛手の日を望んだこともありません。
あなたはよくご存じです。
わたしの唇から出たことは
あなたの御前にあります。

17 わたしを滅ぼす者とならないでください。
災いの日に、あなたこそわが避け所です。
18 わたしを迫害する者が辱めを受け
わたしは辱めを受けないようにしてください。
彼らを恐れさせ
わたしを恐れさせないでください。

---

16. הִתְאַוֵּיתִי =√ אוה

מוֹצָא =√ יצא , cf. יָצָא「出る」

17. מַחְסִי < מַחְסֶה =√ חסה , cf. חָסָה「逃げ込む」

18. רֹדְפַי =分詞の名詞的用法.

וְאַל־אֵחַתָּה , וְאַל־אֵבֹשָׁה =アル禁止形.

חָתַת < אֵחַתָּה , יֵחַתּוּ

災いの日を彼らに臨ませ
彼らをどこまでも打ち砕いてください。

安息日の順守

19 主はわたしにこう言われた。「行って、ユダの王たちが出入りする民の子らの門や、エルサレムのすべての門に立ち、20 彼らに言うがよい。これらの門を入るユダの王たち、ユダのすべての者、エルサレムのすべての住民よ、主の言葉を聞け。

הָבִ֨יא	עֲלֵיהֶ֜ם	י֣וֹם	רָעָ֔ה
ーィヴハ	ムへれア	ムヨ	ーアラ
い来てっ持はたなあ	に上のら彼	を日	のい災
単男2命ヒ	尾・前	連単男	単女

וּמִשְׁנֶ֥ה	שִׁבָּר֖וֹן	שָׁבְרֵֽם׃
ーネュシミウ	ンロバシ	ムレヴョシ
倍二てしそ	をれ破	け砕をら彼はたなあ
単男・接	単男	尾・単男2命パ

19 כֹּה־	אָמַ֨ר	יְהוָ֜ה	אֵלַ֗י	הָלֹ֤ךְ	וְעָמַדְתָּ֙
ーコ	ルマア	イナドア	イらエ	ふろハ	ータゥドマアエヴ
にうよのこ	たっ言	は**主**	に私	け行	て立はたなあてしそ
副	単男3完パ	固	尾・前	不パ	単男2完パ・倒

בְּשַׁ֤עַר	בְּנֵֽי־	עָ֔ם	אֲשֶׁ֨ר	יָבֹ֤אוּ	ב֙וֹ	מַלְכֵ֣י
ルアヤシベ	ーネベ	ムアハ★	ルェシア	ウーォヴヤ	ーォヴ	ーへるマ
に門	の達子息	の民	のろこと〜	る来	にこそ	が達王
連単男・前	連複男	単男・冠	関	複男3未パ	尾・前	連複男

יְהוּדָ֔ה	וַאֲשֶׁ֖ר	יֵ֣צְאוּ	ב֑וֹ	וּבְכֹ֖ל	שַׁעֲרֵ֥י
ーダフェイ	ルェシアァヴ	ーウェツーェイ	ーォヴ	るほヴウ	ーレアヤシ
のダユ	のろこと〜てしそ	る出	にこそ	に〜のて全てしそ	門
男固	関・接	複男3未パ	尾・前	連単男・前・接	連複男

יְרוּשָׁלִָֽם׃	20 וְאָמַרְתָּ֣	אֲלֵיהֶ֗ם	שִׁמְע֣וּ
ムイらャシルェイ	ータルマアエヴ	ムへれア	ーウムシ
のムレサルエ	え言はたなあてしそ	にら彼	け聞は達たなあ
停固	単男2完パ・倒	尾・前	複男2命パ

דְּבַר־	יְהוָ֗ה	מַלְכֵ֤י	יְהוּדָה֙	וְכָל־	יְהוּדָ֔ה	וְכֹ֖ל
ルァヴデ	イナドア	ーへるマ	ーダフェイ	るほェヴ	ーダフェイ	るほェヴ
を葉言	の**主**	よ達王	のダユ	のて全と	よダユ	のて全と
連単男	固	連複男	男固	連単男・接	男固	単男・接

יֹשְׁבֵ֣י	יְרוּשָׁלָ֑͏ִם	הַבָּאִ֖ים	בַּשְּׁעָרִ֥ים	הָאֵֽלֶּה׃
ーェヴェシヨ	ムイらャシルェイ	ムーイバハ	ムーリアェシバ	れーエハ
よ達者む住	にムレサルエ	る来	に門	のられこ
連複男分パ	停固	複男分パ・冠	複男・冠前	代・冠

---

18. וּמִשְׁנֶה ＝cf. שְׁנַיִם「二」

19. הָלֹךְ ＝独立不定詞が単独で用いられると, 強い命令の意を表す.

וְעָמַדְתָּ ＝直前の動詞 הָלֹךְ（命令の意の独立不定詞）を受けて, ヴァヴ倒置の動詞においては命令の意味が継承される.

בְּשַׁעַר בְּנֵי־הָעָם ＝「民の息子達の門」は他に言及されておらず, 場所等は不明.

הָעָם Ⓠ, עם Ⓚ

20. וְאָמַרְתָּ ＝前節の動詞 הָלֹךְ の命令の意味が継承される.

יֹשְׁבֵי ＝分詞の名詞的用法.

21 כֹּה אָמַר יְהוָה הִשָּׁמְרוּ בְּנַפְשׁוֹתֵיכֶם
コー アマル アドナイ ヒシャメルー ベナフショテヘム
このように 言った **主**は あなた達は気をつけろ あなた達の魂で
副 単男3完パ 固 複男2命ニ 前・複女・尾

וְאַל־ תִּשְׂאוּ מַשָּׂא בְּיוֹם הַשַּׁבָּת
ヴェアル ティスウー マサー ベヨム ハシャバット
そしてあなた達は運ぶな 運ぶものを 日に 安息日の
接・副 複男2未パ 単男 前・連単男 冠・単女

וַהֲבֵאתֶם בְּשַׁעֲרֵי יְרוּשָׁלִָם׃
ヴェハヴェテム ベシャアレー イェルシャライム
そしてあなた達は持って来るな 門の内に エルサレムの
倒・複男2完ヒ 前・連複男 固停

22 וְלֹא־ תוֹצִיאוּ מַשָּׂא מִבָּתֵּיכֶם בְּיוֹם
ヴェロー トツィーウ マサー ミバテヘム ベヨム
そしてあなた達は出すな 運ぶものを あなた達の家から 日に
接・副 複男2未ヒ 単男 前・複男・尾 前・連単男

הַשַּׁבָּת וְכָל־ מְלָאכָה לֹא תַעֲשׂוּ
ハシャバット ヴェホル メラハー ロー タアスー
安息日の そして全ての 作業を あなた達はするな
冠・単女 接・連単男 単女 副 複男2未パ

וְקִדַּשְׁתֶּם אֶת־ יוֹם הַשַּׁבָּת כַּאֲשֶׁר
ヴェキダシュテム エット ヨム ハシャバット カアシェル
そしてあなた達は聖別する を 日 安息日の とおりに
倒・複男2完ピ 前 連単男 冠・単女 前・関

צִוִּיתִי אֶת־ אֲבוֹתֵיכֶם׃ 23 וְלֹא שָׁמְעוּ
ツィヴィーティ エット アヴォテヘム ヴェロー シャメウー
私が命じた に あなた達の父祖達に しかし彼らは聞かなかった
単1完ピ 前 複男・尾 接・副 複3完パ

וְלֹא הִטּוּ אֶת־ אָזְנָם וַיַּקְשׁוּ אֶת־ עָרְפָּם
ヴェロー ヒトゥー エット オズナム ヴァヤクシュー エット オルパム
そして傾けなかった を 彼らの耳 そして彼らは固くした を 彼らのうなじ
接・副 複3完ヒ 前 単女・尾 倒・複男3未ヒ 前 単男・尾

21主はこう言われる。あなたたちは、慎んで、安息日に荷を運ばないようにしなさい。エルサレムのどの門からも持ち込んではならない。22また安息日に、荷をあなたたちの家から持ち出してはならない。どのような仕事もしてはならない。安息日を聖別しなさい。23それをわたしはあなたたちの先祖に命じたが、彼らは聞き従わず、耳を貸そうともしなかった。彼らはう

---

21. בְּנַפְשׁוֹתֵיכֶם ＝別「あなた達自身」

וְאַל־תִּשְׂאוּ ＝アル禁止形.

מַשָּׂא ＝√ נשא , cf. נָשָׂא「上げる, 負う, 運ぶ」

וַהֲבֵאתֶם ＝直前の וְאַל־תִּשְׂאוּ (アル禁止形)の אַל がこの動詞にもかかる.

22. לֹא תַעֲשׂוּ , וְלֹא־תוֹצִיאוּ ＝ロー禁止形.

תוֹצִיאוּ < הוֹצִיא ＝√ יצא

תַעֲשׂוּ < עָשָׂה

23. הִטּוּ < הִטָּה ＝√ נטה

וַיַּקְשׁוּ < הִקְשָׁה ＝√ קשה

なじを固くして、聞き従わず、諭しを受け入れようとしなかった。24主は言われる。もし、あなたたちがわたしに聞き従い、安息日にこの都の門から荷を持ち込まず、安息日を聖別し、その日には何の仕事もしないならば、25ダビデの王座に座る王たち、高官たち、すなわち車や馬に乗る王や高官、ユダの人々、エルサレムの住民が、常にこの都の門から入り、この都には、

מוּסָר׃	קַחַת	וּלְבִלְתִּי	שׁוֹמֵעַ	לְבִלְתִּי
ルサム	トッはカ	ィテるィヴるウ	アモェシ★	ィテるィヴれ
をし諭		くなとこる取け受		くなとこく聞
単男	不パ	前・前・接	不パ	前・前

נְאֻם־	אֵלַי	תִּשְׁמְעוּן	שָׁמֹעַ	אִם־	וְהָיָה	24
ムウネ	イらエ	ンウメュシィテ	アモャシ	ムイ	ーヤハェヴ	
げ告み	に私	く聞にき聞が達たなあ		ばらな〜しも	るな〜てしそ	
連単男	尾・前	強・複男2未パ	不パ	接	単男3完パ・倒	

הַזֹּאת	הָעִיר	בְּשַׁעֲרֵי	מַשָּׂא	הָבִיא	לְבִלְתִּי	יְהוָה
トッゾハ	ルーイハ	ーレアャシベ	ーサマ	ーィヴハ	ィテるィヴれ	イナドア
のこ	の町	に門	をのもぶ運		くなとこる来てっ持	の主
代・冠	単女・冠	連複男・前	単男	不ヒ	前・前	固

הַשַּׁבָּת	יוֹם	אֶת־	וּלְקַדֶּשׁ	הַשַּׁבָּת	בְּיוֹם
トッバャシハ	ムヨ	トッエ	ュシデカるウ	トッバャシハ	ムヨベ
の日息安	日	を	にめたるす別聖てしそ	の日息安	に日
単女・冠	連単男	前	不ピ・前・接	単女・冠	連単男・前

וּבָאוּ	25	מְלָאכָה׃	כָּל־	בָהּ	עֲשׂוֹת־	לְבִלְתִּי
ウーァヴウ		ーはらメ	るコ	ーボ★	トッソア	ィテるィヴれ
る来とるす		を業作	のて全	にれそ		くなとこうな行
複3完パ・倒		単女	連単男	尾・前	不パ	前・前

יֹשְׁבִים	וְשָׂרִים	מְלָכִים	הַזֹּאת	הָעִיר	בְשַׁעֲרֵי
ムーィヴェシヨ	ムーリサェヴ	ムーひらメ	トッゾハ	ルーイハ	ーレアャシェヴ
るいてっ座	は達長と	は達王	のこ	の町	に門
複男分パ	複男・接	複男	代・冠	単女・冠	連複男・前

הֵמָּה	וּבַסּוּסִים	בָּרֶכֶב	רֹכְבִים	דָוִד	כִּסֵּא	עַל־
マーヘ	ムーィススァヴウ	ヴヘレバ	ムーィヴヘロ	ドッィヴダ	ーセキ	るア
はら彼	に達馬と	に車戦	るいてっ乗	のデビダ	座	に上の
代	複男・冠前・接	単男・冠前	複男分パ	男固	連単男	前

יְרוּשָׁלִָם	וְיֹשְׁבֵי	יְהוּדָה	אִישׁ	וְשָׂרֵיהֶם
ムイらャシルェイ	ーェヴェシヨェヴ	ーダフェイ	ュシーイ	ムヘレサェヴ
にムレサルエ	は達者む住と	のダユ	は人	は達長のら彼と
停固	連複男分パ・接	男固	連単男	尾・複男・接

---

23. Ⓚ שומע , Ⓟ שְׁמוֹעַ

לָקַח < קַחַת

24. שָׁמֹעַ תִּשְׁמְעוּן =√ שמע , 独立不定詞＋未完了で強調.

Ⓚ בה , Ⓟ בּוֹ , 接尾辞(3男単)は直前の יוֹם הַשַּׁבָּת「安息日の日」を指す.

וּבָ֣אוּ	26	לְעוֹלָֽם׃	הַזֹּ֖את	הָעִ֥יר־	וְיָשְׁבָ֥ה
ウーァヴウ		ムらオれ	トッゾハ	ルーイハ	ーァヴェシヤェヴ
る来てしそ		に遠永	のこ	は町	む住てしそ
複3完パ・倒		単男・前	代・冠	単女・冠	単女3完パ・倒

וּמֵאֶ֣רֶץ	יְרוּשָׁלַ֡ם	וּמִסְּבִיב֣וֹת	יְהוּדָ֜ה	מֵעָרֵֽי־
ツレエメウ	ムイらャシルェイ	トッォヴィヴセミウ	ーダフェイ	ーレアメ
らか地～と	のムレサルエ	らか囲周～と	のダユ	らか々町
連単女・前・接	固	連複男・前・接	男固	連複女・前

הַנֶּ֔גֶב	וּמִן־	הָהָר֙	וּמִן־	הַשְּׁפֵלָ֤ה	וּמִן־	בִּנְיָמִ֜ן
ヴゲネハ	ンミウ	ルハハ	ンミウ	ーらェフェシハ	ンミウ	ンミヤンビ
ブゲネ	らか～と	山	らか～と	ラェフェシ	らか～と	のンミヤニベ
固・冠	前・接	単男・冠	前・接	固・冠	前・接	男固

וּלְבוֹנָ֑ה	וּמִנְחָ֣ה	וְזֶ֥בַח	עוֹלָ֛ה	מְבִאִ֞ים
ーナォヴるウ	ーはンミウ	ふァヴゼェヴ	ーらオ	ムーィィヴメ
を香乳と	を物え供と	をえにけいと	を祭燔	が達者る来てっ持
単女・接	単女・接	単男・接	単女	複男分ヒ

とこしえに人が住むであろう。26 ユダの町々、エルサ
レムの周囲、ベニヤミンの地、シェフェラ、山地、ネ
ゲブなどから、人々は焼き尽くす献げ物、いけにえ、
穀物の献げ物、乳香をもたらし、主の神殿への感謝の

וְאִם־	27	יְהוָֽה׃	בֵּ֣ית	תוֹדָ֖ה	וּמְבִאֵ֥י
ムイェヴ		イナドア	トーベ	ーダト	ーェイヴムウ
ばらな～しもてしそ		の**主**	に家	を謝感	が達者る来てっ持てしそ
接・接		固	連単男	単女	連複男分ヒ・接

הַשַּׁבָּ֔ת	י֣וֹם	אֶת־	לְקַדֵּשׁ֙	אֵלַ֗י	תִשְׁמְע֜וּ	לֹ֨א
トッバャシハ	ムヨ	トッエ	ュシッデカれ	イらエ	ーウメュシィテ	ーろ
の日息安	日	を	をとこるす別聖	に私	いなか聞が達たなあ	
単女・冠	連単男	前	不ピ・前	尾・前	複男2未パ	副

יְרוּשָׁלָ֑ם	בְּשַׁעֲרֵ֣י	וּבָ֖א	מַשָּׂ֔א	שְׂאֵ֣ת	וּלְבִלְתִּ֣י
ムイらャシルェイ	ーレアャシベ	ーォヴウ	ーサマ	トッエセ	ィテるィヴるウ
のムレサルエ	に門	とこる来てしそ	をのもぶ運	とこぶ運	くな～りまつ
固	連複男・前	不パ・接	単男	不パ	前・前・接

בִשְׁעָרֶ֔יהָ	אֵ֙שׁ	וְהִצַּ֤תִּי	הַשַּׁבָּ֑ת	בְּי֣וֹם
ハーレアュシビ	ュシエ	ィテーァツヒェヴ	トッバャシハ	ムヨベ
でちうの門のそ	を火	るけつは私	の日息安	に日
尾・複男・前	単女	単1完ヒ・倒	単女・冠	連単男・前

献げ物とする。27 もし、あなたたちがわたしに聞き従
わず、安息日を聖別せず、安息日に荷を運んで、エル
サレムの門を入るならば、わたしはエルサレムの門に
火を放つ。その火はエルサレムの城郭を焼き尽くし、

25. וְיָשְׁבָה הָעִיר־הַזֹּאת לְעוֹלָם ＝‘この町は永遠に人が住むようになる’の意か.

26. וּמֵאֶרֶץ בִּנְיָמִן ＝エルサレムの北部地域を指す.

הַשְּׁפֵלָה ＝ユダ山地西側の海岸平野を指す.

הַנֶּגֶב ＝南部の砂漠地域を指す.

וּמְבִאֵי , מְבִאִים < הֵבִיא ＝√ בוא , 分詞の名詞的用法.

וְאָכְלָה	אַרְמְנוֹת	יְרוּשָׁלִַם	וְלֹא	תִכְבֶּה׃
ヴェアヘらー	アルメノットゥ	イェルシャらイム	ヴェろー	ティふベー
そしてそれは食べる	宮殿を	エルサレムの	そしてそれは消えない	
倒・パ完3女単	男複連	固	接・副	パ未3女単

消えることはないであろう。」

27. לְקַדֵּשׁ =「聖別すること」の内容は，直後の וּלְבִלְתִּי שְׂאֵת … בְּיוֹם הַשַּׁבָּת を指す．「つまり安息日の日にものを運ばず，エルサレムの門に来ないこと」

解説

エレミヤ書について（1）

名称と作者

エレミヤ書はヘブライ語で סֵפֶר יִרְמְיָהוּ（セフェル・イルメヤフ）と呼ばれる．預言者エレミヤの名はヘブライ語で יִרְמְיָהוּ（イルメヤフ），יִרְמְיָה（イルメヤ）と2通りの呼び方があり，前者は122回，後者は10回，エレミヤ書，エズラ記，ネヘミヤ記，歴代誌，ダニエル書に登場する．いずれも「主は高め給う」といった意である．

ユダヤの伝承によると，エレミヤ書の作者はエレミヤである．エレミヤは他にも列王記，哀歌を書いたとされる（バビロニア・タルムード，バーバ・バトラ15a）．

ヘブライ語聖書での位置

ヘブライ語聖書はトーラー（モーセ五書），預言書，諸書に分類され，エレミヤ書は預言書に属している．預言書は前期預言書（ヨシュア記，士師記，サムエル記，列王記）と後期預言書（イザヤ書，エレミヤ書，エゼキエル書，12小預言書）に分かれる．前期は実質上歴史書であり，預言者の預言が収録されているのが後期である．エレミヤ書は後期預言書の2番目に位置している．

上述のタルムードに，預言書は「……列王記，エレミヤ書，エゼキエル書，イザヤ書……」の順で記されている．

「なぜなら列王記は神殿崩壊の物語で終わっており，エレミヤ書はすべて崩壊の預言，エゼキエル書は最初に崩壊の預言，次に慰めの預言，

イザヤ書はすべて慰めの預言だからだ．崩壊の預言と慰めの預言を隣り合わせている」（同上 14b）

また，同じ作者とされた列王記とエレミヤ書を並べたとの説もある．

しかしその後，マソラー学者が年代順に並べ替え，今の順番になった．アレッポ写本（紀元 10 世紀）やレニングラード写本（紀元 11 世紀）では，現行聖書のように，エレミヤ書はイザヤ書の次に来ている．

ちなみにエレミヤ書は全部で 1365 節あり，これは後期預言書の中では最大の分量である．

エレミヤの生涯とユダの王たち

エレミヤはベニヤミンの地にあるアナトトという町の祭司の家系に生まれた（1:1）．アナトト人とも呼ばれている（29:27）．アナトトは，ソロモン王が追放した祭司アビアタルの町であることから（列王記上 2:26），エレミヤはその末裔と考えるのが妥当である．アビアタルと共にツァドクが王の祭司とされていたが（歴代誌上 15:11），アビアタルは失脚し，その後エルサレムではツァドク家の祭司が神殿に仕えたようである（歴代誌上 16:39）．神殿への奉納物に対するエレミヤの批判には，こうした背景があるようだ（6:20, 7:21~22 等）．

エレミヤが預言者として召命されたのは，ヨシヤ王の治世第 13 年で（1:2），紀元前 627 年と推定される．その際エレミヤは「私は若者だから語ることを知らない」と語っている（1:6）．この「若者 **נַעַר**（ナアル）」という言葉からエレミヤが当時 10 代半ばだと仮定すると，マナセ王の治世の終わりかアモン王の治世の最初の頃に生まれたことになる．

「主の言葉が彼に臨んだのは，ユダの王，アモンの子ヨシヤの時代，……更にユダの王，ヨシヤの子ヨヤキムの時代にも臨み，ユダの王，ヨシヤの子ゼデキヤの治世の第十一年の終わり……」（1:2~3）がエレミヤの活躍した時代である．ユダの王たちの治世年は次のとおりである．

ユダの王	治世（紀元前）
マナセ	696~641
アモン	641~639
ヨシヤ	639~608
ヨアハズ	608（3カ月間のみ）
ヨヤキム	608~598
ヨヤキン	598~597
ゼデキヤ	597~586

エレミヤが預言者として活動を始めたのは故郷のアナトトである．町名の由来はカナン神の名アナトだと言われており，エレミヤの生まれた当時はまだ異教崇拝が行なわれていたと想像される．イスラエルの神の名において預言をしたエレミヤは，アナトトの人々から命を狙われ（11:21），家族からも裏切られている（12:6）．

エレミヤはやがて故郷を出てエルサレムに移った．若きエレミヤは結婚を禁じられ（16:2），社会的な交わりも制限され（16:5, 8），孤独の中で過ごした（15:17）．そのような中でも神はエレミヤを支え，ユダの王や民との対決において勝利を約束した（1:18~19, 15:20）．エレミヤが預言者としてエルサレムでどのように生活していたのかは知る由もないが，裕福な援助者に養われていたのかも知れない．後に主の言葉に従ってアナトトの畑を買い取っている（32:9）．

ここからはユダの王の年代に従って，エレミヤの活動を見ていきたい．

1．ヨシヤ王の時代

エレミヤが預言者となって5年が経過した頃，ヨシヤ王の治世第18年に大きな事件が起きる．神殿でトーラー（律法の書）が発見され，それによりヨシヤ王が宗教改革を行なったのである（列王記下22~23章）．

この大事件はエレミヤ書に言及されておらず，列王記にエレミヤの名前が出てくることもない．あるいは若いエレミヤは，預言者としてまだ頭角を現していなかったのかも知れない．しかしながら，異教の神々やバアルに香をたく祭壇が一掃されたことは，エレミヤにとって喜ばしい出来事であったに違いない（11:13）．エレミヤが民に「この契約の言葉を聞け」（11:2~）と預言したのが，神殿で見つかったトーラーを意図していたとも考えられる．これらの活動により，エレミヤは指導者たちの反感を買い，命を狙われることとなった（18:18~23）．

2．ヨヤキム王の時代

エレミヤはヨヤキム王の悪行を厳しく叱責した（22:13~19）．また，神殿の庭に立ち，集まった民衆に向かってエルサレムの滅亡を預言したため，祭司たちや他の預言者たちは死刑に処すためエレミヤを捕まえた．エレミヤは死を免れたが，同様に預言していたウリヤはエジプトに逃亡していたところを捕えられ，連れ戻されて処刑されている（26章）．

ヨヤキム王の治世第4年（前605年），バビロンの王ネブカドレツァルがエジプトの王ネコの軍を撃破．これにより，ユダ王国はバビロンの支配下に入った．この出来事はエレミヤの預言活動に大きな変化をもたらす．エレミヤはすでに，敵の名前こそ言及していなかったが，北から災いがやってきてユダ王国を滅ぼすことを預言していた（1:15, 4:6, 6:22, 10:22, 13:20）．ネブカドレツァルの勝利はエレミヤの預言の真実性を証明することとなり，民衆への影響力が増していく．そして，ネブカドレツァルは主に命じられて滅ぼしにやって来ること，地の民は捕囚されて70年間に及ぶこと，その後にバビロンは滅ぶこと等を，エレミヤは明確に預言した（25:9~14）．

ヨヤキム王の治世第5年（前604年）の断食の日に，エレミヤは主の言葉を筆記した巻物を神殿でネリヤの子バルクに読ませた（36:9~）．

ところが，王はその巻物を切り裂いて燃やし，2 人を捕えようとした．エレミヤとバルクは「主が隠された」ので難を逃れたが（36:23~26），どれくらいの期間彼らが身を隠していたかは定かでない．

3．ヨヤキン王の捕囚からゼデキヤ王の時代

前 597 年，ヨヤキン王がバビロンに捕囚されたことについて，エレミヤは哀悼の意を表している（13:18~19, 22:20~ 等）．その後，ネブカドレツァルがゼデキヤを王に即位させた．この頃エレミヤは，バビロンに捕囚された民に励ましの手紙を送った（29 章）．

ゼデキヤ王の治世第 4 年（前 593 年），預言者ハナンヤはバビロン捕囚が 2 年で終わると預言し，エレミヤはこれを偽の預言であると真っ向から対決する．最終的にはエレミヤの預言どおりになり，ハナンヤは 2 カ月後に死んだ（28 章）．同じ頃，バルクの兄弟である宿営の長セラヤは，王と共に和解を求めてバビロニアに行く．エレミヤはバビロンに降りかかる災いを預言した巻物をセラヤに託し，それをバビロンで朗読させ，石を結びつけてユーフラテス川に投げ込ませた（51:59~）．これはバビロンの没落とイスラエルへの慰めについての預言だった．

その後，エルサレムでバビロンに対する反乱が起きる．エレミヤはそれを防ぐことができず，ネブカドレツァルはエルサレムに軍を送って包囲した．ゼデキヤ王はエレミヤに祈りを要請するが，エレミヤはエルサレムの陥落を預言する．エレミヤは捕えられ牢獄に留置された（37:16）．その後，監視の庭に移され（37:21），そこでも預言を続けた（32~33 章）．そして穴に投げ込まれるが（38:6），エベド・メレクにより再び監視の庭に戻される（38:13）．ゼデキヤ王は密かにエレミヤと会い，神意を尋ねたところ，エレミヤはバビロンへの降伏を進言した（38:17~18）．

ゼデキヤ王はエレミヤの預言に従うことなく，遂にバビロンに捕囚された．エレミヤはバビロンの長によりゲダルヤの手に委ねられ，監視の

庭から解放された．エレミヤは喪に服して民を励ますため，民の間に留まることを選んだ（39:14）．ゲダルヤが暗殺された後（41:2），エレミヤはヨハナンや軍の長にユダに留まりエジプトに下ってはならないと警告したが，彼らはユダに残留していた民を集め，エレミヤやバルクを含めた全員をエジプトに連れて行く（43:4~7）．

エジプトでエレミヤは，エジプトの陥落（43:8~13），異教の神々への礼拝に対する叱責（44 章），バビロンによるエジプト撃破（46:13~26）を預言する．最後の預言は前 568 年頃と推測され，エレミヤは 70 代半ばに達していた．エレミヤが亡くなった年と場所は分かっていない．

内容と構成

以上のようにエレミヤの生涯を追っていくと，エレミヤ書の内容は年代順に記されていないことが分かる．また，テーマに沿ってきっちりと分類されている訳でもない．今まで多くの研究者によってエレミヤ書を年代順に並べ替える試みがなされているが，ここでは詳しく述べない．

内容は，大きく 4 つのテーマに分けて見ることができる．

1．叱責の預言（2~24 章，1 章が序章）
2．諸国民への預言（46~51 章，25 章が序章）
3．慰めの預言（30~33 章）
4．史実と伝記（26~29 章，34~45 章，52 章が結び）

預言者の言葉を口述筆記して巻物に書き記したのは，ネリヤの子バルクである（36:4）．バルクが巻物の内容を神殿で読み聞かせると，ヨヤキム王は巻物を切り裂き，火にくべて燃やしてしまった（36:23）．この巻物を，同じ日に 3 度読み聞かせていることから（36:10, 15, 21），分量はそれほど長くなかったと想像できる．この巻物の内容が 1~18 章だとする説もある．文体が 1 人称で書かれているからである．

エレミヤはさらに別の巻物を取り，火で焼かれた最初の内容を再度バルクに筆記させる．その際，同じような言葉を数多く加えた（36:32）．ここで書き加えられた言葉が分散してエレミヤ書ができたとも仮定できるが，エレミヤ書にはヨヤキム王の治世 4 年（36:1）以降の内容も含まれている．そこで次のような仮説が成り立つ．この第 2 の巻物についてはすぐに書き終えることをせず，年月をかけて書き加えていった．特に 1 人称で書かれている 24, 28, 35 章などが考えられる．

さらにバルク自身も，エレミヤの口述筆記以外に，史実やエレミヤに関する伝記を書き加えていった．特にエレミヤのことを 3 人称で書いている 26, 29, 37~44 章などがこれに相当する．このようにして現在のエレミヤ書を構成する内容が出来ていった．

先に述べたとおり，エレミヤ書は時代順に並べて編纂されたわけではない．時代判別が可能だと思われる章を王の時代に従って区分すると，概ね下記のようになる（数字は章）．

ヨシヤ王　11
ヨヤキム王　7，19~20，25~26，35~36
ゼデキヤ王　21，24，32~34

このような複雑な構成になった理由について，さらに以下の仮説を立てることができる．バルクが口述筆記あるいは自ら記した巻物は，最初細かく分かれていた．これを裏付ける箇所がエレミヤ書の中にいくつか存在する．まず 30:2 の「わたしがあなたに語った言葉をひとつ残らず巻物に書き記しなさい」．この時に書き記されものが 1 つの巻物になり，そしてその巻物が現行エレミヤ書 30~33 章の基礎になったと想像できる．次に 25:13「わたしは，この地についてわたしが語った言葉，エレミヤがこれらすべての国々ついて預言し，この巻物に記されていることを，すべて実現させる」は，現行 46~51 章の内容が記された巻物を指していると思われる．これについてはさらに，「エレミヤはバビロンに襲いかかるすべての災いを一巻の巻物に記した」(51:60) とも言っていて，バビロンについての預言が記された 50:1~51:58 は，初めは独立した別の巻物だったのだろう．

このように，最初は**様々な巻物がテーマ別に分かれて存在**していた．やがてそれらをまとめて**1つの大巻物に編集**された．そして写本家たちは必要に応じて大巻物の中から**選りすぐった部分を写本**し，いくつもの**小さな巻物になって民衆に広がっていった**．当然それらの**小巻物には内容が重複**するものもあった．そしてそれらの**小巻物を合わせてエレミヤ書が編纂**された．その際に，**編纂者は巻物の内容を修正したり並べ替えたりしなかった**．以上がエレミヤ書の難解な構成の謎を解く説である．

この仮説だと，内容の重複する節についても説明がつく．エレミヤは「心の頑なさ **שְׁרִרוּת לֵב**（シェリルート・れヴ）」(3:17 他)，「懲らしめを受け取る **לָקַח מוּסָר**（らカふ・ムサル）」(2:30 他)，「周囲からの恐怖 **מָגוֹר מִסָּבִיב**（マゴール・ミサヴィーヴ）」(6:25 他) といった特徴的なフレーズを繰り返し使っている．しかしそれとは別に，ほぼ同じ内容の節があるのは編者が巻物をつなぎ合わせた際に，重複する内容を削除しなかったことが原因である．内容が重複している主な箇所は次のとおり．

- 6:22~24 ＝ 50:41~43
- 23:19~20 ＝ 30:23~24
- 10:12~16 ＝ 51:15~19
- 49:19~21 ＝ 50:44~46

連続した物語が離れた章に存在する理由についても，この説で説明することができる．例えば 7:2~15 では，エレミヤが神殿の門に立って預言をするが，その結末で裁判にかけられた話は 26 章に書かれている．これらはそもそも別々の小巻物に記されていて，年代順に編集されなかった結果だと推測できるのである．

エレミヤ書Ⅰ

2019 年 8 月 15 日初版発行

編　者　ミルトス・ヘブライ文化研究所
発行者　谷　内　意　咲
発　行　株式会社　ミ　ル　ト　ス

〒103-0014 東京都中央区日本橋蛎殻町
1-13-4　第 1 テイケイビル 4F
TEL 03-3288-2200　　FAX 03-3288-2225
振替口座　0 0 1 4 0 - 0 - 1 3 4 0 5 8
http://myrtos.co.jp　pub@myrtos.co.jp

印刷・製本　日本ハイコム　　Printed in Japan　ISBN978-4-89586-229-5
定価はカバーに表示してあります .

ヘブライ語聖書対訳シリーズ
全45巻

●トーラー

1 創世記Ⅰ
2 創世記Ⅱ
3 出エジプト記Ⅰ
4 出エジプト記Ⅱ
5 レビ記Ⅰ
6 レビ記Ⅱ
7 民数記Ⅰ
8 民数記Ⅱ
9 申命記Ⅰ
10 申命記Ⅱ

●預言書

11 ヨシュア記
12 士師記
13 サムエル記Ⅰ
14 サムエル記Ⅱ
15 サムエル記Ⅲ
16 列王記上Ⅰ
17 列王記上Ⅱ
18 列王記下Ⅰ
19 列王記下Ⅱ
20 イザヤ書Ⅰ
21 イザヤ書Ⅱ
22 イザヤ書Ⅲ
23 エレミヤ書Ⅰ
24 エレミヤ書Ⅱ
25 エレミヤ書Ⅲ
26 エゼキエル書Ⅰ
27 エゼキエル書Ⅱ
28 小預言書Ⅰ
29 小預言書Ⅱ
30 小預言書Ⅲ
31 小預言書Ⅳ

●諸書

32 詩編Ⅰ
33 詩編Ⅱ
34 詩編Ⅲ
35 箴言
36 ヨブ記Ⅰ
37 ヨブ記Ⅱ
38 雅歌・ルツ記・哀歌
39 コヘレト・エステル記
40 ダニエル書
41 エズラ記
42 ネヘミヤ記
43 歴代誌Ⅰ
44 歴代誌Ⅱ
45 歴代誌Ⅲ

＊小預言書Ⅰホセア，ヨエル
＊小預言書Ⅱアモス，オバデヤ，ヨナ，ミカ
＊小預言書Ⅲナホム，ハバクク，ゼファニヤ，ハガイ
＊小預言書Ⅳゼカリヤ，マラキ

※反転数字は既刊書です。

聖書ヘブライ語日本語辞典

聖書アラム語語彙付

「ヘブライ語聖書対訳シリーズ」の訳・脚注だけでは理解が難しい単語を、より深く調べることのできる聖書ヘブライ語辞典。類書の少ない本格的かつコンパクトな聖書ヘブライ語辞典です。

古代語研究会［編］谷川政美［著］ A5判1264頁 12,000円（+税）ミルトス刊

ISBN978-4-89586-052-9

聖書ヘブライ語の語彙約１万語を収録し、変化形の大半を網羅。頁の右側にヘブライ語を、左側に日本語の訳語を配置し、調べやすいよう配慮されています。日本語訳には主な聖書箇所を明記し、さらに、語根の発見が困難な形については見出し語として掲載し、同時に語根も示されています。巻末には聖書アラム語の語彙も網羅。著者が長い年月をかけて綿密に調べ上げた集大成です。

頁見本

פצח—פקד

[パ]喜ぶ、歓声をあげる(イザ52:9;詩98:4)；	■[פָּצַח I](‖ רָנַן[ピ]) [完]פָּֽצְחוּ
(+רִנָּה)(歓喜の声を)発する、あげる	[未]יִפְצְחוּ [命]פִּצְחִי, פִּצְחוּ
(イザ14:7, 44:23, 49:13, 54:1, 55:12)	פִּצְחוּ וְרַנְּנוּ וְזַמֵּרוּ(詩98:4)
山々よ、歓喜の声をあげよ(イザ44:23)。	פִּצְחוּ הָרִים רִנָּה(イザ44:23)
[ピ](骨を)砕く、粉々にする(ミカ3:3)	■[פָּצַח II] [完]פִּצֵּחוּ
[女]料金、代金、代価(サム上13:21)	■פְּצִירָה≪פָּצַר(← פִּים)
[ピ](木の枝の)皮をはぐ(創30:37, 38)	■[פָּצַל] [完]פִּצֵּל [未]יְפַצֵּל
[女](木の枝の)皮をはいだ部分(創30:37)	■פְּצָלוֹת≪פָּצַל